何为理论

——原创的方法与实践

吴炫 著

HEWEI LILUN

Yuanchuang De Fangfa Yu Shijian

中国社会科学出版社

图书在版编目（CIP）数据

何为理论：原创的方法与实践／吴炫著．北京：中国
社会科学出版社，2013.7
ISBN 978 - 7 - 5161 - 2934 - 0

Ⅰ.①何…　Ⅱ.①吴…　Ⅲ.①社会科学—理论研究
Ⅳ.①C0

中国版本图书馆 CIP 数据核字（2013）第 154791 号

出 版 人	赵剑英
责任编辑	罗　莉
责任校对	石春梅
责任印制	李　建

出　　　版	中国社会科学出版社
社　　　址	北京鼓楼西大街甲 158 号（邮编 100720）
网　　　址	http://www.csspw.cn
	中文域名:中国社科网　　010 - 64070619
发 行 部	010 - 84083685
门 市 部	010 - 84029450
经　　　销	新华书店及其他书店

印　　　刷	北京市大兴区新魏印刷厂
装　　　订	廊坊市广阳区广增装订厂
版　　　次	2013 年 7 月第 1 版
印　　　次	2013 年 7 月第 1 次印刷

开　　　本	710 × 1000　1/16
印　　　张	16
插　　　页	2
字　　　数	250 千字
定　　　价	48.00 元

目　　录

何为理论？（代序）

吴　炫

　　提出这样一个问题，看起来似乎是在对人们业已形成的关于理论的习见进行反思，但如果我们从未对"理论"这个概念本身进行过深入的讨论，没有对古今中外伟大理论家的共同特点进行过关于"何为理论"的内在规律探究，也没有对"理论"和"理论研究"进行过性质上的区别，那么我就可以说，"理论何以可能"或"什么是真正的理论"这个问题，就应该是一个正本清源的问题。这个问题解决不好，我们就不好接着说哲学理论、美学理论、文学理论以及其他学科意义上的"理论"，自然也不可能发现中国理论界在"理论创新"上存在的问题究竟是什么。

　　这意味着，"理论是概念、原理的体系，是系统化了的理性认识"①，由一套系统的观念通过内在的逻辑关联起来的对世界的理解系统，或者指"人们由实践概括出来的关于自然界和社会的知识系统"②，等等，这些常见的关于理论的定义，并不一定接触到"何为理论"之真谛。将理论仅仅简单理解为一套可对象化的观念符号，将理论仅仅视为我们可遵从、阐释和运用的概念、知识和价值系统，一定程度上并不能揭示理论的内在性质。这种内在性质体现在以下三个方面：（1）一种理论总是隐含着理论家对时代和现实独特的问题意识，这种意识揭示着为什么会产生这样的理论的现实性原因并规定着理论的内容，没有独特的问题便没有独特的理论内容；（2）根据这样特定的问题，理论家

---

① 见《辞海》，上海辞书出版社 1980 年版，第 1213 页。

② 见《现代汉语词典》，外语教学与研究出版社 2002 年版，第 1181 页。

才能够产生对现有理论"只能是特定内容的批判",理论的批判依据由此是"特定的理论问题"而不是任何其他现成的理论,所以选择一种新理论去批判既定的理论不是理论批判;(3)理论的批判结果,一定必须生产理论家自己独特的概念、范畴,或对前人概念、范畴赋予能够经历哲学史检验的独特内涵,而不是对前人、他人概念、范畴的移植、介绍、阐释或改头换面。

一 理论始于理论家独特问题的提出

如果我们将视线从可对象化的各种理论和观念移开,注意到马克思针对资本主义的"劳动异化"问题、海德格尔针对西方理性哲学"遗忘在"之问题,乃至老子针对世人"失去自然之真"问题展开的思考,我们就可以说:古今中外有重大贡献和思想影响的理论家,总是有自己独特的"问题"提出,才能够逻辑地产生解决这些问题的理论符号的。一种理论的诞生之所以不能作为普遍真理被所有文化、民族和时代的人用来解释似乎可被这种理论解释的现实和现象,是因为理论家所认为的现实问题需要这样的理论来面对,因此"问题"的产生直接决定了理论的性质、内容、对象与功能,也决定了理论的作用只能面对该时代该问题,一旦时代和问题发生变化,理论的"作用"便只能转化为对直面新问题应该产生的新理论的"影响"和"启发",但却不能直接用来解释、描绘他们所处的现实及其面对的新问题。这使得理论的内容不仅具有鲜明的时代性,而且其功能也具有明显的相对性。马克思主义理论之所以强调人的全面解放,是与马克思发现西方大工业时代工人在繁重的谋生劳动中失去劳动本身的快乐密切相关的,可以说没有劳动作为目的异化为谋生的手段之问题,便不可能产生马克思主义关于"劳动异化"的理论,也不可能产生马克思的以消除"劳动异化"为目的的共产主义之终极社会理想和人的全面解放之思想。而马克思提出的哲学问题一旦被现代西方资本主义通过技术、制度变革等内部变革来逐渐消弭,就必然会催生出法兰克福学派针对"使人丧失了否定冲动的理性"的新的"理性异化"问题——即人在相对合理的、自由的生活中失去了质疑现实的否定冲动之问题。霍克海姆的"批判理论",阿多诺的

"非同一性理论"，本雅明的"星丛理论"，马尔库塞的"感性生命理论"，等等，尽管在具体理性异化问题上的理解不一样，但对人的感性生命和经验生命被理性异化的认识，是大致相似的，这就是法兰克福可以成为一个区别马克思主义理论而成之为"西方马克思主义学派"的原因。比较起来，中国马克思主义研究不去努力提出"中国式的异化问题"，只是围绕"劳动异化"向"理性异化"这种西方问题之转换来讨论马克思主义中国化，其结果便必然不可能产生"中国的马克思主义理论"，也不可能形成与西方法兰克福学派进行平等对话的理论交往格局，从而使中国马克思主义未能形成自己的"理论"而不具备自主性、原创性。同样，海德格尔之所以提出由"澄明"和"沉沦"共同构成人的"原始筹划被遮蔽"的问题，是针对西方认识论的理性文明造成人与大地越来越疏远、人对世界越来越成为主人这一根本问题的。所以海德格尔反认识论之存在论，就像尼采反基督教文明一样，离开了其所针对的理性文化传统，对其他不同于西方认识论理性文明的文化，只能具有思想影响作用而不能具备现实诊治作用。所以中国思想文化界介绍、阐释、研究海德格尔的存在哲学和尼采的超人哲学是一回事（这种介绍与人们读《道德经》和《论语》的性质是一样的），中国建立起针对儒家、道家伦理文化产生的能够尊重生命力、创造力和个体理解世界能力之"中国式现代理性哲学"，则又是另一回事。如果以后者为目标，中国现代哲学的"理论问题"，就应该与海德格尔、尼采、阿多诺、福柯、哈耶克等质疑西方理性文化的哲学构成重要的区别，也就是说如果中国现代哲学不能针对中国的伦理文化传统提出中国自己的"理论问题"，那么中国现代哲学就不可能结出针对自己的问题而产生的"理论之果"。

这同样意味着，中国哲学虽然因为没有西方哲学系统的理论形态从而不会在自己的思想中直接挑明问题的针对性，但老子对现实的"人为异化"之问题意识，是渗透在《道德经》字里行间之中的。或者说，在有什么样的理论问题便有什么样的理论方案的意义上，老子"无为而无不为矣"[①] 的思想就是面对"有为而无所为"之文明病症而言的，

---

① 老子：《道德经》第四十八章。

这与孔子对"仁"的强调也是针对礼仪丧失的乱世而言是一样的。老子为什么写《道德经》之所以不能从函谷关的关令尹喜邀请老子撰写去看，而应该从老子对文明本身和现实社会的"双重问题"思考去看，是因为老子说的"天之道，其犹张弓与？高者抑之，下者举之；有余者损之，不足者补之。天之道损有余而补不足，人之道则不然：损不足以奉有余。孰能有余以奉天下？唯有道者"①，是针对文明本身"失去天道之衡"问题而言的，而"邻国相望，鸡犬之声相闻，民至老死不相往来"② 所展示的老子审美理想社会，则是针对社会现实的"失去阴性自然"问题而言的。之所以不能简单说老子哲学是崇尚"自然"的哲学，是因为对"自然性"可以做不同的哲学理解。老子对"自然"的理解之所以是从"水往低处流"的阴性品格去理解的，是因为这阴性品格出自对《易经》"太极图"的一种解释，所以"上善若水"、"大音希声"、"大智若愚"便成为老子解释"太极"的"自然奥妙"之具体内容。如果哲学之独创是受制于本文化元典精神，那么中国现代哲学和社会科学要建立自己的主体性，就必须对《易经》产生不同于《道德经》和《易传》之理解。

比较起来，中国当代理论界之所以在理论原创上力不从心，根本上是因为中国理论工作者不具备独立地提出"中国式现代问题"所致，也就不能以自己的问题为中枢来展开与这些问题相关的理论建构。其中，五四新文化运动中的中国知识分子以西方的"科学、民主、自由"为理论坐标来看待中国传统文化所提出的"中国文化落后"之问题，并以"民主体制"、"实证主义"、"个体权力"、"二元对立"、"纯文学"等西方文化范畴为理论武器在中国进行文化、政治和文学的启蒙实践，这就必然会造成中国现当代人文社会科学理论依附西方理论及其发展的格局，也必然会遮蔽中国式现代问题的探究。比如，中国文化以"阴阳交融"的渗透、缠绕性思维所产生的文化整体性，能否生发出西方式的以二元对立为形态的"个体"、"独立"和"形式"？不对抗整体的中国个体、独立和形式在中国是否有自己的经验可挖掘？这种挖掘

---

① 老子：《道德经》第七十七章。

② 老子：《道德经》第八十八章。

在多大意义上可以造就一个不仅国力强大、人民生活富裕而且在思想和理论上可以影响世界现代进程的中国？解决这样的问题，直接关系到我们能否建立东方式的现代自由观、个体观、独立观和民主体制，也关系到中国学术能否建立自己的独立于政治的理念和方法、中国人文社会科学各学科能否建立自己的非西方式学科分类的专业结构，并由此可推衍到中国现代人的日常生活方式。就文学推而论之，以"纯粹形式"、"自律论"、"反本质"等来思考中国文学的本体问题的西方理论思维，也将进入中国文学理论家的批判视线；就法学而言，以"法律至上"的西方思维来解决中国的借法制之名行中国伦理之实的问题，也同样会受到中国法学理论家的批判性审视……如此一来，中国的现代理论家才能够在这样的理论批判中敞开自己的"中国现代理论何以可能"之问题进行理论建构。

二　理论成于理论家对既有理论的如此批判

一个理论家产生了自己的理论问题后，必然会以这样的问题为中心，展开对与这个问题有关的既有理论之批判，以思想和思想史批判的状态展开理论建构的努力。由此，批判既有相关的理论，就成为"理论何以可能"的第二个重要方面。

其一，理论家不是以阐释现有理论（理论研究）、研究现有理论的产生和发展（思想史研究）的方式进行工作的，而是以"观念批判和观念创造"为其工作方式的，所以"理论研究"不同于"理论"——前者是以阐释现有理论为目的，其结果是观念上的认同而解释上的不同，后者是通过理解理论来达到批判现有理论的目的，其结果是改造现有理论和观念。马克思之所以集中批判黑格尔的辩证法、费尔巴哈的唯物主义、英国古典政治经济学和英法空想社会主义，一方面是因为辩证法、唯物主义、经济学和社会主义在一定程度上启发了马克思建立自己的以自然和经济为基础、以历史唯物主义为方法、以消除劳动异化为目的的人的自由与解放的"实践"和"劳动"理论；另一方面，黑格尔辩证法的精神性、概念性，费尔巴哈感性存在论的抽象性、观念性，斯密把劳动和劳动的产品混同起来，李嘉图在绝对价值和相对价值问题上的混乱，以及空想社会主义无视社会物质生产条件、忽略工人阶级和无产阶级的历史主动性，等等，则成为马克思批判上述理论的主要内容。在马克思受启发于前人理论以及马克思批判前人理论之间，后者之所以是更主要的、本体性的，不仅是因为"阐释前人理论"不可能走到"批判前人理论"这一步从而使得"阐释"与"批判"是两种理论工作的性质，更重要的是，因为理论批判只是把阐释前人理论作为自己批判的工具，而且只有在揭示出既有理论的局限之后才能显现出把阐释前人理论作为自己批判的工具之性质。这不仅是马克思主义，也是后来包括法兰克福学派在内的西方其他理论家的共同特征——阿多诺、哈贝马斯等无不是以虽然尊重马克思主义但更改变马克思主义哲学的基本观念和范畴为其批判的方法，这才能确立起西方马克思主义与马克思主义的对话状态。

其二，理论批判的坐标和尺度是理论家自己独特的问题，是以独特问题来暴露现有相关理论面对这样的问题的局限所在，并在对现有理论局限分析中来思考自己的理论建构。这使得理论批判决不是理论家"选择一种理论去批判另一种理论"。一方面，在《1844年经济学—哲学手稿》，马克思的关于人的实践本质学说之所以形成在他对"异化劳动"的批判之后，是因为工人在对象化活动中失去对象的"物的异化"与在劳动实践中与自己关系的"自我异化"之社会现实问题，成为马克思批判西方资产阶级人道主义的出发点。即西方历史上的人道主义肯定享受人世的欢乐、反对中世纪的神学禁欲主义和来世观念，崇尚人的个性解放和自由平等、反对中世纪的宗教桎梏和封建等级观念，推崇人的感性经验和理性思维、反对中世纪教会的经院哲学和蒙昧主义，虽然与马克思的人道主义有共同之处，但由于这种人道主义是建立在承认私有制和个人主义的基础上，所以它们就无法解释与面对因为私有制才产生的"劳动异化"问题，也无法现实地解决处于各种社会关系中的人的"劳动异化"问题，并因为过于强调理性对自然的优先性而造成人与自然的人道主义意义上的分裂。正是因为对人的各种现实社会关系的异化生活之发现，马克思才能展开对资产阶级人道主义抽象性、个人性、理念性、对立性之理论局限之揭示，也才能进一步产生针对上述问题的马克思的现实的、革命的、自然的人道主义。另一方面，马克思虽然吸收了费尔巴哈的"感性存在",也吸收了黑格尔的辩证法、英国古典政治经济学和英法空想社会主义的合理内容,但由于马克思均对上述理论做了观念和内容上的改造,所以马克思就不是选择某种理论对另一种理论进行批判,而是把所有与"劳动异化"相关的理论都视为批判的对象,也就是说马克思不会用黑格尔的理论去批判费尔巴哈的理论,也不会用英法空想社会主义的理论去批判英国古典政治经济学,而是把所有批判的对象都化为马克思自己的"实践本体论"中的材料,用历史的、现实的、辩证的、创新的"实践"作为"结构"将这些材料给予元素性的安置,这样就改变了上述批判对象作为思想的性质与功能。这样的批判之所以不是"扬弃"可以解释的,是因为仅有费尔巴哈的"感性"、黑格尔的"辩证法"以及英国古典政治经济学和空想社会主义合理思想之"扬",并不能逻辑地产生"实践"这一创造性的理论本体概念。这就跟中国的"尊老爱幼"与西方的"人人平等"之思想精华之"扬",并不能产生新的有机性独创观念一样。如此,理论的"批判"就具有对既定理论进行性质、结构的创造性改造的意味了。事实上,不仅马克思对前人的思想和理论是如此,西方马克思主义对待马克思的"实践"理论和其他前人理论也是如此。阿多诺之所以以"非同一性"问题改造黑格尔的"对立统一",又以非同一性的事物的绝对差异架空了马克思主义包括历史总体性和整体性在内的"实践"哲学,同样也可以视为理论的"批判即创造性性质改造"。

所以比较起来,中国理论工作者在上述两个方面的问题就是十分严重的:一是中国理论工作者长期以来把"理论研究"当作了"理论",满足于在中西方理论之间作选择、阐释性的研究,然后用来解释、描绘和评价中国现实,而且同样满足于用选择来的理论来看待、解决所谓中国问题,这就必然遮蔽了中国理论工作者对西方理论原理和中国儒、道、释、法、墨等哲学作"观念性批判"的努力,从而使得中国的"理论家们"在"理论"的意义上名不符实。不少中国学者的看法是,不管中西,只要理论有用就可拿来所用,却不去追问这"有用"对中国建立自己的现代文化是一时问题之用还是长远问题之用,是表面问题之用还是根本问题之用,是西方在中国的伪问题之用还是中国自己的真问题之用。由于中国理论工作者不能提出中国自己的现代化问题和现代理论问题，自然也就不会从这一问题出发来考量"有用"之深刻与肤浅，也必然会造成中国学者不断对这些所谓"有用"的理论进行反思、抛弃之思潮迭起，而无视这些迭起的思潮本身就是对"理论有用就好"的质疑和嘲讽，则将必然造成中国学者在理论原创上的有其心、懵其知、无其力。二是中国理论工作者长期以来将"理论批判"理解为"理论选择、置换"，造成他们在中西方理论之间无以兼融之痛苦，或满足于像海外新儒学那样的"内心儒家道统、外在西方秩序"之文明破碎组合，也将一方面必然不能树立起东方现代文化对世界进程的整体影响力，另一方面也难以培养起东方学者对既有中西方理论以中国问题为出发点进行批判改造之能力。在中国人文社会科学界，近20年来从"主体性"理论到"主体间性"理论、从"本质主义"到"反本质主义"的话语转换，就是这种将"理论选择"当作"理论批判"之误区的典范。这样的转换说明中国知识分子只是将西方理论作为自己知识性生存的工具，而离理论批判需要以自己提出的问题为坐标相去甚远。也就是说中国理论工作者要展开自己的理论批判，必须具有对西方理论进行批判的意识与实践。这种意识与实践至少要以下的"中国问题"为出发点去思考：在哲学上，对于一个习惯"宗经"的民族，中国现代个体和主体建立在什么上面才能够可能？中国式的现代个体应该与群体发生怎样关系，才可避免西方意义上的"对立"之整体破坏、也避免传统的个人对群体和传统的依附关系？如果这样的关系建立起来，西方的"主体论"和"主体间性"理论是否都不适合描述现代文化支撑的中国？在文学上，中国传统"文以载道"那样的文学观是否是西方意义上的"本质主义"理解？如果不是，中国当代的"反本质主义"思潮想消解的，岂不是本来就有问题的、被中国移植过来的各种西方文学观吗？以西方之剑攻西方之盾，与中国学者建立自己的现代性文学理解又有何干？而把西方的文学理解当作中国自己的理解，不正是中国文学理论家不能够建立中国自己的"现代文学理论"之原因吗？

三　理论终之于理论家独特的概念、范畴和理解

如此一来，理论的第三个环节就是对理论批判的"结果"之考量

了。理论批判既然不是选择一种新的理论批判另一种旧的理论,其批判的结果便只能是以自己独特的概念、范畴产生为标志的独特的知识系统。这种以独特的概念、范畴之产生为标志的独特的知识系统即为"理论的原创"。如果理论家借用以往的哲学概念但又赋予这些概念以自己独特的内容,且这种内容区别于哲学史上相同概念的内容,那么这种由独特的内容支撑的理论即为"理论创新";如果理论家提出独特的概念和范畴,但理论内容与以往其他理论概念的内容基本相似,这样的理论就是"变器不变道"的"低程度理论创新"。

纵观古今中外有很大影响力的人文社会科学理论,我们会发现,柏拉图的"理念"、康德的"物自体"、马克思的"实践"、黑格尔的"绝对精神",抑或尼采的"超人"、柏格森的"绵延"、哈贝马斯的"社会交往",等等,理论家特有的概念和范畴不仅是我们识别该理论家的标志,而且也是一种理论能成为理论的标志——理论如果没有特殊的概念和范畴揭示它要解决的特殊问题及其应对策略,那么就说明该理论很可能没有特殊的理论问题需要解决而不具备独特存在的理由。在此意义上,理论即是"独特的观念和观念系统"之意。在中国哲学史上,老子的"道"以其鲜明的、不可言说的"阴性之道",不仅区别于孔子和墨子可说性的"仁爱"与"兼爱",而且相对于西方认识论哲学的很多可说的哲学概念,均具有本体论或本根论之独创性。当然,哲学史上更多的则是孔子的"仁"、墨子的"兼"这种有具体内容可以阐发的原创性理论。孔子的"仁者爱人"以"君臣父子"、"亲疏远近"来展开"差等之爱",墨子则以"兼相爱,交相利"(《兼爱中》)的利他和大同之爱区别于儒家,这种概念不同内容也不同的对"爱"和"义"的理解,可以清晰地说明独特概念、范畴产生是儒家和墨家能成为自身的关键。如此,儒、墨之间所展开的论争,也就具有理论批判之性质了——正常、健康的理论批判,就是以自己独特的概念范畴所揭示的理论内容与不同于自身的概念范畴所揭示的内容之间的批判。这种批判,在根本上与马克思对黑格尔的批判其性质是相通的。马克思虽然赞扬黑格尔的辩证法(正如墨子也赞同儒家讲"爱"一样),但由于马克思的辩证法已经不是黑格尔的概念的精神运动,而是人的社会的、历史的、改变世界并且争得人类自由解放的"实践",所以辩证法在马克思的哲学中只是技术和材料，而辩证唯物与历史唯物的结合所构成的"实践"才是马克思主义的精髓。这正像"利"和"爱"在墨子哲学中同样是技术和材料，"兼"才是墨子哲学的基本性质一样。理论原创在根本上与传统的联系是材料和技术上的联系，而在性质与内容上则与传统构成重大区别并以独特概念揭示着这样的区别。

然而哲学史上也有"相同概念、不同范畴之内容"的理论，揭示着一个民族在延续、尊重传统文化原概念基础上的理论创造。这种用前人的哲学概念进行独特理解从而赋予其独特内涵的理论实践，突出地体现在西方的"存在"和中国的"道"作为各自的哲学史之元概念不断被后人做全新的理解上。这种理解虽然借用前人根本的哲学概念和命题，但理论家对此的独特理解依然可以通过一些具体而独特的理论范畴显示出来。所以"存在"这个西方哲学的基本命题虽然在古希腊哲学那里就被很多哲学家讨论过，但这并不影响海德格尔划时代地将这个概念从认识论哲学的实体含义（亚里士多德）、主体功能含义（笛卡儿）中解放出来，赋予其使主、客体得以产生的体验性、孕育性、非二元对立性的"澄明"、"筹划"之"存在"，并将人这种"此在"赋予其"看护在"的重任。如此，"存在"这个概念就在海德格尔这里赋予其文化原初的具有澄明性意味的状态之意了，与"存在即实体"、"存在即主体功能"并为哲学史上三大重要的存在哲学。中国道家哲学史也是如此。老子与庄子虽然都以"道"为哲学基本概念，但庄子的"周将处乎材与不材之间"，"恢恢乎其于游刃必有余地矣"① 的"游之精神"，与老子"负阴而抱阳，知雄而守雌"、"以天下之至柔驰骋天下之至坚"②、"大用"的治世目的，在"道"的内容上就是有区别的。即老子是主张"以柔克刚"、"以阴制阳"的"执著"，而庄子则是"无所谓阴阳、柔刚"的"超脱"，注意到这种区别就是注意到道家内部的理论之间的批判关系，而忽略这样的关系就会得出老子与庄子如出一辙的看法——这样的看法，将会消解庄子在中国哲学史上存在的意义。但是，由于庄子的哲学在根本上还是受老子的哲学影响过深，所以庄子的

① 《庄子·山木》。
② 《老子》第二十八章、第四十三章。

哲学理论就不能算是理论原创，而只能理解为理论创新了。如果今天的中国哲学仍然要用"道"说话，就必须在性质上既区别老子，也区别庄子从而面对现代性所讲的生命力和创造力。

不过，在中国思想史或中国哲学史上，更具有"中国问题"的还不是上述两个方面的理论形态，而是"以不同概念表达相似理论内容和既定理论内容"的"低程度创新的理论"，这种"换瓶不换酒"的"理论创新"在根本上来自中国哲学"万变不离其宗"、"变器不变道"① 的创新观。因为新的理论概念并没有表达理论家独特的对世界的理解而只是表达既定的哲学内容，这就使得儒家、道家哲学会与时俱进地改变名目从而造成中国哲学史和思想史很大程度上只是"阐释经典"的历史。其最为典型的，当推宋明理学之"理"和"心"在根本性质上无以区别老子的"道"与孔子的"仁"。因为撇开徐锴说"物之脉理"② 的"理"为治理、规律这些"理"之原初含义不论，从儒学史去看，自孟子的"心之所同然者，何也？谓理也，义也"③ 这种"义即理、即心"的"仁义之理"和"人心之理"始，荀子的"亲用之谓理"④ 的"礼之理"，宋代朱熹的"仁义礼智便是天理之件数"⑤ 的"天之理"和明代王守仁的"吾心之良知即所谓天理"⑥ 的"心即理"，等等，均说明"仁"、"义"、"礼"、"心"、"理"、"天"是一些相通的具有本体论和价值论统一的范畴，基本不存在内容和性质上的重大差异，所以宋明理学通过朱熹将"理"宇宙本体化，并没有出孔子将

---

① "道"在中国哲学中作为一个不变的范畴，如果被儒家哲学作了"仁"那样的观念化理解，就会成为"仁"不变而只是对"仁"的阐释可变的"新儒学史"。近代学者郑观应将"道"理解为封建伦理，将"器"理解为西方科学技术，是造成"哲学为体、西学为用"这种"变器不变道"现象的重要原因之一，也必然产生牟宗三以传统道德和西方体制相结合的"内圣外王"之方案。其结果，必然造成"器"或"概念"不同但儒家的道统不变的"破碎的理论"或"准理论"之现状。

② 《说文系传校勘记》。

③ 《孟子·告子上》。

④ 荀子：《礼论》。

⑤ 《答何叔京》，《朱文公文集》卷十四。

⑥ 王守仁：《传习录上》。

"天道"与"仁"赋予最高价值存在之左右。戊戌维新以后，康有为虽然将"天理"改造为"人人有天授自由之权"①的"民主者，天下公理也"②，然由于自康有为始的中国现代知识分子只是以西方的理论看中国问题，这就必然使中国理论家在"中国现代化"问题上不仅不能诞生自己的现代性概念范畴，而且只能是将传统哲学概念与西方既定哲学内容硬性结合，从而造成理论的新的异化——这种异化突出揭示出中国理论工作者没能在对西方民主、自由观念和中国儒家之"仁"、道家之"道"的双重批判中产生中国人自己理解的"现代公理"，自然也就提供不出在民主、自由问题上的"东方现代方案"。

如果有学者说，这样的对"理论"的理解对多数"以理论研究代替理论"的中国理论工作者来说是可望而不可即的，那么我就要说：明了"理论原创"、"理论创新"和"低程度理论创新"在性质上的区别，明了中国理论工作者所处的理论贫困的位置，我们才能由此出发步入"理论努力"之途，真正的"中国现代人文社会科学的理论自主性之空间"，才能由此向我们打开。

---

① 康有为：《大同书·戊部》，中州古籍出版社1998年版，第174页。
② 康有为：《答南北美洲之华商论中国只可行立宪不可行革命书》。

原创方法

论"中国式理论创新"的缘起

中国国家意识形态所说的"自主创新",与我正在研究和实践的"否定主义",在中国理论和文化需要有重大创新这一点上是一致的。但中国理论"自主创新"强调的是依靠中国人自己创新,还没有涉及这样的创新必须同时是"中国式理论创新",才能将"自主"落在实处。即中国有自己创造的当代理论、方法和观念,才能使"自主"成为"理论主体",也才能进一步成为有"理论主体"支撑的"文化主体"①。因此,要阐明"中国式理论创新",必须首先阐明它是面对怎样的"中国问题"提出的,解决这样的"中国问题"会给"中国式理论创新"提出怎样的要求。本文拟从作者建立的"本体性否定"理论出发来阐述这样的问题。

一 一个国家、一个人:如何获得世界的尊敬?

首先一点是,中国的经济和国家实力,中国现代化的发展所取得的成绩,以及中国在一些国际竞赛中取得的成就,是举世瞩目的。这一点世界是承认的。但是这种承认可能会遮蔽一些重要的问题,那就是:中国人在国外、中国文化在世界上获得尊敬的程度,与中国目前经济发展

---

① "自主"不能简单理解为"西方人能做的,不依赖西方我们也能做",这种思维方式将使中国的科学研究和理论创新永远带有滞后性,并且离不开对西方的参照。"中国式创新"的思路是:无论在科学创新还是人文社会科学理论创新领域,中国都应该以建立自己的原理、结构和思维方式为目标,突破对西方原理和理论的依赖与模仿状态,这种创新才具有原创的性质。

获得的承认不是很相称，尤其是中国人在现代文化的创造上，还拿不出像样的东西；支撑中国人的创造所必需的生命和精神状态，还没有形成鲜明的"中国式审美形象"——模仿、依赖和等待，以利益为中枢不断抛弃昨天的选择所显示的"聪明"，这样的生命状态基本上还是我们的现实。动辄我们只能炫耀传统的东西，除了琴棋书画、四大发明、风俗文物，我们就没有办法向世界展示中国现代"还有什么东西"，因此这就不可能让世界获得对"现代中国文化"的尊敬。有一个问题几乎是我们集体回避的：西方经济实力的发展、科学技术的发展和它的人文观念的创造，是同步的。20世纪以来，中国受西方影响的，不仅仅是经济、科学和技术上的成果，更重要的是包括民主、自由、个体等人文主义的观念。所以，西方对世界全球化的影响主要是文化观念上的影响。正是因为这样的一个"同步"，才使得西方的经济和科学技术保持了持续的发展状态，西方文化也才成为世界的主流。也就是说，文化的发展、思想的创造，是保证经济和科学技术持续发展的基础，这最突出地表现在技术的基础是原理和理论，如果原理和理论没有爱因斯坦那样的理论发现和创造，西方的中心化影响是不可能的。

与此同时，我们常说中国古代文化是很辉煌的。这个"辉煌"，不仅仅是说中国古代的经济实力和科学技术在世界上当时是领先的，更重要的是以与这种经济和科学相匹配的中国古代文化、中国古代的思想，尤其是以儒、道、释形成的思想结构，对世界产生的影响是显然的。比如书法、武术，与道家文化就密切相关，中医与"气"的哲学密切相关，而道家文化对"技艺"的推崇也与"四大发明"有深层的文化关系，甚至蔡伦为什么用树皮、破布做造纸业的原料，也与中国哲学的"节俭"意识有关。我们今天在和东亚各国打交道的过程中，也常常为这一点而自豪——中国曾经影响到东亚文化各国，甚至也通过"丝绸之路"影响过世界。大家熟悉的哲学家黑格尔、罗素，以及今天的西方当代哲学家海德格尔，都在他们的思想中谈到中国文化以及中国哲学对他们的影响。这就是中国古代文明的辉煌至今仍然能获得世界的尊敬的原因。但是这样的尊敬与我们尊敬西方文化是不可同日而语的：因为西方文化赖以自豪的不仅是他们的古代文明，更为辉煌的其实是他们的现代文明，这种可以不断创造新的文明的文化，正是西方文化区别包括中国文化在内的东方文明古国的原则性差异。

把这个问题再挑开看东方文化。日本现在是世界上第二强国。明治维新以后日本发展非常快。日本在整个现代化的过程中也面对过我们今天所面对的中西方文化冲突的问题。日本理论界的丸山真男、竹内好这样的思想家，都探讨过这种东方与西方冲突的困惑和解决问题的办法。但是，虽然大家感觉到日本的经济、科学技术可以说是世界一流的，但是要说到日本的文化、观念，日本人的思维方式、哲学，要对今天的世界产生很大的影响，就不见得了。所以日本的哲学界迄今也没有产生在现代化道路上影响世界的"东方式的现代哲学"。日本文学界有获得诺贝尔文学奖的作家，如大江健三郎；村上春树虽然还没有获得诺贝尔文学奖，但是我觉得他已经达到了这个水平，因为他的小说中有自己对世界独特的哲学理解和体验，而这一点，文学评论界并没有很好的挖掘。但是因为他们都是文学家，所以不可能在文化观念上对世界产生重大影响，就像中国有现代作家鲁迅、张爱玲这样优秀的作家，但还不能使中国现代哲学影响世界一样。所以日本的现代化道路，还存在着文化观念与经济和科学技术没能保持同步的缺陷。但是这并不意味着日本人没有做出他们自己的努力。那就是凝结在他们产品中的"缩小"理念。韩国的李御宁写过一本书叫《日本人的缩小意识》①，集中地把日本人的现代创造通过"缩小"这个概念体现出来。这种"缩小"首先体现在日本的生活用品上，全世界现在使用的很多东西都与日本的产品相关，比如我们吃的快餐盒饭，我们用的折叠扇，更不用说数码相机、电视等，这都是日本人的创造发明。但这种创造发明，更主要是体现在他们的生命状态和国家精神的创造上：将生命的能力凝聚在自身而不给社会添麻烦，将每个人的力量凝聚成一个人式的"整一群体"去拼搏而不依赖外援，将生命的所有热情凝聚成工作的高度专一、细致和敬业而形成国家产品的一流。使用日本的东西与谈日本文化存在的问题是不矛盾的。只要是质量好的东西，人们都愿意使用。你不使用日本的东西可以，但中国自己要制造出可以与之抗衡的产品才行。否则那只是情绪发

---

① 见［韩］李御宁《日本人的缩小意识》，张乃丽译，山东人民出版社 2003 年版。

泄，而不是理性批判，更不是能让世界尊敬的批判；尊敬日本人的精神力量和生命能量与谈日本人在现代化的道路上缺乏东方式的现代哲学贡献给世界，也是不矛盾的。而日本的这个问题是否能够由有深厚文化传统的中国来弥补，就是一个迫在眉睫的"中国问题"。

把这个问题再缩小，今天我们的高等教育在提倡建立世界一流大学，但一流大学不仅是综合性的学科概念，也不是在世界权威刊物发表论文多少的概念，更不是规模大、博士点多的概念。因为中国要搞博士点和重点学科，可以像"大跃进"那样搞，但质量怎么样呢？我认为一流大学必须在知识和观念的生产上能对世界产生重要影响，培养出能创造和发现独特思想理论的大师才行。因为观念、思维方式和理论以及由此支配的人的生命状态和价值追求，决定了你技术创新达到一个什么样的程度，也决定了技术创新与其他文化创新的关系。只有突破技术层面上的发明、发现达到理论上的创造，一个学校、一个国家的高等教育才能产生真正的影响。所以哈佛大学等西方的名校，正是这样才成为世界一流院校的。以此类推，中国的一些著名高校之所以在世界上还排不上号，也与这些高校在理论创新特别是理论原创上的滞后密切相关。其中我们的文科高校专业学科点再多，资料功夫做得再细，文章写得再有才华，但如果不能进行重大观念和理论的生产，那在人文学科方面也不可能对世界产生影响，当然也不可能成为一流文科大学。所以我常常跟本科的大学生说，在理论原创问题上，现在中国没有名校，所有的高校都差不多，处在同一层次。我们国家有自然科学技术进步奖，但是缺少自然科学重大的发明奖。我们有很多工程性的院士、技术性的专家，但是我们确实还没有像爱因斯坦这样的理论家。也就是在原理和基本理论上我们没有重大突破，这使得中国高校在自然科学和人文科学上都缺乏理论的原创性突破。各种学术评价体系以及学术评奖，也没有真正以理论原创作为评价标准，所以获奖作品很多都是低程度的创新。因为以理论原创为标准，在中国这样一个注重文化积累的国家，就应该允许理论原创开始的不成熟和试错，并注重对其的培育。但现在我们的人文社会科学的评奖，更多的是工具书，或阐释主流意识形态与西方理论的研究性著作在获奖，基本上没有个人化的理论批判性和建设性的研究获奖，在评价中更多是看学术功夫而不是思想、观念和方法的突破，这样就形成不了支撑"中国式理论创新"的气候。这种滞后必然影响到中国经济和文化的同步发展。

所以，今天中国的文化观念还没有随着经济的快速发展获得现代创造，没有随着市场经济的发展进入我们的自觉实践。因为市场经济对中国来说是史无前例的历史进程，它与中国传统文化对市场经济、对商业的隔膜是明显冲突的。所以在这种冲突中要形成整体性的中国现代文化，是有它的难度的，但是也意义相当重大。我认为中国国家意识形态提出的"和平崛起"这个概念，很大程度上包含着一种中国文化观念的现代挑战。因为要说服像日本这样的通过对外侵略走现代化道路的国家，要能通过这种说服与西方式的、带有侵略性质的现代化道路形成一个对峙的格局，"和平崛起"里面就包含着一种文化创造的含义：既要崛起，但是又要和平，这种崛起就不是西方式的"强"，这种"和平"也不是中国传统的"天人合一"。因为要"崛起"，你肯定要注重人的生命力、创造力充分展开，要"和平"，就是你的创造展开后如何形成和其他创造性事物的"彼此尊重"的局面，这个问题是中国儒家和谐观难以直接解决的问题。因为儒家的和谐并不注重生命力和创造力的充分展开，而世界观的创造一旦展开，就会有不同于儒家的世界观产生。儒家如果平等对待这些世界观，就形成不了儒家"天下一家"的血缘式等级和情感化群体的社会与文化结构。这是全球化背景下不同性质的文化如何形成的一个新的"和"之问题，而不是简单将儒家的"和而不同"硬加进"平等之和"的现代理解的问题。只有我们面对这样的问题，才能应对西方不平等的"二元对立"文化的挑战。

其次，我们在日常生活中常常会说到"大款"。一个大款很有钱，我们会很羡慕他，但是要说你能不能尊敬这个大款，那就未必了。反过来，我们大家都知道梵·高，他是现代主义绘画的鼻祖，他没什么钱，甚至吃饭都成为问题，但是你说到他，不是羡慕而是油然而生的一种敬意。这里面就提出一个问题：对一个人的"羡慕"和"尊敬"是两个概念。这个人的日子过得很好，我也想过这样的日子，因此现在我很羡慕他。但是这个人如果仅仅如此，我们就不会尊敬他。所以现在我们很多商人，尤其是我所了解的一些靠艰苦创业成功的浙商，他们不希望自己的孩子再去走自己的道路，而希望孩子去读书去深造，成为一个不同

于自己的人才，很可能就传达出这种"我并没有受到世界尊敬"的心
理。因为赚钱不能说明你对世界的贡献，尤其是文化上的贡献，钱只能
施舍，但不可能去影响世界，只有文化才能影响世界。所以文化的创造
比金钱的慈善更重要。钱可以让人活下去，但文化才能让人们心灵安
顿。我们以前理解"贡献"就是"出力流汗，公而忘私"，但这同样是
在利益层面上理解贡献。当你贡献的利益如果流到以集团名义和人民名
义出场的贪官手里，你的贡献便打上折扣；如果你的贡献是给真正为每
一个人谋利的集团，那么你的贡献就应该有合理回报，而既然你的贡献
有合理回报，所以也就谈不上什么贡献。如果你不计回报，当然可以是
利益上的贡献，但你要考虑你这个贡献能产生怎样的效果。如果你资助
的农民拿着你资助的钱去赌博了，你的资助同样是令人遗憾的。关键
是，利益层面上的贡献只能解决你贡献对象的利益问题，但解决不了获
得利益后的个人和群体如何让世界尊敬的问题。所以"尊敬"属于与
利益没有多少关系的问题。它意味着，一个人只有贡献了别人不可能贡
献的精神财富，才能相配这个概念。所以我提到梵·高是因为：梵·高
再吃不上饭，也不会放弃属于他的独一无二的绘画，这种绘画才是他的
生命皈依，他就是靠它安身立命的。注意，我说的是只有属于自己的画
才能安身立命，而不是说绘画。"干什么职业"对一个人安身立命根本
不重要。我们尊敬梵·高不是因为他从事绘画，我们是尊敬他通过自己
的绘画给人类艺术史所带来的不可重复的贡献。在梵·高之前，我们看
到的都是古典主义式的、和谐宁静的绘画，就像《拾麦穗》那样的非
常宁静和谐的一种画面，或者像《蒙娜丽莎》那样一种含而不露的微
笑。但是到了梵·高笔下，世界一切都开始生机勃勃了。我们看他的
《开花的果园》，马上就会感觉到一股春风不断轻轻地扑面而来。所以
梵·高是西方绘画史上第一个将生命的质感、生命的灵动性贯穿到绘画
里面的艺术家。这样的一种绘画及其所带来的艺术以及由这种艺术所形
成的历史，对后人产生了非常大的影响。整个现代艺术对生命的重视，
在某种意义上可以说是由梵·高开辟的。所以真正的贡献是对人类的精
神文化产生巨大的影响。对产生这样贡献的人和国家，世界才能尊敬他
们。我们看韩剧《大长今》也是如此。长今最后不仅仅是宫廷内外男
女老少，而且大臣和仆人都尊敬她，在亚洲和世界播放后，同样让很多

人既喜欢又尊敬。长今是一个什么样的人呢？我认为她是一个始终追求自己创造性的人，并不是只以当上"最高尚宫"为目的的人。长今的人生有一点信念是最重要的，就是"要做最好的"——所以长今做的料理，菜谱上是找不到的，长今开的药方，医书上也没有现成答案的，如此才能解决现成书上解决不了的问题而成为"最好的"。尽管崔尚宫能用很好的食材，而且也有家传的菜谱菜肴，但是就是做不出长今独特的味道，这说明材料并不是很主要的。引申开来就是，学术研究用什么样的材料，是用新发现的材料，还是用过去老的材料，我认为相对于"中国式创新"而言都不是最重要的。发现新的材料我认为对学术是有贡献的，材料的发现可以证伪原来没有发现这个材料的观念，会对原来的学术结论有所突破。但是这个新发现的材料和原来的材料放在一起，你怎么有一个观念和理论上的总体把握，才是更为重要的问题。有的时候用新的材料得出的依然还是和原来结论差不多的观点，甚至你会用原来的思维方式和观念来解释这个新的材料，那就没有多少意义。反之，你如果有自己的观念创造，就是老的材料、大家司空见惯的材料，你也可以得出新的结论；甚至就是一般人不使用的、看不上眼的材料，也可以在你的创造性的思考中得出一个新的结论。我认为学术上所用的材料就类似于长今做菜中所用的"食材"，关键是用什么样的结构，什么样的思维方式去解释它、统摄它、对待它。

所以，从否定主义的"本体性否定"理论出发，创新问题可以分为两种性质"不同"的世界：基本原理依附和模仿西方，加进中国的特色和个性，或者在中西方两种文化中徘徊组合，也是创新，也具有创新意义，但这种创新不可能使中国人获得现代文化的安身立命，更不可能产生影响世界的功能，它只是我们在现代化背景下不得不如此的应对，具有被迫性。我不轻视百年来这样的中国创新的意义，但这种创新不可能获得当代世界的尊敬。西方人依然在重大理论和问题上可以不把中国当回事。另一种性质的创新就是"不满足于"前一种创新的状态，通过对理论的批判与创造的自觉，以提出"中国问题的特殊性"并"打通世界问题"为坐标，来建立中国式的关于"和平发展的现代化道路"的理论、观念和思维方式，同时通过改造儒、道哲学来完成中国当代人文思想的建设，促进中国现代文化获得内外一致的"中国现代文化现象"建立，并把后者作为"中国式创新"的"本体"或"核心"来对待。

二 百年中国现代化的误区是什么

中国20世纪文化现代化有很多教训，这些教训是我提出"中国式理论创新"的比较直接的、现实性的文化原因。这些年来，我们都对整个五四新文化运动有过反思。这种反思当然是必要的，但是"怎么反思"才是关键。否定主义的反思不是用西方的新理论来反思过去我们拥戴的西方理论，而是围绕着刚才我所说的第一个问题展开对西方所有理论的批判性思考，才能接触到"中国式创新"这个命题。

首先，20世纪新文化运动很显然的是在"中西二元对立"中展开的：以中学为体，还是以西学为体，或者主张中西融会这样一个思维框架。所以部分学者主张以中学为体，把西方的东西吸收过来，融进中国传统的"体"；还有一部分学者被称为"西化派"，他们主张以西方文化为主体，然后用中学的东西作为"用"来补充进这个西方的"体"。更多的学者还是倾向于中西融会，在此基础上来构成一个比较综合性的文化形态。对于这三种形态，否定主义理论均持审视和保留的态度，也就是说这三种形态我都不太赞同。

我先说第一种形态。那就是以传统文化的优越感自居但这种优越又不能参与世界的现代化进程。每当西学在中国的运用导致问题以后，中国学者常常会回到中国传统中去寻求支援和依托。我认为20世纪80年代到90年代的思潮转换就是这样。80年代用文化启蒙来反对中国的传统文化，这种反对造成很多"文化错位"问题，即我们引进的西方理论能否直接作用于中国现实和中国问题；90年代我们又重新回到中国传统的立场上来反思西方文化，其突出的标志就是"新国学"。我不想具体评价这种反思以及这种国学运动的兴起所产生的积极和消极作用。我只就这种转化中所暴露的问题而谈一些自己的观点。我认为今天回到国学是原来我们不恰当或者错误地对待国学的自然反应。如果在文化启蒙的历史中，我们很好地、恰当地、正确地对待了自己的文化传统，就不会有90年代文化上的拨乱反正的问题。而90年代回到国学，同样会暴露出我们当年反传统中对待传统的虚无主义态度。换句话说，我认为取消传统，主张抛弃中国传统，认为中国传统一无是处，与弘扬中国传统，认为中国传统比西方文化更为优越，其实是一回事。反传统和弘扬传统都是不健康地对待传统所导致，是同一种性质事物中内部的逆反现象。就像"大公无私"和"自私"是同一种性质的逆反一样，都存在问题。

中国传统文化或者说中国的儒学思想作为中国传统文化的主体，在现代处在什么样的境遇，是一个关键。有的学者认为儒学不适合现代化，因为它根本不注重个体，根本没有现代意义上的民主自由精神，和现代化基本上是格格不入的，中国要走现代化的道路，某种程度上来说要整体地告别儒学。但这种观点根本没有考虑到中国能否建成西方式的个体文化的问题，一相情愿大于理论论证。另外一部分学者在反思西方资本主义和西方现代性中所暴露的问题过程中，越发倾向于这样一种观点，认为中国儒家文化的博大精深以及"天人合一"所造成的和谐文化，以及新中国成立后所走的中国"现代化"道路是可以解决西方的现代化由民主自由体制所带来的一系列负面问题的。所以有学者就认为"三十年河东，三十年河西"，将来是中国文化的天下。但我个人对此是持保留和批判态度的。因为这些看法同样没有理论论证。我认为"一种文化所带来的问题"不可能直接用"另一种文化的优势"来解决。其原因就在于一种文化是有机体，你不进入这个有机体就无法解决这个有机体所导致的问题。就像中国传统文化中儒、道、释形成了一个有机结构，你不进入这个结构内部，用西方文化来冲击它，只是冲击一下，一切还是会恢复原状。20世纪中国文化启蒙运动，就是用西方思想来冲击中国传统文化，而又不能改变内部的有机结构，所以不可能对这种传统有一个根本性质的改变。其结果就是我们追随、追求西方的新思想，热闹了一下，兴奋了一下过后又因为这个新思想不能在中国文化中扎根，一切又回到原来的状况。鲁迅的小说充分地揭示出这样的问题。无论是《伤逝》还是《在酒楼上》都揭示出这样批判的弊端：就是人的解放、个性张扬，不是离家出走、背叛封建家庭这么简单。如果一个人离开家不能找到自己的安身立命的家园，他还会回来，而且命运会更糟。光用西方思想冲击一下中国传统，但是不能在这种冲击中改变中国的家园结构，并重新建立一个家园结构，那么我们最后还会回到原来的家园。因为安身立命的东西是一种文化结构，在这个结构中，不能有根本冲突的东西才能安身立命。至于对新中国成立以后所走的是否是"中国式的现代化"道路，我对此也是打上引号的。我认为新中国成立以后的道路不是现代化的道路，因为它没有现代化最基本的底线，就是对人的尊重，无论是集体道路还是个体道路，都应该以对人和个体的尊重为底线。只有这样的尊重，才会尊重人的创造和思想，也才能由此给世界以新的贡献。没有这个前提，经济、军事、文化要走在世界文化创造的前列是不可能的。而儒家文化为什么不能参与世界现代化进程呢？那是因为儒家对"个体"、"生命力"、"创造力"这三个概念是重视不够的，而这三个概念恰恰是西方现代性的最主要的构成。我认为儒家哲学、中国传统文化要参与世界的进程，发挥对世界性的文化影响，就必须对传统观念尤其是儒、道、释的基本观念和思维方式，在吸收上述三个概念的基础上进行创造性的改造。所谓创造性的改造，不是说以西方的观念来改造，这样的改造不叫创造性的改造，而是对中西方思想同时改造才叫"创造性改造"。

最近几年，像易中天、于丹教授在百家讲坛讲《三国》、讲《论语》，作为一种传统文化的普及，我不持反对意见。因为学术是可以以大众化的形态来走向大众的。老百姓不可能去看理论学术书。学术是不拒绝媒体的，但是不能依附于媒体。所以我不对媒体介入大众的形式去发表什么看法。我想说的只是：用学术界的一些定论和共识对传统经典进行解读，意义是有限的。因为这些定论面对中国当代问题是可疑的。如果我们缺乏对传统观念和学术定论进行批判和改造，缺乏当代中国自己的思想和理论创造并以此重新看待传统经典，然后再通过媒体这种大众化的形式介绍给大众，我们就很难引导中国走向一种文化创造的状态。因为，今天的大众不仅是要了解经典，了解历史，更需要从中国现代化期待的创造去解读经典，所以我们今天需要怎样理解和了解经典，才是更关键的。只有这样，大众接受的观念、思想才会有张力，才会形成一个结构。一方面大众可以基本了解儒家哲学、道家哲学的一些基本的思想、观念以及这些观念在当代社会的意义，另一方面，通过一些学者的批判性、改造性的研究，又会使大家认识到儒家、道家的不少精华不见得还能适应今天，也不一定能完全应对当代人的心理、价值、思维方式，并且知道为什么不能。于丹教授在讲庄子时就涉及"知足常乐"这样一个观念。我对"知足常乐"是持保留和改造性的态度的。在经验和感受层面上这个观念好像没有什么错，容易满足当然欲望就不会膨胀，不膨胀当然就没有多少痛苦。但是这个观念是非常含混的一个观念。比如一个人如果进行创造性的追求，这个"追求"该去怎么评价？他一生都在持续这种创造性的追求，根本没有满足的时候，这里面就不存在"知足"问题。像韩剧中的"长今"那样永远不会放弃自己的追求。长今也不是事业性的追求这样一个笼统的概念，而是一种永恒的创造性追求。也正因为这样的追求，做了"大长今"以后她仍然通过离开皇宫来体现她这样的追求。创造性追求怎能是"最高尚宫"可以概括？另一方面，欲望层面的需要应该达到什么程度才是知足？如果今天我们没有一个科学的态度和解答，我就可以像宋明理学那样，说人只要吃饱饭就应该知足了，为什么一定要去享乐呢？但吃饱、吃好、享乐是一种自然的欲望过程，要停在哪里算是"足"呢？所以，人的创造性追求和欲望化的追求是两种不同性质的追求。传统儒学无法面对这两种不同的追求来回答，因为欲望化的追求应该达到一个什么样的境界和状态，这是没有量化标准的，也不应该设定标准。因为生活的水准、个人的要求都是变动不居的。而且，改变人在欲望和利益上的无止境追求，今天不是要靠"淡泊欲望"，而是要引导人做除欲望之外的"创造性追求"，这样一个人自然就会不太在意欲望了。所以我认为，梵·高是在有自己的绘画世界的创造努力的情况下，才会不在意吃饭问题和女人问题的。梵·高最后去找妓女，正是这种"不在意"的显现。你可以说梵·高不是爱情至上主义者，但是梵·高把他的爱情献给了他独特的生命艺术世界，又有多少艺术家可以做到？所以，在欲望化的世界中如果我们允许人的各种欲望追求，就很难去划分一个边界和尺度。因为每个人的欲望是不一样的。即便大家的欲望都差不多，比如大家都想有三室一厅，都想着买车，也没有必要去进行限定。如果你不妨碍、伤害他人和社会，欲望追求即便没有止境，也不应该或是褒义或是贬义的评价，而应该是一个"正常"的概念。一个人有六套房子才满足，一个人有一套房子就满足了，两者之间也没有可比性。这就跟每个人的饭量有大有小一样，你不能说饭量小的人是"知足常乐"，而饭量大的人就不是。这直接导致我的否定主义美学提出"正常"和"健康"这些范畴。与此类似的问题是，很多学者满足于对儒家"和而不同"进行因时代变化的解释，却不会想这个"不同"能不能"不赞同儒学，也不赞同道家"，根本对立于"儒、道"的哲学如何与儒家保持"和"呢？因为全球化之下的文化冲突之"和"，是不同于以儒家文化为主体的文化之"和"的。赞成儒学的基本观念，但我在理解、阐释上不一样，同样可以构成某种"和而不同"，即便是道家哲学，其在"依附性"上也与儒家根本一致。如果我根本不赞同儒学那么一种思想，不赞成"血缘等级"，不赞成"修齐治平"，儒学能不能保持对我的亲和状态呢？这就是一个问题。正因为如此，整个传统儒学在 20 世纪面临西方思想的挑战，出现的就是这样的问题。儒学中那个"不同"，很大程度上不包含"完全不同的世界观"这个含义。因为一旦包含不同的世界观，它内在的、等级性的推己及人的这个结构就会打破，儒学就很难有它的"和"的意义与"稳定"的意义了。

第二种形态是西学为体。但是西方文化也不能直接作用于中国现实，这也可以分为这样两个方面去讲。

第一，有的学者就认为中国现代化必须经过一个"西化"的过程，然后才能谈"中国性"，所以今天最重要的是首先实行西方的民主自由体制，然后通过这个体制来培养适应这种体制的新一代人。中国人总是从一个现行的体制和社会中被塑造出来的，因而容易依附于一种体制和行为方式。从这么一个角度来说，我认为它是有道理的。但是这么一个看法忽略了一个前提：即体制的基础是"文化"，如果缺少一种文化支撑，那么体制性的强化可能是很难最终成功的。即便体制建立起来，也会形同虚设，中国台湾就是一个说明。美国学者林毓生就说台湾的民主根本不是西方真正的民主自由。你让一个村的村民民主地选村长，很可能最后产生"只要谁给我饭吃我就选谁"这么一个状况。村民们不会考虑更多的东西，不会考虑个人的权利究竟应该怎么样实行和展开的问题。

这个问题如果再加进我最近的研究，就是中国个体不仅缺少个人权利的意识，而且最重要的是缺少自己对自己生活的设计和理解，这使得中国个体之间是"大同小异"的。今天要问一个中国人你究竟想过什么样的生活，完全靠自己的设计，他是设计不出来的，也没有一个自我设计的意识。他要看别人怎么设计，别人过什么样的生活我也过什么样的生活。别人有车我也有车，别人做股票发财我也要发财，所以要反悔也是大家都反悔，既然大家都反悔，责任就不在自己而在"时代"了。把责任推给"时代"，是典型的缺乏个体责任的"依附性人格"的显现。在这样的情况下给你个人权利，大家或是会选择差不多的生活和生活方式。这样一种状况，表明中国个体在真正属于自己的创造性问题上是非常贫困的。没有建立自己的生活观、世界观的意识，这就会导致中国个体只要日子过好就没有了"呼唤个体"的冲动这么一个状况。想到我们当年的反封建、个性解放、民主自由的呐喊这些精神亢奋的状态，可能就与我们现实中"过得不好"有关。而过得不好，除了指温饱和享乐外，大概就是精神上没有"自由的选择"，但一般不会去想"创造自己独特的生活"这样的"自由"。我想这就是中国大部分现代作家与张爱玲的差距。如果我们能自由自在的过上我们想过的日子，再超越这样的生活对我们来说就变得不可思议，大家就会感觉你是不是有毛病。这就说明"自由"在中国文化境遇中是一个很世俗平面化的概念。原来我们的超越现实、抨击社会、抨击专制的言论，也没有一个具体的、形而上的指向。抗美援朝的最终目的还是保家卫国，我们的理想目标很可能是很世俗化的。今天中国知识分子一旦过上某种意义上的小康生活，就不太去关心精神和超越方面的问题了，那是因为他们原来的精神超越就有工具化的性质。所以，20世纪中国学术界盛行西方的"二元对立"、"主客体对立"，但其实践性质是风马牛不相及的。因为能构成"二元对立"必须有一个"个体对立于群体"的结构在场，我认为中国文化没有这样的传统。中国文化的特征是"一元的内部逆反"，也就是说在一元内部的逆反中，一个个体好像是在"对抗现实"，但实际上这种对抗是要依附另外一种现实才行的：中国个人本质上必须依附一个东西才能反对另外一个东西。所以在任何对抗中，中国个人都不能作为一个"个体站在那里"，因为没有对生活、对世界的独特理解让自身站立。所以"反传统"必须依附西方的传统，批判西方文化就必须依附中国传统文化。如果既不依附西方也不依附中国传统，很多中国知识分子就说不出话来了。这样的一种个体贫困状况，即便西方的民主自由体制建立起来，不是形同虚设，就是会将其作为工具对待——因为你要坚持自己的什么几乎说不出来，你要的很可能也是别人要的。

与这样一个问题相关的就是我要说的第三种形态——"中西融会"的问题。以"西学为主"还是以"中学为主"的观念已经不太具有今天的市场，但很多学者会赞同"中西融会"。从我的否定主义角度来说，对"融会说"、"批判与继承"说是有所反思和批判的。我认为这是我们在文化建设、文化批判上停留在感觉和经验上的一种思维显现。"融会"了这么多年、"批判和继承"了这么多年，学术界产生了什么样的重大创新的思想理论成果呢？更多的"融会"之所以导致的是思想貌似整合但实际上是碎片的状况，其根本原因在于"融会什么"，"怎么融会"，"融会的方法论是什么"，我们理论界基本上是没有研究的。人们在谈到"融会"的时候，好像就是"两个氢加一个氧成为水"的那种化合。这么一个化合、融汇就会产生很多问题。文化的产生是像父母结合生出一个新的孩子那样，还是像爱因斯坦对牛顿那样的批判超越？在我们这里是模糊不清的。"两个氢加一个氧"虽然是更新了但自然的性质没有变，父母生孩子是更新了，但遗传基因没有变，而后者则是世界观、思维方式这些性质的创造，所以爱因斯坦颠覆了他以前物理学的思维方式，相对论是不可能从前人的研究中"融会"出来的。我认为"融会"与"批判创造"是"两种不同的质变"。否定主义理论对黑格尔辩证法的"否定之否定"在"质变"问题上没有进行"一般性质变"和"创造性质变"的区分，也是持批判态度的。因为"一般性质变"是自然性的运动变化，交融、反应、化合、消长是其"变"的方式，但是再怎么变性质也不会改变；而"创造性质变"是指人创造工具"对自然性生存运动的告别"。这种告别不是任何事物"融汇"出来的，而是人自己创造出来的。整个地球历史的演变充满矛盾运动，但矛盾运动诞生不了"人的文化"；同样，矛盾运动也消灭不了"人的文化"。交融、化合，产生不了独一无二的东西。你可以说人有自然性生存的一面，所以性质上是有承传的，但是当我们说到"人"的时候，绝对不会用他的本能、欲望、矛盾运动来作为人的性质的规定，人也不可能靠矛盾运动产生的变化获得在这个世界的尊严感。从卡希尔说"人是文化的符号"开始，我们更多的人还是赞成人是在精神层面和文化层面会思想的动物。这个层面上去理解人，就说明自然性的一面不是对人的性质的概括，也不是人的本体的概念。但我之所以不赞同"本质"对"现象"的"不对等"关系，是因为人的文化世界与自然界是两种性质不同的世界而"各有利弊"，如果自然界只有"弊"，人类当然可以征服和改造自然，但人类文化自身的弊端，我们不是也从自然界的"长处"的一面不断得到启示吗？故人类的"本质"并不优于自然性运动的"非本质"，"文化"也不优于"欲望"。另外，对于费希特、谢宁、费尔巴哈是否能融会出一个"马克思主义"，理论界也并没有认真思考过这个问题。"融会说"可以找到马克思理论中的前人的各种思想材料（如黑格尔的辩证法），但是很难得出马克思是如何把客观、主观以及辩证法变成一个以物质生产为基础的社会历史运动、以消除人的异化为目的所展开的"实践"这个概念的。这么一个实践性的哲学，其内在结构和性质我认为是马克思的独创，前人哲学无法提供。就像"上帝造人"有"无中生有"的意思一样，我认为创造"在性质上"就是无中生有，材料不起决定作用。创造就相当于其结构和性质是凭空制造出来的，是前人所没有的，只有这样才能称之为"创造"。创造不是说不利用前人的资源，而是指这些资源"组合的结构和性质"是前无古人的。这些问题的细致区别，20世纪中国学人一直没有注意，所以才导致中国现代化在创新方法上一直是经验性的、模糊的，一般创新和重大原创究竟是怎样的区别，自然也不清楚。用这样一种思维惯性进行"中国式理论创新"，不太可能解决中国文化的现代创造问题。

三 中国学术界的"低程度创新"问题

所谓"低程度创新"，一方面是指中国学术所存在的上述以"生生、化合"思维来对待和混淆文化与理论的"批判和创造"问题，另一方面则体现在具体的学术研究和理论教育中所存在的各种我称之为"学术异化"、"理论异化"之问题。

第一个方面，就是20世纪的中国理论界，往往停留在中国传统文论和西方理论之间的冲突所带来的"应该选择何种理论"的问题上，因此我们的学术热情和理论热情，往往只放在观念的新发现和选择、拒斥上，从而构成思潮的消长。我们很兴奋于把一种西方思想拿过来，然后又告别现在认同的思想所形成的所谓"创新"。在这种转换中我们度过了一百多年的历史。但是我们忽略了一个最重要的问题，即一种观念是生长在它特定的文化土壤上并为解决其特定的问题而产生的——这种观念可以有超时代、超文化的影响，但不可能直接解决另一土壤的另一种问题，哪怕是形态上相似的问题。将这个问题再缩小一下就是：中国式的现代创新，如果要形成一个"中国式的观念"的话，它就不可能不在中国文化的土壤中生长出萌芽，也不可能像输血一样换成西方的血液而成功，强行如此，必然是文化的碎片。由于我们兴奋点更多是在西方理论和知识层面上更新换代，所以在实践和现实经验层面上，我们就忽略了一个重要的维度：那些不能被中国传统哲学与西方哲学所能概括和解释的中国经验，才可能是中国自己的"可进行现代创新提炼的经验"。

我在否定主义实践中就发现这么个情况，那就是像古代作家苏轼，他的那些作品，他的为人处世，有很多方面用儒、道、释去概括是很牵强的，这些方面当然也不可能被西方理论所概括。我认为这些不能很好概括的东西才是苏轼真正独创性的东西。苏轼最重要的是有一首代表作叫《琴诗》："若言琴上有琴声，放在匣中何不鸣？若言声在指头上，何不于君指上听？"这首诗我认为用"天人对立"和"天人合一"都很难去解释。指头和琴的关系不是一个指头"掌握"琴的关系，也不是一个指头依附于琴的皈依关系，而是指头和琴的"二元对等关系"，然后通过它们的共同合作产生的关系才是真正的本体。所以这首诗对《楞严经》中的"譬如琴瑟琵琶，虽有妙音若无妙指，终不能发"，是一个很根本的改造：若无妙指便不会有妙音，而妙音也不单是妙指产生的，仅有妙指拨弄琴，那是"主体"对"客体"的关系。苏轼不明言琴声是由什么产生的，而是用"仅仅有琴"和"仅仅有指"都不行意指"琴"和"指"是两个"主体间性关系"，琴声是由这种关系所共同发出来的。不是主体居高临下掌握世界的思维，也不是主体皈依于对象的思维，更不是两者冲突的思维，而是"不同并立"的"二元对等思维"。苏轼的大气从容是与这种思维关系密切的。由"对等"产生的亲和、尊重，又不丧失主体的思想力量所产生的一种魅力，我概括为是"穿越现实"的品格。既不是西方式的"超越"，也不是道家的"超脱"。然而在苏轼的研究中，更多的学者喜欢说苏轼是集儒、道、释之大成，这就是一种材料性的融汇思维，而不是独创的结构思维和性质思维。因为集儒、道、释一体化的作家很多，苏轼是如何成为苏轼的呢？这样的苏轼研究，正好说明我们不少学者是受既定的哲学观念束缚所进行研究的，这样的研究只能证明现有的哲学观念，却不可能突破现有的哲学观念。这是中国理论界忽略"经验突破理论"的研究的表征之一。重视不够的原因在于我们只能在现有的观念中选择和寻找，而不会在观念很难触及的地方去发现理论的新的原创点。弘扬传统的时候就沉湎于儒、道、释观念，批判传统时又沉湎西方各种观念，这是很糟糕的情况。这种情况必然使我们忽略很多个案和作品真正原创性的内容之所在。所以，否定主义理论认为中国文化的现代化不可能完全凭空地用西方的东西来建立，而应该从中国传统文化内部中去寻找它的个案经验和资源，尤其是被边缘化的、被主流意识形态遮蔽的个案经验和资源，那些很难被中国主流哲学和文化观念所能解释的个案资源，也许正是中国现代文化的生长点。就像浙商的"冒险性"、"流动性"和"自主性"，是很难被中国传统人文思想所能概括的一样。

第二个方面，就是我们今天的"思想史研究"中所存在的问题。由于中国今天的"思想史研究"一方面受福柯等西方理论家的影响，另一方面则又以"哲学就是哲学史"来遮蔽我们哲学思维的贫困，这就在很大程度上放逐了对中国传统思想的批判性研究，更遮蔽了"我们用以梳理思想史的观念和方法"本身"有没有问题"的追问。更多的学者热衷于对中国传统思想的正本清源、试图恢复历史的原貌，或者注意挖掘被主流哲学史所忽略的"边缘史料"之梳理。我当然能理解这种研究以及为什么产生这样的研究。因为多年来，中国思想史研究受主流意识形态的制约，像"文化大革命"中用"阶级斗争"观念去研究思想史，以及20世纪80年代以后我们受西方思想理论制约，"进化史观"、"现代性"之史观等来把握中国现代社会是"近代"还是"现代"等，都会暴露出文化牵强和文化错位等问题。站在西方理论的角度来看中国传统思想，或者用意识形态的思维来解释中国思想发展的复杂性，这两种状况当然是有问题的。但是由于我们错把这些问题看作是"理论干预本真历史"的问题，所以就很容易把这样的问题看作是"理论或价值判断本身的问题"，从而有消解理论和价值判断的倾向，而没有走到"什么样的理论"、"什么样的价值判断"才是"中国当代史观建设"的思考上来。

力图通过去"观念之蔽"恢复中国传统思想之本来状况，我认为这种努力是有意义的，但是这种意义又是极其有限的。为什么说是有限的？因为历史的本来状况或者中性化的历史是不存在的。我们所认为的"中性"必然受制于我们这个时代的价值判断以及做价值理解的思维方式，换一个时代你的"中性"就不中性了。比如我们很容易用"现代性"的眼光去梳理中国古代的《易经》就是一例。就是一个人不可能有一个纯粹本真的中性态度来面对历史和文本。更多的时候，一个人阅读作品、理解文本背后的观念、思维方式是不自觉地被时代制约的。这种被制约现象就成为"哲学解释学"最重要的依据：每个时代都有每个时代对文本的解读。这种依据倒不是会推导出一个解释学的相对主义，而是说某种程度上的相对主义正是保证历史成为可能的动力——历史怎么会在你这个"中性"的历史理解中停滞了呢？如果我们确认有一种解释是可以超历史的，在对历史本真的理解上是永远正确的，那么在解释上历史就终结了，然而这样的解释从来没有产生过。也就是说没有什么对文本的解释是不可再解释的、是不可被再怀疑的。中国学者已经先验地受道家、儒家思想的潜在制约，然后又用这种制约之后的思维方式来看待历史，怎么可能会有本真的历史呢？一个学者即便认为他今天的解释得到大家的认同，也很难保证 20 年以后还能坚守这样的解释。我们以往都认为郭象解释老子的《道德经》是不错的，但是今天有一个叫张远山的作家基本上就推翻了他的解释。那么哪种解释是更符合本身含义的解释的呢？我认为是很难说的。如果一个人能撇开他的前理解，撇开他的时代的制约，我认为才可以做到这一点。但是这种"撇开"是不可能的，因为那样一来你就无法概括历史。所以所谓恢复本真的历史、试图对历史进行本真的解释，只是相对于前人解释的"自己的解释"而已。当然，就对历史和文本的理解而言，在理解的水平和能力上，我认为可能存在着是否深入、是否恰当的问题。你是依据一知半解和感觉、经验来解释一个作品，还是建立在对你所理解的对象的全面深入了解、分析、考察的基础之上，这里面是存在学术差异的。但这么一个差异是理解的深和浅的问题，而不是理解的正确和错误的问题，也就是感受性地对待文本还是研究性地对待文本，在理解问题上根本不是正确和错误的问题。把孔子说成"孔老二"，把曹操理解成"白脸"，这都不能算错，更不是这样理解历史就"有"和"无"了的问题，甚至我们也不能说理解的深入和恰当就能建立一个中性化的理解问题，因为深入和恰当还是要受当代意识所制约的。比如有学者就是喜欢从古代文本中解释出符合现代意识的东西，这就是受现代意识制约的结果，已经很"不中性"了。

既然所有的关于历史的理解都只能是"自己的理解"，那么从中国传统思想以及西方思想都需要创造性改造的使命出发，我认为我们今天要特别加强从"中国问题"出发的对中国思想史的问题研究。这是一种具有思想批判性质的思想史研究。只是这样的批判性研究不是从意识形态出发将孔子看作"孔老二"的研究，也不同于五四新文化运动以来我们用西学批判中国传统思想——比如讨论"中国有没有哲学"——那样的研究。因为这些批判的尺度是选择来的、现成的，更可能是异己的，所以上述批判性研究不会走向"中国式理论创新"，具体地说就是不会走向"中国式史学理论创新"，也不会走向"中国式历史哲学创新"。所谓"中国式史学理论创新"或"中国式历史哲学创新"，在大的方面我认为就是要突破西方的"历史进步论"和中国传统的"历史循环论"这两种"史观"，当然也需突破"历史合力论"和"历史虚无论"等诸多史学界主导性的历史哲学。针对中国文化现代化与中国传统文明的关系提出中国自己的"演变"观，并能使这样的"演变"观对西方历史哲学产生东方式的影响，我们才能完成"中国式史学理论创新"这一使命。否定主义理论提出的"历史不同论"，正是在做这样的努力。而如何使这样的努力成为史学理论界中国学者的自觉，其前提我认为应该建立起"同时对中西方史学观进行批判从而产生中国现代的史学观"的意识，其批判，才具有"本体论"和"方法论"统一的意义，才是真正的"理论性批判"，也才是解决前述"中国问题"所需要的批判。所以理论的批判必须独创自己的观念，否则就不是真正的批判，而是"一种现成的观念"向"另一种现成观念"的转换，这样的"转换式批判"当然轻松、容易，但这样的批判因为始终不能面对中国自己的"如何阐述中国的历史演变和现代化发展问题"——即这样的问题可能既不是历史循环的问题，也不一是历史进步的问题——而不能称之为"中国式的理论创新"。

第三个方面，就是学术界在对"创新"的理解上，存在着"经验化遮蔽理性化"、"学术性遮蔽思想性"的问题。我对"创造"的中国式理解是：今天必须建立"创造程度"这么一个观念，必须通过"创造程度"建立起"一般学术创新"与"基本原理独创"之间的关系，并将"中国式创新"的重心放在"基本原理独创"的境界上。近百年来，中国学术界、理论界把"创造"泛化性理解了，其突出表现就是"原创"与"创新"混同。有些学者把一般的学术创新、材料的发现和我所说的理论原创混为一谈，以为发现了一个"新材料"就是原创，还有的把西方的数学方法拿来研究中国文学，认为这就是原创，都是这种"泛化"和"庸俗"的表现。其结果就是很少有学者有勇气去创造自己的观念、方法和理论，反过来还会怀疑这样去努力是否是"痴人说梦"？没有勇气去努力，自然也就培养不起应对这样努力的能力。我想这就是中国理论界、思想界的"犬儒主义"之表现。什么叫学术创新呢？比如我通过发现一个材料证明"鸦片战争"不是 1840 年，这就属于学术上的创新。但是这个创新根本牵涉不到你对"鸦片战争"的独特理解这一历史性质之问题，牵涉不到历史的观念和思维方式的突破。而你的历史观念和思维方法不突破，你发现再多的材料，也写不成你自己的中国历史。所以，学术界喜欢判断一种理论和学术是否得到很多人认同，但是如果很多学者都满足于这样的"低程度学术创新"，大家都不去做建立自己世界观和历史哲学的努力，这样的认同必然是远离"中国式理论创新"的，意义也极其有限。也可以说满足于一般学术创新的学者越多，理论原创也就越遥遥无期。因此，我们今天谈"中国式理论创新"主要不是指学术意义上的一般创新，而是制约着我们的观念和思维方式这些根本问题有一个重新创造的问题。把理论创新泛化了，我认为很可能在客观效果上恰恰是阻碍了"中国式理论创新"。另外一方面，把这个问题再放大，我们也可以说 20 世纪有学术功底的学者真的有不少。学术功底深厚，掌握材料很多的学者真的有不少，但是为什么中国没有自己的区别于孔子、老子的现代原创性的思想家出现呢？这不仅说明学术功底与思想原创是两回事，而且说明我们以"学术的求知"代替了"思想生产新知"。为什么中国哲学都是满足于注解《论语》和《道德经》的"阐释性哲学"而没有批判《论语》和《道德经》的"独创性哲学"？这样的一种批判真的会破坏"天人和谐"的文化吗？只要你注意到《易传》和《道德经》其实是对《易经》的不同解释，注意到还有刘禹锡、柳宗元这样的"天人交相胜"和"天人不相预"的解释，你就可以意识到不同于儒家"天人合一"解释的哲学，并不一定违背《易经》现实的、封闭的、对称的、神秘的中国文化精神。所以，像新儒学那样的不断重新解释儒家经典的历史，今天可以有新的批判路向，《论语》和《道德经》也可以在今天进行批判性改造，儒家"拒绝——膜拜"的"亲亲"化思维模式，也可以在中国自己的现代哲学的思考下予以突破。如此之努力，才是"中国式理论创新"的应然要求。

第四个方面就是：在"什么是理论"的问题上，中国理论界还停留在"理论知识"理解的层面上，还没有将理论作为"观念生产"来对待。理论不是观念和知识的传播和阐释，而是观念批判与观念生产。比如海德格尔的"诗意地栖居"，你知道"诗意地栖居"那不是理论，而是知识，你批判海德格尔的"诗意地栖居"生产自己的"栖居"观，这才是理论。理论在根本上应该具有质疑现有观念的能力和生产观念的能力，所以你学哲学、知道哲学史上有什么哲学观念，这都是学习哲学知识的一种形式，属于学术而还没有达到理论境界。你知道的哲学知识再多，也不一定有哲学批判的能力，当然也就没有哲学观念的生产能力。你光知道这个哲学家是什么看法，那个哲学家是什么看法，这只能说明你读的书多，但这是没有用的，因为它不一定有助于你生产自己的观念。马克思主义理论之所以是理论，是包含着很多对前人思想的批判的，并且很大程度上是论证这种批判的理论思辨过程，而不是仅仅解释什么是"实践"和"劳动"。也就是说展示"实践"是如何可能的比解释"什么是实践"更为重要。什么是理论的批判呢？那就是要能

"提出一个现有理论回答不了的问题"。海德格尔提出"诗性存在被西方理性哲学遗忘"的问题，是通过对这个问题的揭示来反观西方哲学史、思想史，构成了对西方认识论哲学的批判。在这个批判中，他提出了"诗意地栖居"的存在哲学命题。所以，他对"在"的阐释和理解是和对哲学史的批判密切相关的。其实所有有自己哲学命题的哲学家，都是在对现有哲学观念的批判中生产自己的观念的，从而把理论和主义落在实处。说哲学家是理论家，是指他能对现有的哲学观念进行批判，在这个过程中生产出自己的观念。但是我们多年来谈到哲学和理论的时候，常常仅在知识层面上去学习，并把"阐释理论"误作为"理论"本身。所以，学习到最后我们还是不能把理论和哲学"化为理论批判和创造的能力"。而理论在中国不成熟的标志之一，就是产生一种"学理论"的现象。"学理论"是理论的"异化形态"。"学理论"往往与把一种理论知识直接拿过来使用有关，是出于各种各样的功利动机。如果拿过来没有用，肯定就没有人学了，也就会认为"理论无用"。这就是所谓理论虚无主义为什么经常产生的原因。

学术界一直还有另一种误解，就是以为像西方那样的逻辑的、体系化的理论才是理论，而中国哲学经验性和发散性的思想就不是理论，其实这不是关键问题。不是体系的理论也可以保持批判与创造的张力，是体系的理论也可能丧失批判与创造的张力。尼采的哲学是反体系的，但那是诗化的理论，老子的《道德经》也不能说是体系性的思想，但老子依然有自己的"哲学之思"来支撑他那种"寓言化的表述"，否则你就会得出东方国家没有思想批判与创造能力的结论。这个结论是只注意"理论之形"而没有注意"理论之质"的结果。也就是说，东方的理论不可能是完全逻辑性的展开，也不一定是像黑格尔那样的理论体系，但是其理论的内在的理路、思路是清晰的，而且与现有的思想观点构成一种批判性的关系。老子的思想尽管不是逻辑的体系性表达，但是他在批判黄帝《道原经》的"兴利"思想的基础上提出他的"绝巧弃利"之思想，依然可以视为理论性的批判与创造之统一。"理论体系"问题，是西方理论文化对东方影响的结果。所谓"影响"，就是中国现代理论要注意理论的逻辑展开，要尽量避免像孔子"小人喻于利"和"见利思义"这样的模糊与矛盾的表达。但是理论成为理论的关键，是要有哲学家自己的批判与创造。这种批判与创造在否定主义伦理学中可以表述为：小人并不是任何情况都是考虑私利的，君子也不是任何情况都是考虑大义的，私利和公利可以做"不同的利"讲，也可以做"不同的义"讲，其间复杂的关系是可能解构"义"与"利"的对立的，也可以解构"重义轻利"或"重利轻义"的。这种深入追问就是理论内在思路的清晰之要求。至于这种思路是否要体系化，那倒不一定。这要看你的理论性质是包罗万象的，还是针对某一种问题的。所以黑格尔的体系与他的"绝对精神"之包罗万象有关，不是任何西方理论都是大而全的体系的。我想，只有通过恢复理论的这种本真含义，我们才能把理论原创或"中国式理论创新"这个问题真正落在实处，而不是满足于知识的选择、观念的转换，也不是满足经验性的、感受性的对文化和现实的"不满意"之看法和态度。

论中国理论原创的方法

从中国哲学主导性的"道本器末"思维出发，我认为只有"道"（哲学观念和思维方式）的创造，才能使中国当代文化获得像中国传统文化以儒、道、释为支撑的当代原创性理论支撑，也才能进一步派生出中国式的现代制度、生活方式、经典作品与产品，如何创造中国当代的理论和原理，就成为中国现代文化面对世界能否具有自己的"理论性主体"之关键。这意味着，我们一方面要突破中国传统"生生"哲学所造成的"原理依附、阐释创新"的"一般性质变"① 之低程度理论创新状况，对近代学者郑观应所强调的"器可变，道不可变"② 这种颇有代表性的"变器不变道"思想予以审视；另一方面又要改变一谈"中国特色"和"本土经验"就以中国传统思想（道）为依附对象，一谈"现代性"和"现代体制"就只能以西方思想（道）为依附对象之"非此即彼"的理论选择方式，改变中国学人 150 年来在中西方思想之间的徘徊、矛盾、困惑状态而产生的文化不自信。在《否定主义

---

① 在否定主义中，"创造性质变"指人类与自然、文化与文化、牛顿与爱因斯坦这样的基于"独特理解世界"产生的性质变化，而"一般性质变"是指人类诞生前自然界的演变但没有突破自然性，文化世界的演变但没有改变世界观（如中国新儒学史）这样的变化。其中，基于主体对客体的辩证认识过程所产生的"正、反、合"之认识，中国"道生一、一生二、二生三"的生生之创新，均受"一般性质变"所制约。

② 见郑观应《盛世危言增订新编凡例》，转引自冯契主编的《哲学大辞典》，上海辞书出版社 1992 年版，第 1077 页。

美学》① 一书中，我初步提出了"知识批判的 W 图式"作为"知识批判与创造"的方法，这种目的在于产生中国自己的当代原理和观念的"创造性质变"的方法，在本文中或可从以下三个方面予以再阐发，并通过这样的阐发参与中国理论创新之方法论研究。

一 理论原创性的"中国问题"如何提出

理论创新起源于问题意识，应该是中西方学者的基本共识，但理论原创的问题究竟意味着什么？这样的问题如何提出？却是一个与比较泛化的"理论创新"有所区别的命题。这个命题突出体现为：一个理论家是依据现有的中西方理论看问题，还是发现一个现有中西方理论回答不了、解决不了的问题，这是区别理论原创意义上的"问题"与一般理论创新意义上的"问题"的分水岭。

这样的看法首先是基于这样的事实：大部分学者提出的"理论问题"，常常是从某种现成观念出发来看问题的，但却不会深究这样看问题是否能把握出"问题对观念挑战的一面"，从而使"问题"不可能构成与"既有理论"之批判关系。由这样的"问题"产生的理论批判和现实批判，只能是对现有某种理论的捍卫——因为存有"理论死角"而不可能与理论原创发生关系。近百年"西学东渐"后，受现代化的困扰，中国学术界提的很多"中国问题"，其实都是依据西方理论和西方思维方式提出的；而这些问题是不是理论原创意义上的"问题"，这样的问题是否本身就有对西方理论批判的"中国意义"，则并不在很多学者的关心之列。长此以往，中国学者在理论创新上自然就不会"提出能够挑战中西方现有理论的理论性问题"。一方面，一些学者不会去考虑"依据西方理论所提的中国问题是否能被西方理论解决"这一更为深层的问题，反而会以"提出问题比解决问题重要"来搪塞理论的深层影响作用，或者把理论的有效性只是定位在对中国传统文化的冲击性上，无视用西方理论直接批判中国可能会产生更多的混乱之中国现代

---

① 吴炫：《否定主义美学》，吉林教育出版社 1998 年初版，北京大学出版社 2004 年修订版。

史。因为，鲁迅如果依据西方"个性和自我解放"的理论去批判传统文化，就不可能在小说《伤逝》和杂文《娜拉走后怎样》中提出"娜拉走后怎么办"① 这一更深刻的"中国问题"。因为中国人是以家园为单位的，所以子君们在"自己的事情自己做主"的心理独白下离家出走后的命运如果不考虑，就可能会又回来而比原先的生活更糟糕。鲁迅眼里的"中国问题"是：以"家园"为单位的中国文化，是不同于西方"在路上"的文化的，所以关于中国文化的批判必须用"新的家园"观念来批判，才可能避免"比原来生活更糟糕"之问题，进而成为有效的批判。推而论之，关于中国现代个体和现代新人的思考，如果光考虑"个性解放"、"反传统"之快感，不考虑让"个人"如何有一个"宽松自由的生存环境"之建设，就不能说是对中国负责的文化批判，也不能说是对中国负责的文化建设。这种不能说是负责的批判和建设，突出体现在"中国人太感情化、太经验化、太印象化"这些很多学者都说过的"文化批判"言论上。这样的言论显然是依据西方的逻辑思维和理性主义文化来看中国文化的。但因为在古代中国"感情化、经验化、印象化"不仅不成为问题，反而是中国人安身立命的方式，所以提出这样批判的"理论肤浅"性就暴露出来了：在没有西方宗教性二元对立文化的中国或东方，中国人或东方人如何培养起西方人那样的以理性思维处理一切问题的能力？这样的理性思维能力的培养和理性文化的形成在东方是否有过成功的案例？"不太感情化、不太经验化、不太印象化"的中国人是一种什么样的思维方式和生存方式？辜鸿铭之所以赞赏这样生存的中国人是"过着孩子般的生活——一种心灵的生活"②，也与一百年来中国知识分子在"不是反传统，就是宏扬传统"的审美之间徘徊相关。于是，不仅"太感情化"是不是中国文化的优质有些模糊不清，而且"太感情化"和"太理性化"这样的论争对质，也与理论原创意义上的"中国问题"失之交臂：西方人重视理性和理性分析，如何不重视情感了？问题在于情感是不是在应有的位置（如

① 选自《鲁迅杂文全集·坟》，河南人民出版社 1994 年版，第 50 页。

② 辜鸿铭：《中国人的精神》，黄兴涛、宋小庆译，广西师范大学出版社2001 年版，第 28—31 页。

爱情）发出灿烂的光芒——这就是对情感的理性态度；反之，说出"道生一、一生二、二生三、三生万物"的老子，又如何不具备理性思维能力了？问题在于中国人的理性思考大多被"合情便合理"的伦理文化和功利文化所支配从而不能相对独立地、轻重缓急地显现自身。这样的问题，既不是用西方的理性文化救中国的问题，也不是用中国传统的心灵文化救西方的问题，而是中国人能不能对自己的"用儒家伦理文化看待世界"的思维方式和集体无意识进行创造性改造的问题，是一个能否建立"中国现代伦理"来重新看待世界的问题。相比较这样的大问题，感情、经验、理性、分析这些具体的文化元素，只不过是一些"材料问题"而已。

与"依赖西方理论提问题"相辅相成的，是中国知识分子依赖感觉、经验和常识提问题。在素有"温故而知新"、"以史为鉴"的中国知识分子传统里，经验和常识用来处理社会没有发生根本性变化的"时代问题"，是有积极作用的，但如果用来处理社会的重大变化，尤其是今天这样复杂而深刻的中国现代化问题，就很可能会造成对中国问题的肤泛认知以及由这种认知产生的不断反思、纠偏而触及不到真问题的现象。这种"知识滞后、价值迷乱"与"感受、经验的不稳定性"合谋后，同样会远离理论原创意义上的"问题"。20 世纪 90 年代的中国人文精神大讨论，倡导者的主旨是认为中国当代文化、当代社会"失落了人文精神"，不仅依据的是"人不能沉湎世俗追求"这一常识和经验，而且必然导致"恢复曾有的人文精神"的"非创造性"思路，所以同样不可能将人文精神讨论引向"建立中国当代自己的人文主义"上来。因为，"失落"之提法其潜在的参照系是中西方全部的人文主义和人文思想，这种参照中所蕴含的"尊重传统人文"的意识和态度是必要的，但是在中国当代文化语境下，在改革开放刚刚开始的情况下，在市场经济所产生的人们对世俗享乐之重视究竟应该怎样对待这一类似"西方文艺复兴"的问题下，"中国传统的人伦精神"的"礼崩乐坏"，五四以西方人道主义为内容的"文化启蒙"的被"中断"，不见得就是一件令人感觉糟糕的事情，而很可能是"中国人文观念现代创造的契机"，是已发生重大变化的现实和将要建立的文化对既有伦理和人文观念挑战的显示。由于很多学者走不出或依附中国传统人文理念，或依附西方人文理念的思维定势，人文主义和人文精神究竟是"恢复、坚持"的问题，还是必须"创造、诞生"的问题，自然就被遮蔽了。不少参与讨论的学者一方面怀念20世纪80年代，怀念五四新文化运动，怀念中国传统家庭性的伦理文化，通过这样的怀念抒发"对现实的各种不满"之情绪，另一方面又回答不出他们所怀念的人文文化是否有助于中国增强"现代经济实力"和"现代文化影响力"，回答不出"世俗追求——富裕生活——国家实力"是否有着必然的联系等命题，故这样的怀念就很可能说不出真正的"中国问题"究竟是什么。因为"世俗精神"在西方文艺复兴时代，同样有对抗教会禁欲的人文意义，因此中国现代人文精神是"尊重世俗"还是"轻视世俗"，是"满足于世俗"还是"不满足于世俗"，是需要通过理论辨析然后建立区别西方宗教性的二元对立、对抗的人文精神之问题。在这个问题上，20世纪中国新文化运动中的"文化错位"，即体现为理论上中国知识分子的"轻世俗"，但在现实中人文精神则成为很多知识分子获得世俗自由的手段。人文精神在今天之所以容易被世俗自由击溃，即因为世俗自由某种程度已经成为中国的现实，"轻世俗"的人文精神自然就会成为一个有些奢侈的概念。所以"中国人怎样超越现实"、"超越现实后与原来的世俗生活是怎样的关系"等问题，在中国学术中从未被"启蒙者"真正面对过、研究过，这是"文化启蒙"失败的理论性原因。这样的失败，必然导致徐锡麟、秋瑾那样孤军奋战的悲剧和对这种悲剧中国知识界的眠而不察：对于一个过好日子就很满足的民族，所有的西方观念如"个体权力"、"民主自由"——因为它们无法真正进入中国人的日常生活——所以可能都是一些无法论证可能性和现实性的概念。中国老百姓不理解你这个"西方文化意义上的启蒙"的意义，你的号召力如何产生呢？

也就是说，由于真正有意义的中国式现代人文观念可能还未诞生，今天需要我们去做的就是"同时改造"中国儒家人伦精神和西方超越性的人文精神所构成的"常识"和"经验"。在这种努力完成之前，我们不好轻易地对社会进行人文指责和人文批判，勉强为之，功效必然是有限的，甚至很可能是负面的。在这个问题上，西方法兰克福学派"先于社会批判完成知识批判"的经验值得中国理论家认真对待。西方法兰克福学派是每个人通过"知识批判"建立起了自己的理论,到后期才开始对大众文化进行批判的。霍克海姆、阿多诺、本雅明、哈贝马斯等人没有用马克思主义理论对大众文化进行批判,而是用自己创造的"批判理论"、"非同一性理论"、"星丛理论"、"社会交往理论"等对大众文化、社会现实和理性文化进行"内容不同的批判",这是"知识批判先于社会批判"的典范。这样的知识批判和观念生产,在逻辑上是因为他们理论的"问题意识"是"发现性"的,即他们通过发现西方现代社会的"各种不同的理性异化"问题,才成就了自身的批判。这就启发了"中国当代理论原创"的"提问题的方式",必须从"发现现有理论解决不了的问题"入手,让这样的问题构成对现有中西方理论的"挑战",形成"独特的问题"与"既定的理论"之批判关系,其理论原创的实践才能真正展开。

所谓"中国问题"对中西方现有理念有挑战性是指:只有出现没有现成的理论、常识能够解决或预测性解决的"问题",才会导致理论原创意义上的"真问题"出场。这样的"真问题"包括这样两个方面。一方面是"真问题"必须使得现有中西方理论、常识和经验具有"尴尬性",才能与现有理论构成"挑战性",进而形成"可批判"关系。所谓"尴尬性",不是指理论原创意义上的问题需要用与中西方现有理论完全不同的"理论"来解决,而是指这样的问题是"溢出"现有理论所能解释和面对的经验事实之外的,才使得用现有理论解决问题的做法顾此失彼。比如,从《秋菊打官司》这部影片中,我们就可以发现一个中国伦理学和西方法学均很尴尬的问题:秋菊本来要跟"踢了她丈夫致命处"的村长打官司的,但是后来村长救了秋菊一命,这个官司就不好意思打了。在西方可不是这样,你救了我一命,属于感恩范围,与法律无关,而你伤害了我,则属于侵犯了我的权利,所以我可能还是要打官司。因为"感恩"和"伤害"是两回事,所以分别对待才能体现法律的神圣性。但是中国文化的整体性使得"情"和"理"、"感激"与"伤害"是混合在一起的,这就带来一个中国不可能将法律神圣化,也不应该将人情神圣化之问题,也使得应该打官司的秋菊受"救命之恩"困扰——"活着"比"受伤害"更重要——在中国就成为一条真理。这样"彼此缠绕"的问题必然会显示出这样的理论问题:

中国伦理化的情感应该放在什么位置？非中国伦理化的现代法律应该放在什么位置？两者是一种什么关系？这是一个"西方法制和中国伦理之结构创造"的问题。这种结构创造在我的否定主义理论中，不应该是一个"谁至上"或"谁决定谁"的问题，而很可能是一个"对等"的结构设计的问题，是一个很原创性的"中国问题"。由于西方法律理论并没有直接提供解决像中国这样的以儒家伦理为基础的情感文化如何与西方法律相融的问题，也没有提供在中国这样的以民间习俗和民间调解为国家司法基础的国度如何树立法律权威性的理论，这就使得以西方法学为基础的国家司法理论在实践中困难重重。如果说，那种加强国民的法律意识、提高老百姓的"公民权利意识"的言论，依然是建立在"西方法律可以救中国"的愿望基础上，那么，即便这种"救"在中国是一个漫长过程，其结果也不会催生"中国式的法律理论创新"；即便这种"救"在中国最后成功，中国人也依然会因为在西方游戏规则下生活而过不了"东方式的现代文明生活"而获得世界的尊敬。最重要的是，中国人崇尚的一种"相安无事"的群体化生活秩序，是继续成为"东方式的现代文明生活"的观念基础，还是应该吸收西方个体权利理论作为材料改变这样的基础，将直接牵涉到"中国式现代法学理论创造"的运思路向。因为以前者为基础，民俗潜规则就会与国家司法永远处在矛盾状态，不讲规则和原则的"民间调解"，就会在法律诉讼中起主要作用，中国的现代法学就不可能形成清晰的理论形态；而以后者为基础，"个人权利"为基础的西方法学和中国民俗潜规则，便都只能作为"中国式现代法学理论创新"的"材料"来处理，国家司法理论便只能通过理论原创来建构。其目的，是消除民俗潜规则与现在的国家司法在实践中产生的矛盾，建立一个使"民俗、情感、伦理、法律、权利、个人、集体"可以有机运转的现代中国司法系统。只有当这样的司法系统用西方法学理论解释不了、用中国传统伦理秩序也解释不了的时候，中国法学才可以建立起自己的"现代理论主体性"，也才可能产生能够介入中国现实解决中国问题的功效。

另一方面，理论原创意义上的"问题"不仅应该具有让现有中西方相关思想和理论"尴尬"的性质，而且还应该能让我们通过产生对现有理论的审视、怀疑、批判和改造的冲动，最终产生"自己的理论观念的审美期待"。这种审美期待随着理论原创的"真问题"的提出而产生,"既定理论的局限"与"未来能弥补这种局限的理论"就以"中国问题"为中介发生了相互关系。这种关系一旦建立,便意味着"中国式理论原创"的努力开始进入了"批判与创造统一"的实践领域:尚未诞生的原创性理论虽然不可能说话,但此时已经以审美形态在我们的体验中保存着。这种保存不仅使得《否定主义美学》认为"美无处不在",从而认定科学家、理论家在理论创造中也会有自己的审美体验,而且也使得这样的审美期待成为理论批判的"最可靠的价值坐标"。这种可靠一是指它一定具有"原创性",只不过这原创性是以"非言说的诗性存在"而存在。这种"非言说的诗性存在"进入所有人文社会科学研究者的研究工作中,会使科学研究拒绝"诗性体验"的俗见不攻自破,并使我们对科学和审美产生如下认知:非创造性的研究与"诗性"无缘,创造性的研究则与"诗性"休戚与共,所以诗性的本质不在"模糊的体验"而在"模糊的体验"是否有"独特性"或"独创性"。独特的理论审美期待虽然是体验的、模糊的,但是我们可以通过将其与既定理论产生关系然后通过"说不"来"说是"。正如海德格尔对"在"的诗性体验是与他发现西方理性哲学"遗忘了此在的原始筹划性"之局限"同步"的一样,鲁迅对现实说"不"是与他对"我沉默同时感到充实"的审美期待同步一样。"批判与创造"在这里就可以视为是一个镜子的两面:有怎样的批判和局限分析,便会有怎样的弥补这些局限的思想理论建构期待;暴露既定理论相对于"特定问题"的"局限性内容"越清晰具体,理论审美期待突破体验和模糊状态走向观念创造的可能性就越大。

二 "原创性问题"揭示中西方理论的"何种局限"

我想说的是,一个追求诞生自己思想、观念的理论家,之所以不是思想史家和学问家,不仅在于他不是以了解思想史上的全部思想为目的的,而且也不是以研究各种思想的产生、发展、演变为工作方式的。一方面,很多有自己独创性思想的理论家,均没有留下思想史和学术史著作,说明思想家和理论家的工作方式和思维方式均不同于一般的思想家、史学家和学问家，所以 20 多岁的尼采于 1872 年出版《悲剧的诞生》，在只会进行思想知识积累并且以此为前提考虑理论原创的学者那里似乎是不可思议的。在谈到马克思为什么会写出《资本论》时，毛泽东认为："没有哲学家头脑的作家，要写出好的经济学来是不可能的"①，因为资本主义生产方式和前人大量的研究资料只是作为现实材料和学术材料放在那里，马克思"如何对待它们"才是问题的关键。也就是马克思主义以自己提出的"劳动异化"问题批判地对待前人的思想才是问题的关键——这才是构成"哲学家的头脑"的中枢部分。另一方面，思想家和理论家即便偶尔撰写思想史，也多半是英国哲学家罗素那样的"以自己的哲学看过去均有理论局限"的《西方哲学史》②，而不可能是中性的、客观的、不带一己之见的思想史③，更不可能是以他者理论为尺度所撰写的思想史或学术史。这就是一般学者的思想史与理论家的思想史的区别。特别是，你在德国哲学家阿多诺的《否定的辩证法》④ 中会发现这样的现象：除了康德、黑格尔、马克思、海德格尔是他主要关注、引用并进行"问题分析"的思想家，与他阐述自己的"非同一性"的"否定辩证法"没有多少关系的西方理论家，基本上没有进入他的视线。这在一定程度上说明一个理论家在提出自己的理论时，只需要关注与自己的理论问题有关的前人之思想，而不是与全部思想史之思想打交道。只有在与自己的问题相关联的意义上，一个理论家才可以被要求成为一个针对思想史上相关联的理论进行批判的思想史家。如果一个理论家一生只能提出一两个重大的理论问题，那就说明他一生很可能只是与关涉这个问题的前人思想打交道，而不是在与全

---

① 摘自毛泽东 1959 年 12 月至 1960 年 2 月读苏联《政治经济学（教科书）》的谈话，《党的文献》1992 年第 1 期。

② 见［英］罗素《西方哲学史》（上、下卷），马元德译，商务印书馆 1976 年版。

③ 即便是学者写的思想史，因为存在"用什么观念进行思想史梳理"的问题，所以也不存在中性的、客观的思想史，中国成语说的"人同此心，心同此理"讲的就是这个道理——"心"从来因为依附特定的"理"而难以成为中性的"心"。

④ 见［德］阿多诺《否定的辩证法》，张峰译，重庆出版社 1993 年版。

部思想史上的思想打交道。这里已经隐含着一个理论家根本不用担心自己会选择与自己的理论问题无关的前人思想来进行"理论批判"的意思，无关的思想之间也不可能构成必须面对同样问题才能发生的批判性关系。所以阿多诺既不必过多关注柏拉图和克尔凯郭尔的思想，也不会选择这两位哲学家的思想来批判康德和黑格尔。如果说海德格尔是以全部西方认识论哲学为其批判对象，不如说他的理论批判对象只有一个："把存在变为存在者"的所有西方理性哲学。其间反衬出这样一个问题：中国当代理论家建立自己的原创性观念和理论，之所以必须面对中西方思想和理论，是因为一百多年来中国传统思想和西方各个时期的理论已经形成对中国理论家的制约；但"穿越中西方思想理论"之所以是可能的，关键就在于中国理论家能否提出自己特定的理论问题来与关联这个问题的"特定的中西方思想"产生批判性关系，而不是泛泛地与所有中西方思想和理论产生批判性关系。如果把理论只是作为理论知识，不将理论与"特定的理论问题"相关联，自然就会产生"中西方思想浩如烟海"因而无法展开理论批判的困惑。事实上，西方理论家的理论批判与创造也从未出现过对西方所有思想一一展开批判的思想史著述。

以"天人"关系这一最基本的哲学问题为例。否定主义哲学①之所以认为中国现代化在"人类与自然"的关系上必须由"人与天分离而不冲突"这样一种中国式理论原创性问题作为根本命题，展开对"文明与文化"、"民族与国家"、"个体与群体"的思考，是因为这样的问题基于以下三个方面看待中西方"天人关系"的理论之局限：一是西方"天人对立"思维使不同性质的世界展开的是冲突性关系，不符合中国文化对世界的亲和态度、共存态度；二是中国的"天人合一"难以将现代性特别重视的人的创造力，尤其是世界观和思维方式上的创造揭示出来，所以人与天必须强调"分离"思考才能接触到人通过创造在性质上离开既定世界的问题；三是基于上述中西方的局限，必须通过发现双方的"共同局限"，中国当代"天人关系"理论才可以获得一种

① 可参看吴炫《本体性否定——穿越中西方否定理论的尝试》，浙江工商大学出版社 2008 年版。

填补这种局限的既区别西方，也区别中国传统的原创性启示。

首先，西方基于征服和改造自然所发展起来的现代性，是以人类对自然的征服从而使得人与世界的冲突为性质的，并演化成人类与人类、文化与文化、国家与国家的冲突性关系。亨廷顿只能以"文明的冲突"来看待今天世界的"政治—文化转向"，就是这种关系的很好说明。这种冲突在哲学上和文化上被学界概括为"天人对立"，并以强调理性认识、主体性、经济发展为其具体方式，所以"天人对立"是一种"天人斗争式的分离"。具体说来，"天人对立"的"对立"、"冲突"缘自《圣经》中"彼岸"对"此岸"的优越关系、征服关系，并将"美与丑"、"善与恶"、"真与假"纳入这种关系之中。在政治实践中，"天人对立"使得西方国家通过掠夺自然资源、侵略他国领土、轻视东方文化作为自身发展方式的负面形象而不自觉，并演化为"人类中心主义"、"欧洲中心主义"和"理性中心主义"。在实践效果上，"二元对立"思维确实使得西方文明在现代化方面获得了举世瞩目的发展和影响全球的功效，并使得像日本这样的东方国家在现代化问题上步其后尘。然而功过参半的是：由于自然资源的有限性，征服自然的发展观必然会最终危及人类赖以生存的环境本身；也由于征服自然是与征服其他文化同构的，逻辑上也必然会使世界进入西方文化所规定的同质化、单一化的文明，最后很可能是扼杀了文化的多样性而失去像自然界那样丰富性之可能。面对这样的问题，没有宗教性二元紧张关系之传统的中国文化在建立自己的"现代文化观念"时，就不能采取"二元对立"思维通过失去自己的优势和特点来完成现代化，也不能将西方式的发展作为自己的现代发展观重拾西方式发展带来的恶果。如果中国文化对世界整体的、亲和的看待世界的态度并不必然与现代发展相冲突的话，如果"中国式现代化"给自己定位于走一条不同于西方资本主义发展道路是出于有自己的文化传统的中国对世界的责任的话，人与天"冲突的"、"对立的"、"对抗的"思维方式就必须在中国现代哲学建设中成为批判和改造的对象。这种批判和改造一旦展开，"非对立式的天人分离何以成为可能"，即可作为一个中国理论原创性哲学问题而产生，一切"二元对立"、"二元冲突"的思维和理念，便会作为基于违背中国文化特点的"局限"来看待。

其次，中国哲学以"天人合一"为主导，似乎已经是学界的基本共识。尽管中国的荀子说过"明于天人之分"①，毕达哥拉派也从音乐的和谐推导出"宇宙秩序的和谐"②，华兹华斯的名作《我如行云独自游》也阐述过人与自然相互依从之意，但自《易传》讲"夫天地者合其德"③的"天人合一"开始，对儒家之礼、道家之道的依附通过"天道"的权威性被解释为"天人合一"，演化成"个人对群体"、"自我对他人"的依赖性生活，产生对由道家倡导的淡泊生存境界的皈依，拓展出学术上的"征圣"、"宗经"思维和"变器不变道"的发展创新观，确实成为中国学者和中国老百姓的集体无意识所构成的文化。"天人合一"的长处在于通过与世无争的伦理和谐、四海之内皆兄弟的天下和睦，以及延续重大世界观、伦理观但可与时俱进做新的阐释的"变易之生机"，是中国文化具有很强的"延续性生命力"之原因。但"天人合一"的缺陷在于遮蔽人的生命力和创造力所导致的"生命欲望的不断展开受压抑"、"个体独立意志被生存欲望本身束缚而薄弱"、"理论阐释遮蔽原创理论"、"技术创新遮蔽世界观创新"、"一种文明的观念与另一种文明的观念融会而破碎"等"低程度创新"等文化问题，已成为中国文化树立自己的现代理论主体形象的根本障碍。究其原因，是因为中国多数学者已经习惯将《易传》当作《易经》的权威的、唯一的解释，在忽略老子的《道德经》是对《易经》的不同于儒家的解释、荀子哲学的"明于天人之分"也是对《易经》不同于《易传》的解释之后，已失去了对《易经》"八卦图"的"八卦之对称"、"八卦之结构变化"产生不同于"天人合一"、"阴阳化合"新理解的努力。因此，如果说中国现代文化还没有形成区别于中国传统文化的特性，依附西方思想和原理使得中国人文社会科学难以建立起自己的理论主体

---

① 荀子在《天论》中提出的"明于天人之分"，着重强调"天"与"人"各司其职和权限之意。郑玄注《礼运》谓"分，犹职也"，但也隐含着可供现代人进行"性质区分"的理解之意。

② 亚里士多德在他的《论天体》第2卷第13章中记载了毕达哥拉派的这一主张。"宇宙秩序的和谐"认为天体因体积、速度、距离发出高低不同的音调组成的和谐关系，与音乐的音程相适应。

③ 《周易·乾》，选自《四书五经》，中国友谊出版公司1993年版，第78页。

性，中国的大学之所以被钱学森先生理解为"别人说过的才说，没说过的就不敢说"①的非创新性大学，原因就在于"天人合一"所讲的"生生"、"化合"思维，很难触及原理、思维方式上的"创造"，以不变（道、观念）应万变（对道的理解和阐释）的低创新力来追随西方思想和原理的发展，这就必然产生2008年奥运会开幕式上除了古代的琴棋书画之外我们拿不出独特的中国现代文化产品展示于世界之窘况。面对这样的窘况，通过强调世界观意义上的、文化产品性质上和结构上的"独创"来使中国现代文化也获得世界的尊敬，将自然派生出"人与世界的分离"性思维。只有在世界观和思维方式上"分离于既定现实"，独创才能在根本上成为可能。如此，传统"天人合一"对"人的创造性和独创性的遮蔽"之"局限"，就必然要成为中国现代"天人"关系理论建设必须认真对待并解决的理论问题。

综上，如果说西方"天人对立"文化所隐含的是"人对天因有分离世界之能力而优越"的人类中心主义问题，中国"天人合一"思维所隐含的是"天对人的优越并以儒家、道家所解释的天来实现对人的支配"的问题，那么，中国现代天人关系哲学除了应该警惕"天人对抗"的人类中心主义和"天人合一"的人依附于天、圣、经、传统、国家、群体等依附性文化这些表层问题之外，"不对等的对抗"和"不对等的依附"之"不对等"的天人关系，则可以视为是双方的"共同局限"。对西方而言，如果说整个西方文明史均是西方人在《圣经》"彼岸——此岸"的对立关系中通过对"彼岸"的不同的、创造性理解中完成的话，那么，西方古代文明的"教会至上"比之于近代文明的"理性至上"和现代文明的"生命至上"，均被我们描绘成一种"历史进步论"的图式，这种图式通过让人切实感到现代化优于传统生活而将"人优于天、支配天、改造天"之"不对等"的理性思维和主体性理论合法化。反之，中国文明的演变和发展则会被我们描绘成"传统文化优越论"、"一代不如一代"的这一鲁迅小说《风波》所构成的图式，并通过现代中国文学艺术不如古代文学艺术辉煌之感知强化了"人依附于传统、依附天"的"天人不对等"意识。于是，既要像西方

---

① 钱学森：《中国大学为何创新力不足》，《新华文摘》2010年第2期。

文明那样强调人的主体性和个体性，又要像中国传统文化那样强调人对
"天、道、传统、群体"的依附构成和谐，就成为中国文化现代化的一
个基本思维方式。但全部中国现代化问题之所以不能被简单表述为
"既要西方式发展，又要中国传统式和谐"之问题，是因为这样的表述
不能揭示"怎样的发展"和"怎样的和谐"之新的内涵，也没有突破
西方式发展观和中国传统和谐观之思维阈限。即，如果只强调以国家经
济发展、个人利益获得为主导的现代化，便必然会产生全球生态危机之
绿色问题，因为经济发展和个人利益的竞争是无法终止和停顿下来的，
2009 年哥本哈根国际生态峰会发达国家在温室气体减排问题上的躲躲
闪闪就是说明；如果强调个体利益优先于群体利益、国家利益优先于全
球生存、人类理性优于感性生命，所谓的"经济发展"便必然与中国
传统文化所讲的"和谐"发生冲突。言下之意，要使中国传统的"和
谐"得以体现，就必然以约束和减缓经济发展、悬置或抑制主体、个
体的观念为前提。这样的和谐观一旦实施，经济发展不仅是不稳定的、
非可持续的，而且也不可能激发个体的创造力这一中国文化现代化的根
本动力。或者说，如果中国的现代化发展既不是像西方那样的以"人
类中心主义"为坐标建立在人类对自然的优越和侵略上，也不是像中
国传统文化以人的依从性来保持人类与自然、个人与群体的相安无事上
的话，那么"怎样的中国式现代发展"之问题也就是"怎样的中国式
现代和谐"之问题。所以"中国现代天人关系理论创新"所要批判的
对象，主要是双方共同的"不平等、不对等"之"分"与"合"。在
此方面，《易经》之"八卦"所传达的"对称"、"结构变化"、"周圆
和谐"之意念之所以能成为中国文化的血脉，使得我们必须将"天人
分离"保持在一种"对称性和谐"的状态。即"天人合一"的"和谐
观"可能不适应当代中国的"创造性发展"需要，不等于不能建立有
利于创造性发展的新和谐观。"天人对等"可能因为保持了人与天因创
造产生的分离，但也保持了两种世界因各有长短而彼此尊重、对等的
"新和谐"思想，就成为在基本思维方式与内涵上区别于西方"天人对
立"与中国传统"天人合一"的"第三种天人观念"。这样的观念，既
可以产生影响西方"不平等的创造观和发展观"从而逐渐走向"文化
干预以对等为前提"之现代和谐，也有利于中国现代人在释放自己的

生命力、创造力的基础上强调东方人对世界的"尊重而对等"的现代仁义观，塑造出当代中国文化和当代中国人从内到外的"从容、温文、有力"的审美形象。

言下之意，由中西观念之间相互比较所显现的各自"局限"，其结果只能是认同既定的中或西之观念，而发现既定的中西方观念的"共同局限"，其结果就会认同"尚未诞生的观念"。如果理论原创的实践者认同的是"尚未诞生的观念"，那么，发现和分析中西方相关理论的"共同局限"的过程，就不是以认同中西方观念为基础的"阐释研究"，而是将对中西方理论的"阐释研究"纳入分析双方"共同局限"的方法论之中，"阐释既定理论"就会成为"批判既定理论共同局限"之工具。如此，西方从狄尔泰、伽达默尔创立的人文社会科学的阐释学方法和哲学解释学方法，会同中国以"释经"为本位的中国阐释学，就面临中国理论原创方法建设所带来的全新的挑战。这种挑战的核心含义是：以学术研究为性质的人文社会科学阐释学方法，如果不与怀疑、分析、发现阐释对象相对于"原创性问题"所显示的"共同局限"结合起来，就不可能走向中西方著名理论家共同的"理论批判状态"：即"特定问题提出——理论批判分析——独创观念产生"一体化的理论状态。而马克思的"劳动异化问题——对包括黑格尔在内的西方理论家之理论的批判——实践和劳动观念的提出"作为这种理论状态的典型体现，就会在我们满足于对马克思主义的阐释性研究中被遮蔽。

三　以"共同局限"为坐标发现"特殊事实与经验"

理论原创需要以"独特问题"和"共同局限"来展开"批判与创造统一"的方法实践，但在对既定理论"共同局限"发现和理论原创审美期待化为符号现实之间，还要涉及与一般科学研究方法的异同性问题考察。如果说，逻辑方法、数理方法、实验实证方法等人们熟知的方法是贯穿自然科学、社会科学与人文科学的一般研究方法，那么，在实验、实证基础上的逻辑归纳、推理和演绎从而形成观念、概念和范畴，作为科学研究最基本的方法是学界没有多少疑义的。其中，以"事实"

为基础来证明一种理论假说或证伪一种理论，不仅是构成西方从孔德至波普尔的逻辑实证主义最为显眼的发展脉络，而且也与中国文化注重经验事实、注重理论的实效和可把握性能够打通。所以一般自然科学和社会科学方法论并没有排除在中国理论原创方法的视线之外，甚至可以说理论原创方法与一般社会科学研究方法的共同之处，皆表现为需要以尊重事实的态度和在事实的基础上通过逻辑归纳形成理论观念的一般程序。

但是比较一般科学方法论，理论原创的方法在对待"事实"和"经验"的理解上，更看重"特殊事实"和"特殊经验"对既往理论的挑战，也更看重"特殊事实"和"特殊经验"对原创性理论的现实性支撑，从而使"发现特殊事实和经验"成为在"共同局限"揭示之后的一个重要的方法环节。如果说，托勒密的地心说因为不能发现火星这一特殊事实从而不如哥白尼的日心说更有解释力话，那么我们也可以说，20世纪人类注重内在生命冲动的经验作为19世纪的西方哲学尚未预见的生活事实，只是被尼采预见了而已。反过来，爱因斯坦在"广义相对论"之后针对宇宙形成发展提出的"静态宇宙模型"和"宇宙学常数"的设想，在面对以后科学家的实验事实时暴露的"失误"之问题①，正好说明了理论假说不仅应该挑战以往理论的"共同局限"，还应该与"特殊事实发现和实验"产生关系，才会使假说成为真说。这种"特殊事实与经验"与人类理论、思想和科学创造的关系，接近尼采所说的"去观察尚未被命名、或者为大家所目睹却无法指出其为何物的东西：由于人们往往都是被引导的，故而惟有命名才能使一件东西成为'可见的'。富创意的人大多也是事物的命名者"。② 也很接近德国人类学家舍勒在《现象学与认识论》一文中所说的："现象学……是一种精神审视的态度。只有采取这种态度，人才能直观或体验到否则就隐而不显的东西，即特殊事实的王国……在现象学中，问题却在于那些

①　参见中央电视台 2009 年 6 月 19 日第 10 频道播出的"探索·发现"节目"宇宙大爆炸"（2）。

②　[德]尼采：《快乐的科学》，余鸿荣译，中国和平出版社 1986 年版，第178 页。

先于逻辑规定的、崭新的事实本身以及审视这些事实的方式。"① 这样的看法提出了哲学批判最重要的"依据"——精神直观中直接与世界本身进行活生生的体验交往而产生的对"特殊事实的王国"的认知，虽然这在传统科学研究中可能不算严格的方法，但在理论原创的方法中则可以作为一种方法资源。中国理论原创的方法虽然不能依赖于尼采式的天才感悟力对事物的命名，也不能混同于舍勒的现象学态度，但可以受启发于舍勒的"特殊事实王国"和尼采的"命名未被命名的事物"来建立如下方法性思考：以"独特问题"发现中西方相关理论的"共同局限"，还只是理论原创方法的初步，更进一步则是，理论原创还需要以"共同局限"为依据来看待我们司空见惯的现实，通过重新解释现实或发现新的现实来弥合这"共同局限"，从而为原创性的理论、观念的产生奠定赖以立足的相应现实基础，开启人们重新理解世界的新的视野。

这意味着，理论原创如果以中西方"天人分离而不对等"这一"共同局限"来看待世界，那么我们对世界的发现就应该具有弥补这种局限的功能而成为"特殊事实与经验"。或者说，是否能发现"天人分离而对等"的"事实"或"经验"，就成为"天人对等"不仅仅是一种理论性假说的关键。这种"事实"和"经验"可以从以下三个方面去考量。

一是可以从"天人分离而对等"的生存论基础来看世界和平问题。在物理学中，正电荷与负电荷、N级和S极、气化与液化等都是对称性的结构。这种对称性结构在生命世界中产生的张力性和稳定性，我们也可以由动物界老虎、狮子、大象这些"强者相安无事"的经验来说明。一般情况下，生命世界的不平等是"强食"相对于"弱肉"而言的，"强食动物"之间因为"力的均衡"反而会减少冲突发生。人类是以"国家"这一政治形式为单位分化出国家之间的关系的，所以国家之间的利益冲突和协调，是冷战以后最重要的国际问题。但造成国家之间稳定的因素，在今天看来恰好不是以往全部历史时期以一个超级大国统治

---

① 参见《舍勒选集·论人的理念》，刘小枫编，三联书店1999年版，第49页。

诸多弱小国家或诸多弱小国家自愿依附超级大国所带来的暂时稳定，而是国家之间实力和军事力量的"均衡"所形成的制约力，具体地说就是强国之间力量的"对等"所形成的"力的均衡"，形成彼此震慑也彼此尊重的对等关系。1945年以后的65年间世界未能爆发第三次世界大战的主要原因，当归之于强国之间力的抗衡和均衡。反过来，阿富汗、伊拉克的战争，则充分证明了国家实力之间的悬殊是诱发战争的主要动因，这与德国在第二世界大战前自认为是欧洲最强国从而可以征服欧洲的思维下发动战争，性质是等同的。而美国、中国、俄罗斯、日本等独立性的强国产生的"力的均衡"所带来的对峙性和平，既不是"天人对立"的不对等冲突可以解释的，也不是"天人合一"的依附性稳定可以解释的，而是将平等观念落实为政治性对等的经验现实，与中国和平共处五项原则性质相通。

二是从"天人应该分离而对等"来看文化之间的关系，我们可以获得这样的经验和启示：《易经》和《圣经》之间之所以本身无所谓优劣之问题，是因为两种文化元典分别代表两种文化对世界的基本理解。文化元典由于本身就是人的创造性产物，所以它不仅会对本民族文化产生重大影响，而且也会对世界历史进程产生重要影响——《易经》影响过东方各国并且至今还在影响东方文化，《圣经》影响过整个基督教世界，并产生了西方的古代文明、现代文明，这是东方文化和西方文化均有各自的影响力之证明。虽然中国文化在晚清以后影响力式微，但之所以不能推导出《易经》不如《圣经》的结论，是因为中国文化与现代性可以打通的独创性经验没有能够在儒、道哲学中予以重视，苏轼、曹雪芹、鲁迅的我称之为"文以穿道"① 的独创经验没有在中国现代文艺理论中获得不同于"文以载道"和"缘情说"的触发，由此才使"宗经"和"载道"观念处于支配状态而使得中国文化缺乏现代原理和世界观的重大创造。如果"文以穿道"与"文以载道"能够处于对等的状态，就会使得中国现代文化不仅能够产生自己独特的不同于儒、道

---

① "文以穿道"是一种尊重观念之道又可以改造观念之道从而显示出独特性和非观念性的文学创造状况。可参见吴炫《论文以穿道》一文，载《原创》第三辑，黑龙江人民出版社2009年版。

之思想、不同于《红楼梦》之作品和不同于琴棋书画之产品，而且可以在"个体"、"生命力"和"创造力"这些现代性文化的基本方面发挥东方影响世界现代进程的现代效果，东方文明与西方文明的"对等之影响力"就不仅是历史的，也会是现实的。同样，世界七大宗教所规范的文化，之所以不能视为不如基督教文化，也同样在于使各种文化得以产生的人类理解性之创造力，没有在各自的文化中得以很好的安放从而使得本土文化没有能得到现代创造性发展而已。事实上，中国已经通过整体性经验走出了一条以经济发展影响世界的道路，如果在文化上也能走出一条不同于西方征服世界为理念的东方温和而有力的现代化之路，将更能使得中西方文化之间"对等"的设计成为事实，也会因此突破"阴阳化合"的"中西方文化互补"论和"文化中心主义"思维所理解的"三十年河东，三十年河西"观念。

三是从人类与自然的关系去看，"天人应该分离而对等"可以有效解释人类生存环境为什么会发生危机以及这种危机的解决不能以牺牲人类发展为代价之问题。"绿色革命"之所以成为当今世界每个国家都极为重视的生态问题，表面上是西方以利益追求为目的的现代化掠夺自然资源、轻视自然性对全球经济发展带来影响的结果，但实质上也是以人类为中心的东西方文化思维的共同产物。主张"天人相分"的中国荀子，认为"水火有气而无生，草木有生而无知，禽兽有知而无义，人有气有生有知，且亦有义，故最为天下贵也"[①]，就是人类优越思维的一例。人类的文化创造确实可以作为事实说明"人优于动物"，但这种事实也遮蔽了另一种"特殊事实"：当我们在说动物无义、草木无知时，是用人类的"义"和"知"作为尺度的，而没有从动物与人类区别的角度理解动植物生存的"知"与"义"。动植物界的自然性、有机性和循环性，是人类的文化创造越来越疏远的世界，也是动植物界自己无需言说的"知"和"义"之世界。动植物体验不到人类以利益获得为代表的生存快乐，但也体验不到人类因为这种快乐而产生的忧虑、痛苦和焦灼，更不会出现侵犯、奴役、破坏、残暴等人类文化的负面问题。这使得"依附自然性"的动植物界在总体生存质量上其实是"对

①《荀子集解》，《诸子集成》第二册，中华书局2006年版，第275—276页。

等于人类"的世界。人类尽管可以敞开自己的创造性，但如果依然用
"优于天"、"对立天"的心态来筹划自己的文明发展，就会以不尊重自
然界的自然性、有机性和循环性为代价不断体验自然对人类的报复直到
加速人类的毁灭进程。也就是说，人类的创造性、人为性与自然的循环
性、有机性只有同样保持一种"力的均衡"，地球的生态和平才能得到
持续保证。这自然是生命世界"力的均衡"所得到的人与天关系的新
启示。

　　值得说明的是：由上述"天人分离而对等"意识观照下的"特定
事实与经验"，是一种"理解性的特定事实与经验"。"理解性的事实与
经验"作为人文社会科学的事实认定特性与自然科学的事实认定特性
的区别即在于：自然科学的"观察之事实"和"实验之事实"具有不
以人的主观意志、文化特性为转移的客观性和规律性，所以一旦爱因斯
坦的相对论被实验证明后便能成为全球科学家们都能接受的原创性学
说，具有超文化性、超民族性和超时代性。虽然在20世纪物理学上狄
拉克、海森伯和爱因斯坦等不同的科学家会有不同的"事实认定"从
而形成他们不同的科学方程式，形成杨振宁先生所说的科学理论也具有
科学家不同的风格①，但是在科学家所认定的事实和实验的结果面前，
围绕原创性理论的争议一般就会消失，且会成为所有科学家都无法绕过
去的科学研究门槛。比较起来，人文社会科学的理论创新之所以具有文
化的、民族的和时代的差异，那是因为人文社会科学研究方法是以狄尔
泰所说的阐释学方法为基础的，而阐释者因为其文化、民族和时代的因
素制约，自然会形成不同的阐释性事实与现实。"天人合一"观更容易
在中国传统文化中找到人与自然、社会相安无事之事实，而"天人对
立"观则更容易在西方文化中找到对自然和其他国家经济和文化扩张
之事实，就是阐释相对性的结果。这不是说在中国文化中找不到"天
人对立"之经验，也不是说在西方文化中找不到"天人合一"之经验，
而是说这种经验和事实不会被中国的"天人合一"与西方的"天人对
立"视角所发现。如果"天人对等"也能发现相应的事实并且进一步

---

　　① 杨振宁：《美与物理学》，百家讲坛，见 http://space.tv.cctv.com/video/
VIDE1237168395300270.2010－2－19.

制造相应的事实，那就说明这种事实的成立与理论之间是一种"特定理解"、"特定解释"之关系。这样一种性质，使得人文社会科学的理论原创所认定的"事实"更具有主体性、主观性和相对性，并因此也使得"不同的事实"、"不同的经验"之间也具有相对性。这种相对性也同时证明了从"天人对等"到"理解对等"之现象的存在。如果一种解释性事实处于人们对现实认知的主导地位，不是这种解释性事实"优于"其他解释性事实，而是这种解释性事实认同的人多一些而已。

还值得说明的是，人文社会科学的理论原创与自然科学的理论发现虽然在学科性质上有差异，但在"原创"与"特定事实"的关系上却更多具有共性。这种共性突出表现在其"特定事实"并不一定都是"已然事实"，而很可能是"预见事实"。即人类历史上的重大理论创新，无论是科学家还是理论家，在提出他们的理论假说和理论看法时，能支撑这种假说与肯定的"事实"很可能还没有诞生，但这除了说明原创性理论假说有的时候是先于实证的，而且还说明"事实"与"理论原创被确认"之间的"特殊关系"，是不能简单用科学的"实证经验"去臧否的——即原创性理论假说容许"事实"和"实验"的滞后性，并因为这滞后反而可能产生重大的理论突破。在人文理论原创中，尼采提出"超人"哲学并以"超人"哲学批判西方全部基督教文明时，其哲学不可能得到尼采所处的时代进行"文化事实验证"，所以尼采的痛苦是为"时代滞后验证"所付出的代价，而尼采并未为时代没有能验证他的理论而放弃自己的理论，则说明原创性的理论对理论家而言是可以具有"创造时代验证"之自信的。20世纪的西方之所以被一些学者称为尼采的时代，正说明了这一点。同样，20世纪最伟大的物理学家之一狄拉克在解释电子为什么会有自旋时认为电子有负能，也是不能被当时的科学实验所证明的，这是狄拉克的理论在当时产生很大争议的原因。直到后来有位青年学者安德森用云雾室照出来的轨道证明了狄拉克的理论时，这种争议才消失。但科学家们在肯定狄拉克的理论时，并不一定会注意到这样一个问题：理论超前于事实引起的争议以及"事实滞后"性，往往就是理论原创与现实之间的"特殊关系"。明了并尊重这样的关系，是理论原创能够有自己活动的健康场域之关键。中国当代理论原创如果忽略了这样的场域对方法的支撑，如果单纯强调实证对理论的可验证性，理论原创就不能得到深刻的理论性理解，也不可能得到有效的实践性贯彻。

四 结语：方法与灵感

智利的休伯特·R. 马图拉纳教授和法国的弗朗西斯·J. 瓦雷拉教授在其《知识之树》中这样认为："所有的认知经验都以一种个人的方式涉及认识者本人，并根植于他的生命结构中。"① 这样的看法不仅衔接上杨振宁先生所说的科学研究的"风格"问题，而且对高于生命体验总体上的逻辑崇拜与方法崇拜也具有提醒的意义。如果科学研究方法不是一种可以独立的存在，那么生命和个性的介入会给我们对理论原创方法的思考带来怎样的启示呢？生命的偶然性、或然性现象会与理性化的方法发生怎样的关系呢？

在理论创新问题上，以往人们谈论最多的是"制度"、"环境"对创新的鼓励、"长期积累"对"偶然得之"的支配作用。② 但这些之所以还不是决定理论创新特别是理论原创的关键，是因为在后现代自由体制下的西方，几十年来并没有产生爱因斯坦、尼采那样影响世界进程的重大理论创造，日本和东亚各国、各地区在西方式的民主体制下也并未产生影响世界现代进程的重大人文理论和科学理论，特别是，在注重"宗经"、"释经"、"博学"、"功底"的中国现代学术界，近二百年来尚缺乏人文社会科学和自然科学重大的理论原创性成果，说明知识积累和学术功底不一定是理论原创的决定因素——重视知识还是轻视知识都不可能涉及"知识批判和知识创造"之问题。反过来，即便在 19 世纪沙皇专制社会条件下俄罗斯也出现了果戈理、契诃夫、托尔斯泰等一批影响世界的一流作家，说明作家能否穿越时代和制度的约束进行创造性

---

① Humberto R, Maturana & Francisco J Varela. The Tree of Knowledge: The Biological Roots of Human Understanding [M], Translated by Robert Paolucci, Shambhala Publications, Inc. 1987.

② 见贺善侃《论灵感思维的逻辑规律和机制》，《杭州师范大学学报》2009 年第 11 期。

努力才是关键。对待现实经验也是如此：虽然很多人看到过苹果落地，但如果没有创造性对待现实经验的思维状态，牛顿也不可能产生"万有引力"定律的启发。以此类推，将"创造"与"天赋"等同起来的看法之所以也是简单化的，是因为不少学者会忽略在"灵感"背后存在着规定"灵感"的"有明确理论观念独创追求的精神状态"，存在着"独特问题提出——共同局限批判——特殊事实发现"之思维方法对"灵感"规定的现象。因为只有这种规定，才决定了"灵感"达到创造性程度的高低，决定了"灵感"向着什么样的研究方位运行。一方面，中国作家借助形象思维为什么容易产生大跃进民歌中的"玉米稻子密又浓，遮天盖地不透风，就是卫星掉下来，也会弹回半空中"① 这样的"夸张性奇想"，那是因为其形象思维和灵感思维中缺乏"独特理解世界"的理性追求，而受"好大喜功"的功利性文化习性制约。另一方面，美国化学家普拉特和贝克曾就"你是否得益于直觉"等问题对化学家进行调查，在 232 份返回的问卷中只有 7% 的人说得到的灵感是正确的②，这说明有很多科学家没有得到灵感或得到的灵感是错误的、不值得重视的。这种情况说明灵感与科学研究方法、理论原创方法相比，不仅是或然性的，而且也是需要统摄于后者的。"灵感"和"形象思维"因为具有"自身不能让理性介入但可以依托不同的理性生活"的特质，这就使得"灵感"和"形象思维"可以产生"奇异"，但却不一定能产生人类文化思想上的重大创造。中国人受道家"游刃有余"文化的熏陶，在生存机智上的聪颖是非常突出的，但这种聪颖无论从历史还是现实去看都更多放在"小桥流水人家"的闲赏的生存性生活中了，如此，在解决"超越生存"的重大文化观念和思想创造上我们自然会力不从心。

　　因此，不仅将"积累"和"学问"，也将"天赋"和"聪颖"放在"以理论原创"为目的的思想理论追求之中，通过思考建立中国的理论原创方法让灵感、聪明、学问获得原创性的品质，才是理论创新与

---

　　① 《咏高产水稻田》，作者：公社社员。选自郭沫若、周扬主编《红旗歌谣》，红旗杂志社，1959 年。

　　② 贝弗里奇：《科学研究的艺术》，科学出版社 1979 年版。第 76—77 页。

生命体验的有机性关系。相对于西方在重理性的传统下更重视生命体验的后现代文化，中国则更需要将从属于传统伦理文化的生命体验转化为从属中国现代理性文化建设的思考之中。这就是本文尝试提出"中国理论原创方法"命题的意义。

中国现代若干理论创新
方法局限分析

如果说，中国传统文化的"创造性转化"是不少学者可以认同的一个命题，那么，在"怎么转化"、"转化成什么"等问题上，我认为中国现代理论创新方法论还存在如下问题：由于"化"的思维受中国传统哲学的"道生一……生万物"进而"化成天下"观的支配，在根本上具有"变器不变道"的性质，这就难以涉及"结构"和"性质"的创造性改变，在实践效果上，一方面会造成虽然吸收很多"思想材料"但不能"化成有机整体"的"理论拼凑"之现实，另一方面也会导致以中国传统哲学为"原点"来"化外来可同质性思想"的"低创造性"状况，理论的原创性不强；更重要的是，当"化合"面对中西方原理都难以面对的挑战性问题时就会非常尴尬。比如，以世界七大宗教为基础的不同世界观之冲突，在今天全球化的文化冲突背景下要建立"和谐"的关系，就是一种不同于以儒家文化为主体的中国传统文化内部所讲的"和而不同"，即不同于传统"儒、道、释"之间有内在统一性的"主从关系"、"求大同存小异"之"和"。如此，全球"不同性质的文化"如何发生健康和谐的关系，是一个有待于我们创造新的"和"之观念与"和之关系"的原创性课题，而不是简单将儒家的"和而不同"赋予新的时代性理解的问题。

为此，本文以在学界产生过重要影响的三种理论创新方法为例，针对上述问题初步展开否定主义的理论剖析，意在一方面暴露三种理论创新方法的模糊性和肤泛性，另一方面则试图由此展开中国当代理论从一般创新到理论原创的不同层次的方法思考。

一 "抽象继承法":继承什么与怎么批判

在中国现代哲学中,冯友兰不仅以"新理学"建立起自己的形而上学理论,而且以"抽象继承法"① 引起了学界的讨论和争议。应该说,在"文化抽象"层面上理解冯友兰的"抽象继承法",是有其合理性的,针对 20 世纪"反传统"的主旋律对本来就理性匮乏的中国思想界造成的混乱,提出"应该继承什么传统"的问题,也是理性建设的努力之一。因为中国文化无论发生怎样的变化,都不应该失去本文化的"精神特点"。所以即便是"全盘反传统",如果看不到这是中国人由于儒家"亲疏远近"造成的"膜拜——排斥"之情感化思维运行的结果,看不到"破坏传统"和"宏扬传统"都与这种情感化思维运行有关,学术界就很难建立起对传统文化的真正的现代理性态度。

正如有学者所理解的那样:"冯友兰所说的'抽象意义'便是指能对事物或生活概括的概念或理论上的东西,而'具体意义'是指具体的生活方式方法之类的东西②;比如,"孔子说的'学而时习之,不亦说乎',从具体意义上说,孔子叫人学的是'诗'、'书'、'礼'之类东西,现在时代不同了,不学这些东西了,不去继承它;但从抽象意义说,孔子这句话是说,无论学什么东西,学了之后都要经常温习和实习,这样看,这个命题就是对的,可以继承"③。如果这样的理解基本可以成立,"抽象"在冯友兰这里就可以说主要是指"观念"和"理论",而"具体"则是指这些观念和理论在特定时代的特定解释和运用。推而论之,儒家的很多做人和学习的"道理"是可以继承的,但其在实践中的具体内容则可以应时代变化而重新规

① 冯友兰:《中国哲学遗产的继承问题》,《光明日报》1957 年 1 月 8 日。

② 参见学究的 BLOG:《批判冯友兰的抽象继承法》,http://blog.sina.com. 37050100081y.

③ 参见郑文林《冯友兰先生二三事》,http://www.academics.cn/Article/sophia/3325.html.

定。冯友兰先生曾经用"融于'特殊'中的'一般'"① 来概括他的"抽象继承"和"具体改变"的关系。用中国哲学用语来说的话，由于"道本器末"很接近这样的关系，所以冯友兰的"抽象继承法"可以大致理解为"观念之道不变"而"对观念的阐释和运用可以改变"。

但我想说的是，仅仅注意到儒家观念这种"观念抽象"是不够的，围绕这种抽象是应该"扬"还是"弃"讨论问题，也是远远不够的。因为当我们不能弄明白"什么是可变的抽象"、"什么是不可变的抽象"在文化上是有"不同层次"的话，逻辑上就不可能讨论清楚"怎么继承"的问题。我想强调的一点就是：作为儒家经典文本基础的《易传》和儒家观念之代表的《论语》，其实都来自《易经》（周易）这一蕴含更为原始抽象内容的文化符号。这就像《道德经》也可以作为是对《易经》的另一种阐释一样。冯友兰没有注意到"抽象"其实有"文化精神符号的抽象"与"理论观念的抽象"。前者指卦、爻和卦辞、爻辞系统的《易经》，后者则指解释这种系统的《易传》。《易经》传达出一种中国文化具有团圆化现实、对称性和谐以及神秘性生生的原始精神特点，这是中国文化原始发生时最早的具有可视特点的抽象，而儒家观念从《易传》到《论语》、《中庸》、《大学》等，只不过是后人对这种"元抽象"占筮的一种"再解释"、"再理解"的观念形态而已。② 特别是，《易经》虽然提出了卦、爻的"对应关系"，但并没有规定这是一种"怎样的对应"，这就为后人进行"不同的对应理解"提供了空间。如果把儒家观念之抽象与《易经》展现的中国精神之抽象相比较，儒家观念反而倒具有"具象"、"具体"的意味了。由此，"抽象的继承"是指中国文化的精神特点，还是"学而时习之，不亦说乎"这种儒家观念，就是冯友兰先生没有很好注意区别的问题。而不注意这样的区别，我们就很难解释西方不同阶段的文明实际上都是对《圣经》模糊的宗教性"彼岸"抽象的不同诠释而已。这就是中世纪的"教会文化"、近代文明的"理性文化"、现代文明的"生命文化"都曾经具有

① 冯友兰：《再论中国哲学遗产的继承问题》，《哲学研究》，1957 年第 5 期。
② 参见吴炫《穿越中国当代思想》，江苏教育出版社 2007 年版，第 192 页。

"彼岸"意味的原因。换句话说，西方不同文明的哲学观念都可以看作是对《圣经》抽象的文化符号的不同解释，解释与解释之间是一种批判性关系，所以哲学作为"文明的观念"和"时代的观念"也就是"可以改变"的抽象性存在。不仅是"诗"、"书"、"礼"这些儒家具体文本可以批判改造，就是对儒家"学而时习之"、"三人行必有我师"这样的抽象观念，同样也是可以批判改造的。如此，今人因为时代发生的不同于以往中国任何历史时期的变化，催生一种对《易经》的新的解释、使之与儒家观念之解释构成一种"可批判关系"，也许就是当代中国人文社会科学理论的"原创之路"。

如果对中国文化精神进行"团圆性"、"现实性"、"对称性"、"自然性"、"神秘性"的抽象性符号理解，那么这种抽象是中国文化何以成为可能的基石。虽然经过五四新文化"反传统"运动和"文化大革命""斗争哲学"的冲击，没有在根本上瓦解中国人对上述文化精神的认同，但20世纪以降的西方文化观念对中国文化精神的冲击和影响，造成国人文化精神的破碎，却也是不争之事实。由此一来，"什么传统是可继承的"、"什么传统是应该创造性改变的"，就成为一个需要进一步进行理论辨识的命题。因为就"乾、坤"为基础的"天、人"关系而言，中国哲学既有"一阴一阳之谓道"来统摄"天、地、人"得出"夫大人者，与天地合其德"（《易传·文言》）的"合一"之看法，也有荀子在《天论》中说的"明于天人之分"和柳宗元在《答刘禹锡天论书》中说的"天、人""其事各行不相预"的"天人不相干"之看法，而且就"天人相分"而言，也有刘禹锡的"天人交相胜"说和柳宗元的"天人不相预"之差异，它们均说明后人对《易经》"乾、坤"关系的理解，已经构成了可批判之关系。而作为以儒家观念为代表的"古代文明"，在今天因为与市场经济所强调的"个体权利"、"生命力"、"创造力"的冲突，使得漠视这些内容的儒家哲学难以再建立自己的伦理性和谐，所以，能包容上述异质性内容的"天、人"关系，就更需要做区别西方"天人对立"和儒家"天人合一"的解释，且可以在柳宗元的"天人不相预"基础上建立一种"既有创造的天人性质之分离，又有中国文化对世界的亲和性与尊重性"的"天人对等"之新解，并以这样的解释说构成当今全球化状态下的文化冲突的"中国声音"。如果这种"新解"受到鼓励，儒家一系列伦理观、学习观、思考观、人生观，其实也就都可以进行现代性批判改造。比如，无论是"学而时习之"，还是"学而不思则罔，思而不学则殆"，都因为"思"与"学"的思维方式限制，而没有深化到"怎样的思"、"怎样的学"这一"中国问题"上，都只接触到"温习、消化、理解性的学和思"而没有强调出"批判创造性的学和思"。冯友兰注意到孔子强调学习之后要温习和实习，这没有错，但温习实习之后更重要的是批判与突破，这一点冯友兰忽略了。而且正是因为这样的忽略，才造成了中国文化现代转型中理论和思想原创果实的匮乏，也造成了中国知识分子在批判问题上只会"打倒"而不会进行"理论批判与理论创造相统一"的实践。所以我对"学而不思则罔，思而不学则殆"的改造是："学而不思则罔，思而不批则殆"——只有在缺少批判创造性思考的时候，事情才会被慢慢耽搁（殆）。"宗经"思维突出"温习和消化"之"思"，而否定主义哲学所讲的"本体性否定"①，则是在尊重"温习消化之思"的基础上，通过"不满足于"这样的"思"之张力，将"批判创造之思"凸显出来。这种凸显，即可以视为是对儒家观念的结构性批判改造。"学"、"思"、"批"就缺一不可。

　　由于冯友兰的"继承什么"的问题没有解决好，自然也就影响到他"怎么继承"、"怎么批判"的理性思考。从冯友兰的"现在时代不

---

　　① "本体性否定"是笔者否定主义理论中的本体论和方法论。其基本含义是"批判与创造的统一"。主要包含三方面内容：一是"本体性否定"以尊重所有现实的态度出场，而不是轻视现实、优于现实、超越现实和回避现实的传统中西方否定哲学对现实的态度，从而一定程度上保证了"本体性否定"与现实关系的亲和性与整体性这一中国文化特征。二是"本体性否定"以"不满足于"现实来表明否定者对现实"性质上"而不是"材料上"的离开，这种"离开"是由否定者独特的对世界的基本理解产生的，所以批判性的离开与独特理解的产生不可分离。这样的张力为"穿越现实"。三是"本体性否定"所产生的"独特理解为基础的世界"，与原有的世界是"不同而并立"的关系，由此展开人类与自然、文化与文化、艺术与现实、文明与文明"不同而并立"的关系。"天人对等"由此区别于西方的"天人对立"和中国传统的"天人合一"。具体详见吴炫《穿越中国当代思想》，江苏教育出版社 2007 年版；《否定主义美学》（修订本），北京大学出版社2004 年版。

同了，不学这些东西了，不去继承它"的意思来看，与"继承"相反的"批判"，已具有"不管它、可舍弃"之意，联系当时论争对象所说的"'批判继承法'重在批判，这种方法运用的实际后果是传统文化在社会中几乎被人遗忘"；"按照……批判继承法，传统的内容只能（绝大部分地）被拒于当代中国之外"①，上述"舍弃性批判"之意更为明显，加上冯友兰在《再论中国哲学遗产的继承问题》中也强调"分析、批判、改造"②，但由于他把"改造"理解为"一般承接"、"特殊舍弃"，将"批判"理解为"舍弃"之意就明显加强了。这种"舍弃性批判观"，不仅缺乏理论性批判必须持有的对批判对象的"全面尊重—全面改造"之意，而且无形中也阻碍了理论创新朝"性质"、"结构"的改造方位去努力。在我看来，基本原理要具有建设性的批判功能，首先应该将批判的"对象"看做一个"整体"，并力争从"整体"的"内在结构"来理解对象的基本内容和性质，才能具有理论原创的可能性。就"学而时习之，不亦说乎"来说，正因为"诗"、"书"、"礼"很重要，才可能被孔子做了"学而时习之"的强调，所以孔子是否强调所有的读书都需要"时习之"，就是一个疑问。用今天的话说，消遣娱乐性的阅读是否必须"时习之"？所有的阅读都需要"时习之"是否可能？如果这种追问是成立的，"学而时习之"不能简单作为学习的一般规定，也就成为当代对"学"与"习"的创新思考点。况且，如果我们读书都从时代需要出发，我们也同时将"读书"功利化、政治化了，作为文化素养的"读书"，就被遮蔽或放逐了。中国今天的教育与传统文化经典的中断，也是这种被遮蔽使然。因此，即便"诗"、"书"、"礼"看起来在今天没有什么现实之用，那也不应该是被我们读书所"舍弃"的对象，而是一个与"符合时代需要的书"发生怎样关系的"改造的对象"。如此一来，"应该经常温习的读书"，"不必经常温习的阅读"和"需要批判创造性的思考的读书"，就成为一种"阅读结构"，成为现代读书和教育观念告别传统单一化的读书和教育理念的

---

① 朱宝信：《论研究和弘扬传统文化的两种态度——朱德生、李登贵先生〈从思想世界降到现实世界〉献疑》，《青海社会科学》2003 年第 1 期。
② 冯友兰：《再论中国哲学遗产的继承问题》，《哲学研究》1957 年第 5 期。

方式之一。

所以，理论创新意义上的"继承"，不是冯友兰所说的"继承抽象的哲学观念"，而是继承"抽象的原始精神文化符号"；理论创新意义上的"批判"，也不是包括冯友兰在内的很多学者所理解的对不合时宜的哲学观念的"舍弃"，而是"尊重——结构改造"的理性建设。这双重含义的"不在场"，成为20世纪50年代那场学术争论无有结果的直接原因。其间所暴露的创新思维方法的观念局限，在今天中国人文社会科学理论创新实践中，恐怕依然是一种常见的现象，这就是本文要再次"旧话重提"的原因。

二 "吸取精华、剔除糟粕"：
从非有机性到非创造性

在理论创新方法上，"扬弃"所包含的"吸取精华、剔除糟粕"，是不少学者都能赞同的创新方法论。对当下有用就是好的、是精华，反之就是不好的，是糟粕，是这种赞同的一般经验依据。比如"尊老爱幼"，在今天依然有广泛的民间和社会基础，所以作为中华文化的传统美德应该继续提倡，自然也就是精华；而"君臣父子"在今天已被"干部是人民的公仆"的观念所替代，在现代民主和平等观念的冲击下，已不适应时代的需要，所以是糟粕。对待西方理论也是这样。比如西方的"人人平等"观念，因为与孔子的"不患寡而患不均"① 和庄子的"至德之世"② 可以打通，所以在中国文化现代化语境中，一直被我们作为西方的"精华"对待的；但就"人人平等"主要是指"权利平等"而不是"利益均等"而言，因为与中国文化崇尚在群体中去实现个人幸福的思想相佐，所以即便被部分中国知识分子所认同，也很难在实践中被现实生活所支撑。其中所暴露的问题是：且不说"什么是有用的"因为人的需求不同而众说纷纭，致使"精华"的确认变得很

---

① 见《论语·季氏篇第十六》。
② 见《庄子·马蹄》。

困难，即便是大家公认的精华，如果它们之间是性质冲突的①，我们该怎么办呢？因为相互冲突而产生不了实际作用和影响，被"剔除的糟粕"与"原来的精华"是一种有机体，就有重新复活的可能。所以"君臣父子"就会成为"理论上无用、现实中有用"的状况而与"尊老爱幼"、"论资排辈"一道成为一种潜在的、有机性的现实存在。

如此，这就提出了一个问题："吸取精华、剔除糟粕"能否作为中国当代文明有机性建设的方法？如果不能，其要害问题又在哪里？

就文化在根本上来自于一个民族对世界的独特理解而言，就这种理解是一种结构性思想而成为有机系统而言，我们不仅可以有斯宾格勒的《西方的没落》②作为"文明有机性"而"生长消亡"为理论佐证，有中国古代思想"虽有差异但性质同构"的儒、道、释为观念支撑，而且有人类任何文明"因为是有机体而优劣并存"作为事实依据。特别是后者，任何生命有机体都因为有杂质和缺陷才成为可能，其文明的影响和作用自然也是"优劣参半"的。中国学者之所以可以谈"剔除西方糟粕"问题，原因也正在这里。因为，要在号称先进文明的西方去找一些我们看不顺眼的"糟粕"，这不是一件困难的事情。西方文明重"个人权利"，自然会导致《资本主义文化矛盾》③的作者贝尔所说的"唯我独尊"之负面功能，这就像"个人"在儒家思想中也必然带有"从属性"之负面性一样。不少中国学者之所以不习惯建立一种"正是因为其短处才促成了文明有机体"的看法，除了中国知识分子习惯把"做人之道德完美"代替"历史之有缺陷才生生不息"的伦理化思维作

---

① 将"尊老爱幼"和"人人平等"这两种异质性精华放在一起，这种冲突是指：如果用西方权利平等和人格平等的观念在中国进行实践，就很可能会导致"不尊老"、"不爱幼"的效果。因为观念在中国没有作为与人可以分离的存在，"批评老人"会被人觉得不厚道，老人也不会将这种批评理解为对他的尊敬。反之，把孩子作为有独立人格的对象来尊重，孩子选择什么都是他自己的权利，依赖性强的孩子也会觉得大人不管他（她）、不爱他（她），而很多大人也会觉得这是对孩子的放纵。

② ［德］奥斯瓦尔德·斯宾格勒：《西方的没落》，商务印书馆 1995 年版。

③ ［美］丹尼尔·贝尔：《资本主义文化矛盾》，严蓓雯译，江苏人民出版社 2007 年版。

崇以外，更重要的是，把文明的"短处"作为需要"克服"的对象，在文明历史的生命机体演变中从来没有成功案例，在20世纪中国思想现代化运动中也是教训多于经验。因为，即便西方民主自由体制已经合理地使个人丧失了"否定社会"的冲动和力量，在马尔库塞的《单向度的人》中，这依然是一种可怕的社会缺陷①。因为社会由此就有停滞发展的可能，而任何"停滞"，都可能意味着文明从此就会走向像四大文明古国那样的衰落之路。既如此，我们用"精华与糟粕"分析文明"落后的因素"，与能否建立一种"没有糟粕"的文明，就是两回事。换句话说，因为"先进"与"落后"、"精华"与"糟粕"是一种思想和文明的辩证功能，我们要建立的中国现代文明，在思维方式上就不是要建立"剔除了糟粕"的文明，而是因为思想和文明的创造可能带来"新的精华"和"新的糟粕"并存的问题。章太炎虽然是针对进化论提出他"善恶苦乐之并进也"之"俱分进化论"②，然这种既有"正功能"也有"负功能"的"思想和文明"，却是正视"有机性的生命体"才能真正在现实中成活的历史经验使然。反之，五四先哲们曾经把中西方之优长分别以"整体/具体"、"感悟/逻辑"、"温情/理性"、"非人/人"等进行二元对立的划分，却一直没有解决"既重整体又重具体"、"既重感悟又重逻辑"、"既重温情又重理性"的方法论，因为其理论内涵的模糊而难以进入现实实践，最后只能导致"此时重整体/彼时重具体"的分裂和破碎，"西方的具体是否是中国的具体"、"西方的具体会形成怎样的整体"、"整体是否只是中国的整体"这些追问，自然也就成为理论研究的盲点。所以，在中国的文化批评实践中，"西方文化的优点"多是学者们憧憬的对象，而"中国文化的缺点"，却基本上还是学者们的实践本身。这种"言行不能统一"的状况，不仅造成中国现代知识分子的虚弱性，形成中国教育"课堂学的"与"社会有效的"是"两张皮"之现象，而且也形成中国现代理论创新"只能谈论"之现象。其根本原因，就在于两种我们都能认同的文化精华，是有冲突性

---

① ［美］马尔库塞：《单向度的人》，张峰译，重庆出版社1988年版。

② 见《太炎文录初编·别录卷二》，选自《章太炎全集》，上海人民出版社1985年版。

的、非有机性的，它们不能形成像"儒、道、释"那样有内在统一性的可操作之方法。所以我对此的看法是：只要我们秉持中国文化的现实性、和谐性这一抽象的基本品格作为基础，我们可以对中国人依赖经验的"感悟、温情、整体"的把握世界的观念和方法有所改造，同时对西方的"逻辑"、"理性"、"个体"等也有所改造，并创造出新的思维方式和理论结构来统摄这些"思想材料"，使之发挥既区别于中国传统文化，也区别于西方文化的功能，我们在理论上就可以突破这样的"精华冲撞"之格局，建立起新的有机性、可操作性的理论。而这种理论的"长处"，就既不是西方文明的"长处"可简单概括的，也不是中国传统思想的"长处"可简单概括的，其"短处"，当然同样亦然。

如此，"中国今天需要怎样的有机体文明"，才是一个可进一步讨论的问题。我们的直接经验是：中华文明一直是在包容、同化异质文化的"生生"传统中发展到今天的，而不太会去考虑今天的"文化现代化"是不是像当初"引佛入禅"进入儒、道文明有机体中的问题。这个问题之所以重要，是因为中国传统文明的变迁是在不触动文明的内在结构和儒、道基本观念上进行的，所以可以以儒、道思想去"吸取"其他异质思想，并且只能选择"可同质、可同构"的异质思想。印度"佛学"在与"儒、道"为伍时，不太符合儒家、道家的内容——如"怪力乱神"的思想——自然就被筛选掉了，而看"空"现实的一面，自然与道家"游"之哲学可以合谋。这样，真正起作用的就是"儒、道化的佛学"而不是"有机性的佛学本身"——"禅宗"不是构成对儒、道学说的挑战，而只是儒、道人生失败后的"寂清"补充，从而使得以儒、道为中国文化主体之地位更加稳定。这就不是"文明有机体的新的创造"而是"原有文明有机结构的丰富"。"创造"与"丰富"的区别就在于："创造"必须改变"儒、道"循环的结构，并且用异质性思想冲击儒、道观念后产生能引领中国文化突破专制性体制和依附性文化的新的思想系统，而"丰富"则是在不触动"儒、道"循环的文明系统的前提下使得这种系统更具有张力和弹性。如果我们不是着重将创造理解为"结构"和"系统"的改变，就会将这种"张力"和"弹性"误解为"创造"。中国学界之所以喜欢用"创新"这个概念而有意无意回避"创造"的严峻性，正在于我们只要"吸取新思想材料"

就可以称为"创新",而且是"吸取"与本文明思想系统没有根本冲突的思想材料的"创新"。所以这种创新必然是"低程度创新"。反之,今天"中国现代文明"所讲的"创造性",已经不是"吸取""可同质化的异域思想"以"丰富自己的思想系统"的问题,而是要解决西方的"个体权利"、"个体生命力"、"个体创造力"这些与儒家、道家思想之间"不同质"的思想冲突问题,才能提供解决这种冲突的"东方方案"给全球以独特的现代性启示,并通过这样的影响使中国人安身立命。具体地说就是要解决以尊重"个体"、"生命力"、"创造力"为前提又能穿越之,从而体现中国文化"和谐"与"整体"的生命魅力之问题。因为这些问题,本身就是中国当代社会正在生长的"公民"、"个体权利"、"私利"之萌芽与古代伦理思想内在冲突之表征。面对这些中国历史中没有出现过的问题,西方个体权利至上的"个体观"如果不予改造,就势必会形成与社会和群体"对立"和"冲突",而中国"天人合一"的和谐观不改造,个体权利、生命力、创造力就得不到应有的尊重和展开。这种"双重的观念改造"的必要性,不仅是中国现代文化能否影响西方化的现代进程特别是纠正西方"个体权力泛滥"之责任问题,也是中国现代的新的有机性文明建设能否真正完成从而摆脱"文明破碎"状况的问题。

就前面提到的中国传统文化的"尊老爱幼"和西方的"人人平等"而言,这两个"精华材料"在中国人的实践中的冲突表现为:当你用平等的态度对老人的思想提出批评时,老人有可能会觉得年轻人不尊敬他。这样一种把"平等"与"尊敬"理解为有冲突的现象不会少见,所以这里就有一个需要同时改造"尊老爱幼"和"人人平等"的观念的问题。作为一种尝试,否定主义伦理学是以提出中国的"尊之含混"与西方"平等之绝对"的问题来对之进行双重改造的。因为"尊"在现代意义上至少包括"尊重"、"尊敬"、"孝敬"、"膜拜"等不同含义,必须分别对待不能混同;而"人人平等"作为西方民主所讲的"个体权利",在中国可以作为"一般底线"但不能代替"社会交往",可以作为个体的一种需要、一种权利但不能作为全部需要、至上权利。因为"助人"和"奉献"也是个体在面对他人困难、民族危机、自然灾害时的一种"自发责任",这种责任是不以"个人利益"为准绳的,所以"私利—助人—奉献"是中国当代个体的一种自觉的结构性存在、时空性存在。告别无视这种结构和时空的"大公无私"、"助人为乐"之审美和道德提倡，就成为逻辑推论。为此，我们必须分门别类的去对待，使之成为一个没有内在冲突的可操作的有机性观念链。否定主义因此的改造尝试是："尊人"（即无论什么人都应该尊重——即便是有问题的人也应该尊重）、"敬优"（即我们只能尊敬优秀的人——这是不分男女老少的）、"孝老"（即老人无论是否优秀，我们都应该有一份孝心）、"护幼"（即呵护孩子成长而不是溺爱、宠爱孩子）。这样的一种"改造"，就把"吸取精华"变为"改造精华"的意思了。而"改造精华"的目的，正是为了避免"精华之间"的性质冲突，也是为了避免由这种冲突产生的"难以进入现实实践"的困境，如此才能成为真正有建设性的"文明有机观念"。反之，"剔除糟粕"也就自然变为"改造糟粕"的意思了，如此才有可能完成"化腐朽为神奇"的壮举。

三 "化合、融会"：一般创新对理论原创的遮蔽

在中、西文化观念面前，作为与"吸取精华、剔除糟粕"相辅相成但更具有中国传统文化特点的创新方法，自然要提到"融会、化合、整合"之说。在中国古代哲学中，"化生"作为一个专门术语，常常与"气"相关联。周敦颐说："二气交感，化生万物。"① 王夫之也说："气化者生化也。"② "气"在这里也就等于"生"，似乎均在阐明阴阳交合互动之气为"化生"的思想。其特征有二：一是"气"在多种情况下具有物质和自然属性，其"化合运动"有将自然性的变异与世界观之文明创造相混淆的倾向。二是由于"气"在中国哲学中含义的丰富性和难以把握性，在中国现代理性文化建设中如何与理性方法打通，是牵涉中国现代文化能否具有现代理性品格的关键。其具体表现就是：

---

① 周敦颐：《太极图说》，转引自《哲学大辞典》，上海辞书出版社 1992 年版，第 243 页。

② 王夫之：《尚书引义·太甲二》，转引自《哲学大辞典》，上海辞书出版社 1992 年版。

在"融会什么"、"怎么融会"、"融会结果的理论性设计"以及"融会的独创程度究竟怎样"等问题上，"融会"、"化合"、"整合"说常常难以深入而失语。

首先，当阴阳二气交感生万物的时候，它可以解释暖气流与冷气流交合形成雨，也可以解释两个氢加一个氧形成水，可以解释原始大气慢慢孕育了生命现象，当然也可以解释雌雄动物交合生下小动物……这里的"化"也好，"生"也好，其关键在于其"形态"有变，成分有变，但其自然的性质和基本基因是承传的。这就像生命的演变其核酸、蛋白质和DNA是稳定的一样，所以人之前万事万物再怎么运动变化，均没有出现"异于自然性"的物种，所有物种也没有能摆脱自然性的"生老病死"的命运。问题并不在于古人发现自然之气的运动变化是"生万物、变万物"的动力，而在于中国古代哲学将这种动力用来解释人类的产生、文明的产生甚至特定伦理的产生时，就暴露出"万物之生"与"文明诞生"界线不清楚的弊端，进而也以"万物之生"来代替和要求"文明之生"。所以《易经·序卦》说："有天地然后有万物，有万物然后有男女，有男女然后有夫妇，有夫妇然后有父子，有父子然后有君臣。"在这样的推论中，不仅男女、人类是天地之气运行的产物，而且君臣、父子也是天地之气的产物。疑问于是产生：如果西方的"人人平等"也是天地之气"化生"的结果，那么是什么"气"造成了"君臣父子"与"人人平等"的"伦理区别"呢？又是什么"气"造成了世界"七大宗教"的文化差异呢？反过来，当我们用自然性的"化"、"生"之气来解释文明发展时，一方面，我们难以解释《易经》、《易传》究竟是自然之气运行的结果，还是中国古人在生活实践中通过自己的思想创造形成的；另一方面，中国文明史以"万变不离其宗"的性质在延续古人的基本原理，所允许的"变"只是对古人原理"阐释之变"，是否与自然界的运动变化性质很难有根本区别？自然性"化生"保持的是"基因"，变化的是"形态"，而文明的"化生"保持的是"基本观念和思维方式"，但可以因时因地使其"所理解"、"所运用"发生变化。在思想史上，这样的变异是否必然形成"不触动世界观创造"的中国新儒学史呢？

重要的是，这种"生化"之变如果用来解释人类文明和伦理的产生，将面临这样棘手的尴尬：如果孔子的思想是"生生"、"化合"的产物，那么"生生"、"化合"的自然律令为什么到孔子这里就停顿下来，不再产生不同于孔子的"孔子"了呢？如果后人只是奉孔子为"圣人"，甘愿做《论语》的注解和阐释者，那就说明"生化"孔子及其伦理思想的"气"是可以中止的。这样的"中止"，显然不符合"生化"的"生生不息"之规律。所以《论语·卫灵公》说："子曰：'赐也，女以予为多学而识之者与？'对曰：'然，非与？'曰：'非也，予一以贯之。'子曰：'由，知德者鲜矣。'"其意思是：孔子说子贡，我不是对历史读得多，重要的是我能把历史贯连起来研究，找出历史发展的规律。这强调的也是主体对世界的把握能力，而不是历史本身的"生化"。这自然就会产生这样的推论：人类文明及其哲学、伦理思想，是一种"不同于"自然性的"生化之气"的"人之创造"的产物，文明的重大发展和变革，不能依赖于自然性的"化生"，而应该依靠人的自觉的理性把握和理性创造。在这一点上，"马克思主义何以可能"，可以作为最具体的正面说明。如果我们说"马克思主义"是对谢林、费希特、黑格尔等哲学家思想"融会、化合"的结果，那么上述诸种哲学的"相融"，推导不出马克思的"实践哲学"。因为黑格尔的"能进行概念抽象运动的辩证法"，费希特的"认识上的绝对的自我"和谢林以"形而上学的绝对自我"所建立的"自然哲学"①，以及包括洛克、斯宾诺莎、莱布尼兹在内的近代哲学家，他们无论被西方哲学史家归结为"经验主义哲学"还是"唯理主义哲学"②，都不可能"融会"出马克思的"劳动"和"实践"作为哲学的第一性概念。马克思以"物质的、历史的、辩证运动的并以人的全面解放为这种运动的终极形态"的"实践"哲学，根本上只能来自于马克思对前人哲学的"批判和改造"和"观念创造"。所以比之于"融会"不能提供依据，用"批判与创造"来解释马克思哲学何以成为可能的方法论，就像爱因斯坦的"相对论"不可能从法拉第、麦克斯韦、洛伦兹的物理原理中"化"出来一样，可能更为恰当。因为爱因斯坦基本上颠覆了原有物理

---

① ［美］梯利：《西方哲学史》，商务印书馆 1995 年版，第 492 页。
② 同上。

学的思维方式，而不是在原有思维框架中做修补、调适和整合。同样，尼采颠覆基督教传统的"超人"说，也不可能从基督教传统和西方理性传统中"生化"、"整合"出来。

因此，中国理论界之所以对一些重大的理论问题"有创新之心"但"无创新之法"，正在于我们将"化合"、"辩证运动"造成的"一般程度创新"用来面对需要"批判创造"才能面对的"理论原创"问题，从而造成了对"批判与创造统一"的方法论研究之遮蔽。在实践中，倡导"中西融会、整合"的学者一直难以深化解决如下具体但又重大的问题，也是这种遮蔽的有力说明。比如，马克思主义的"劳动实践"与中国道家的"体道实践"，以及儒家的"修齐治平实践"能"融会成什么"？是已经超出"阴阳互动"乃至"主客体辩证运动"的范围的。因为这三种实践是性质不同的"努力方向"。"劳动实践"以消除"异化"实现人的全面自由解放为目的，与儒家"仁爱的天下"、道家的"小国寡民"和"至德之世"，在性质和内涵上均有重要的区别。因为这种区别，马克思"改造社会"的方法论，与道家"坐忘"方法和儒家的"修身"之方法的区别，也是同样明显的。如果没有批判创造的思维方式介入，这三种世界观不可能"化为一种有机性世界观"。又比如，西方式的有内在紧张、创造关系的"超越"与道家不讲个体创造的、类型化恬淡的"超脱"，又该"怎样融会"？在"超越"这个观念面前，如果我们仅仅说中西方文化都讲"超越"，只不过西方是"外在超越"，中国是"内在超越"，但回避了西方的"超越"讲"思想的创造性"、中国道家的"超越"不讲"思想创造"这一重大问题，"内在超越"和"外在超越"之区别又能解决什么样的问题？而"创造性"之所以不能用"内"和"外"去概括，正因为在"内在体验"和"外在把握"中都可以涉及世界观意义上的创造，也都可以丧失世界观意义上的创造。这就跟西方"自律论"的形式主义文学有毕加索，而"他律论"的批判现实主义文学有巴尔扎克一样——"自律"和"他律"怎么会影响两位著名作家共同的创造性呢？如此，"自律"与"他律"、"内在"与"外在，"正是"阴"与"阳"思维、辩证法思维的相同或相近的思维方法，它们均与"提出问题——分析既有观念局限——弥补局限的创造"的"批判与创造"的理性方法，是两种性质的创新方法论。所以，马克思提出的"劳动异化"问题——批判前人理论的"抽象的人、抽象的精神运动"之局限——设计通过"改造社会"实现人的全面解放的"实践"理论，已经表明"批判与创造"的原理创新方法论与自然性变异的"化合"、"融会"之经验论方法的鲜明区别。

这就意味着，"人受自然化合决定的变化"与"人突破自然化合的创造"，是"不同性质的创新"，"人受文化演变决定的变化"与"人可以突破文化演变创造新的文化"，也是"不同性质的变化"——前者是"生生"，后者则是"独创"，前者可以世界观、思维方式不变而只是"阐释"的变化，后者则是创建"新的世界观和思维方式"的革命。中国文化的现代化问题，可以作为前者去理解，也可以作为后者去理解。关键是：哪一种选择可以使现代中国人不仅因为自己经济的发展，而且因为文化的现代自信让国人安身立命？哪一种选择是让国人依托在传统文化中"化入"一些西方现代因素而自信，还是使国人面对全球挑战性问题和自身的文化破碎问题创造了自己的新的文化观念而自信？本文挑明这样的问题，不仅是因为我们应该明了今天的"中国现代文化创造"与历史上的文明演变的不同性，从而在方法论上将"创新"与"原创"加以区分，而且意在说明：真正阻碍中国人文社会科学理论获得自己主体性、独立性的东西，首先是我们在"创新"观念上缺乏根本的"创新"。在这个问题上，本文愿意抛砖引玉，希望更多学者深入研究这一"创新问题中的问题"。

个体构建

构建中国当代个体观的原创性路径

中国当代文化的创造和中国现代文化软实力的问题，已经成为中国继经济持续发展后在文化上如何获得世界尊敬的重要问题。而中国理论界之所以有责任面对这一问题，是因为满足于向世界输出传统文化，就不可能突破鲁迅笔下"先前阔多了"的阿 Q 的形象格局。而要突破这样的格局，只有激发起每个中国人的个体创造力才能完成。因此，个体的创造力如何理解，这种创造展开后中国个体将形成怎样的既区别于传统个体，也区别于西方个体的新型关系，就成为中国当代个体观是否有原创性建构的关键问题。

一 对儒学个体观和西学个体观的双重改造

应该说，把中国文化的现代化理解为中国传统观念的现代转型，理论界似乎没有太多的争议，但是在把中国文化现代化定位在以西方观念为基础做"中国阐释与实践"上，还是定位在以中国传统哲学观念为基础融合一些西方元素来寻找"中国特性"上，百年来中国学者一直争执不下。谈到现代性的时候我们常常以西方个体本位思想为参照，谈到中国性的时候则以儒家群体本位思想为依托，其理论上的内在矛盾，正是造成中国当代个体观建构缺乏原创性、有机性的原因。因此，我认为有必要一方面以"中国现代个体的独立性和创造性"为问题出发点来改造中国传统"依附群体"的个体，另一方面则必须以"中国文化的整体性和通透性"为出发点改造西方"超越群体"的个体。而改造的价值坐标就是既具有中国文化的整体性，又能体现现代个体独立性的"东方式现代个体的审美憧憬"。

　　之所以需要对儒家个体观进行改造，是因为中国市场经济一定程度上已经唤醒了国人对个人权利、个人欲望、个体观念创造的憧憬，而重视"个人权利"、"个体生命力"和"个体创造力"，正是西方现代性文化最为重要的三个方面，并通过西方现代政治体制和主义林立的20世纪理论景观体现出来。首先，"个人权利"是西方近现代政治、法律和文化的一个核心概念，并在康德哲学被安排在"正当"、在韦伯的新教伦理中被安排在"至善"的位置上。西方以市场经济为体制的现代性之原动力，即是建立在个人利益、权益和自主性的追求之上，扩展为有平等契约的现代社会。30多年来中国经济的高速发展，一定程度上也是顺应了市场经济这一规定性。因此，对个人利益追求的"尊重"，就成为中国当代个体应该具有的一种品质。这对儒家"见利思义"思维方式下产生的对个人欲望的"节制"态度和宋明儒学"存天理、灭人欲"的轻视享乐的观念，无疑是观念上的巨大挑战。因为只有改变儒家的"节制欲望"为"尊重欲望"，才能和西方以市场经济为基础的对个人欲望实现的重视接轨。这样，我们就必须将对个人利益追求的尊重与中国当代个体的欲望膨胀区别开来——后者恰恰不是"尊重欲望"而是"克制——追逐欲望"的逆反所致。其次，晚近中国处于落后挨打的局面，一定程度上是由于儒家和道家哲学均不推崇"生命强力"而只推崇"生命延续力"的结果，从而导致中国人为生命延续而甘愿受强权性的政治、经济、文化奴役而麻木的状态，也使得中国个体为了生存利益常常会放弃生命的尊严、生命的珍视和生命的受尊敬等"生命力的现代思考"。今天，中国面对当今世界强权政治、文化、经济和军事的威胁，如果需要具有由不怕任何威胁的生命自尊、自信、自强的力量，那就必须突破传统文化的"呐喊"、"愤怒"大于"行为"、"行动"的生命虚弱状态，对儒家崇尚伦理性温和的生命哲学和道家崇尚阴性柔弱的生命哲学进行创造性改造，将现代竞争社会所需要的生命强力在中国当代个体结构中予以适当安置。

　　由于儒家《易传》对"太极图"作了"夫天地者合其德"之解释，这是一种"道"不变而只是对"道"的"理解之变"的解释，便必然导致刘勰在《文心雕龙·总术》所说的"动不失正"的创新观念。"正"即儒家的"仁"、"天道"等世界观、价值观。这样，儒学对个体的"动"之创新的理解，就只能限制在技术、方法、文体、解释、感受、风格的层面，而儒家的"世界观"、"价值观"和"人生观"是承传的、不变的，从而使一部新儒学史成为变"器"（对道的解释）不变"道"的历史，也使自康有为以后的中国现代新文化运动，看似是在批判儒家的"轻利"观念，但由于摆脱不了对西方之"道"的依附，在思维方式上就都是放弃创造自己的世界观的"宗经"、"征圣"思维的不同体现。因此，如何既是中国的又是现代的这样一种创造"现代中国之道"的原创性问题，才会被中国现代学者集体性地遗忘，并导致中国现代学者在中西方理论之间的矛盾、徘徊、绝望的状态。这一点，从王国维到章太炎，再到鲁迅，均没有出其状态之左右。如此，我们今天在面对世界七大宗教的文化冲突时，才缺乏一种既不同于传统"天人合一"，又不同于西方"天人对立"的天人新理念来对待和解决，中国当代人文社会科学和自然科学在基本原理上就因为不具备"个体化理解"而难以影响世界。如果我们承认人类文化是一种不同于自然界的创造，如果创造的最高境界是支撑文化、文明的世界观、价值观和人生观创造的话，那么中国当代哲学和人文社会科学如何区别于儒家和道家哲学，又如何区别西方各种哲学与理论，体现出先秦百家争鸣时期那样的儒、法、墨、道等相互批判而又并立的格局，就成为与中国当代个体"立足点"思考相辅相成的重要问题。

　　另一方面，中国当代个体观建设之所以要区别西方的个体观，是因为西方基于宗教二元对立的"个体权利至上"的观念，以进步、优越这些不对等思维方式所提出的"创造"观念，既不适合中国文化的整体性和通透性，也不适合八卦的对称关系，所以不能直接用来作为中国现代个体观建设的思维方法。虽然"权利"作为合法的利益与权力在西方古已有之，但如 A. 麦金太尔所说："在任何古代的或者中世纪的语言中，都没有可以恰当地表达我们所谓'一项权利'的用语"[①]。洛克说："自然状态有一种为人人所应遵守的自然法对它起着支配作用，而理性，也即是自然法，教导着有意遵从理性的全人类：人们既然都是

---

　　① 参见 A. MacIntyre, After Virtue, University of Notre Dame Press, 1984, p. 69.

平等和独立的，任何人都不得侵害他人的生命、健康、自由或财产。"①
这种关于人的自然状态即平等自由的假说，由于是对国家、政治和社会
形成后针对其不平等问题的一种纠正，所以在根本上，这是人类假自然
的优先性来倡导一种关于个人权利是国家政治的逻辑起点的理解，再用
这样的理解作为西方基于宗教二元对立思维所设定的"彼岸"之
"善"，产生现代意义上的"个人权利至上"的观念。所以，这样的理
解会逻辑地生产出西方古代文明的"教会至上"、近代文明的"理性至
上"、现代文明的"生命至上"的价值观念，进而使一种文明的个体观
是建立在另一种文明的个体观之对抗的关系上。这种理解必然使得西方
意义上的"个人"观在历史的长河中处于"顾此失彼"的状态，也必
然使得西方现代文明越来越失去中世纪个人为崇高信念而献身的牺牲精
神，导致丹尼尔·贝尔在《资本主义文化矛盾》② 中所揭示的西方现代
人的"唯我独尊"之文化弊端。要从根本上解决西方"个体权利至上"
带来的问题，对西方来说或者只能回到柏拉图的国家社会分工论③、亚
里士多德的国家自然发生论④那里去，对东方来说则可能以中国八卦文
化解构西方二元对立的不平等的思维方式，在西方的个体本位之外去发
现个体的新的逻辑起点，从而在尊重个体权利的基础上能够反过来影响
西方文化。

　　同样，因为二元对立思维，西方文化在人类创造性问题上是秉持历
史进步论、人类中心主义、主体论等人与世界不对等的思维方式的，从
而既使西方人与世界处于紧张的、冲突的状态，也使得西方文化的创造

---

① 洛克：《政府论》（下篇），叶自芳、瞿菊农译，商务印书馆 1964 年版，第
6 页。

② ［美］贝尔：《资本主义文化矛盾》，严蓓雯译，江苏人民出版社 2007 年
版。

③ 柏拉图认为："之所以要建立一个城邦，是因为我们每个人不能靠自己达
到自足。"参见柏拉图《理想国》卷二，郭斌和、张竹明译，商务印书馆 1986 年
版，第 58 页。

④ 亚里士多德认为："城邦的长成出于人类生活的发展，而其实际的存在却
是为了'优良的生活'。"参见亚里士多德《政治学》，吴寿彭译，商务印书馆
1965 年版，第 7 页。

观具有"今天优于过去"的倾向。一方面,人与世界的不平衡问题使得西方"绿色革命"问题的提出不能在根本上改变以"个体权利"、"利益驱逐"为动力的现代化发展理念,其"低碳"、"减排"等方案很大程度上只能是权宜之计;另一方面,受制于达尔文的生物进化论所奠定的历史进步论,西方文化会把个体的当代创造看作不断优化的过程,从而容易得出爱因斯坦比牛顿、尼古拉·特斯拉更伟大的结论。但没有特斯拉交流电的发明便很难有爱因斯坦的相对论,意味着人们总是会忽略任何个人创造都是以前人创造为材料这一事实,而任何材料在单独作为理论存在时都是独一无二的存在,并对世界产生持续的影响。这当然是人们的偏见问题。只有把人类能直立行走告别自然界当作伟大的创造,我们才会深刻地理解人类能够离开地球只是另一种伟大的创造。科学界至今也没有人能证明牛顿的三大定律是错误的,说明今人只是容易从爱因斯坦的相对论角度去理解世界。只有充分尊重前人的原创性,我们才能深刻地意识到今人的创造必将被后人进行超越。因此,创造的性质就在于创造与创造之间的非可比性、价值并立性,并可由此引申为以对世界独特理解为基础的七大宗教,在创造性上也是价值并立的。在此意义上,我们要把以独特理解为基础的文化,与这种文化并不鼓励人的创造区分开来,才能发现儒家文化的问题在于不鼓励人的观念创造从而制约了中国人自发创造自己的现代文化,而不是在文化特性上认为中国文化不能与西方基督教文化并立。之所以要重视这样的区别,是因为只要我们将人的世界观意义上的创造性引入儒家文化,改变儒家文化的内在结构,就能将中国八卦文化予以现代性阐释,进而产生不同于西方二元对立文化的世界性影响。正是在这个意义上,西方个体权利至上的个体观是可以,也应该被改造的。

二 能个体化理解世界的当代性个体

中国式当代个体赖以独立的内容建立在什么上面,是中国当代个体观原创性建构的首要问题。东方的现代民主体制虽然因为东方文化的整体性而不能简单奉行"个体权利至上"的理念,但由于现代性的基本内容就是对个体生命、个体权利和个体创造力的尊重和提倡,所以现代个体不管应该呈现怎样的文化差异，都应该体现出对个体的独立性和创造性的尊重。只是，"人人有自主之权"这一晚清以来中国知识界典型的现代启蒙话语①，百年来并未在"中国问题"视角下被理论界进行过深入追问。即中国个体究竟"主在哪里"？又"如何去主"？一直在理论上是模糊不清的。作为中国学者的一种审美倡导，如果中国个体在自由的情况下却因为理解世界的"依附性"而做出"从众性、趋同性的选择"掀起思潮，那么"自由"与"不自由"在结果上就并没有多少差异——即两者都没有体现出中国个体的现代创造来展开中国现代个体的实践。而不知道如何给自己进行现代独特生活设计的民族与个体，又怎么可能通过这样的设计展示自己关于个体生存的人类理想图景呢？

显然，这样的问题是产生在对儒家"宗经"、"征圣"、"学而不思则罔，思而不学则殆"的"学与思"观念之缺陷的审视中——这些儒家规定好了的个人努力的方位、方法和伦理内容，使得传统社会中的个人对儒家道德观、价值观的从属是一目了然的。所以儒家倡导的"和而不同"因为是"和"在儒家伦理次序与内容上，其"不同"所能容纳的空间，对个体创造来说就是极其有限的。具体地说就是只能是对儒家理解、阐释、表达上的"多样"，更多的时候，两千多年的中国儒学实践常常只能是董仲舒的"凡不在六艺之科孔子之术者，皆绝其道，勿使并进"②的儒学"独尊"现象。如此，《中庸》的"万物并育而不相害，道并行而不相悖"是否能真正尊重"不同于儒学的世界观"，就成为一个未被追问的理论问题。因为"小德川流，大德敦化"是对"万物并育而不相害"的阐释，"大德"可以统摄"小德"，使得《中庸》既难以解释生物之间你死我活、弱肉强食才带来了生机勃勃的自然世界，也难以区分"道并行而不相悖"的"道"是"小德"还是

---

① 章士钊认为"通国无一独立之人……人人皆失其我"，载《国家与我·甲寅杂志存稿》，商务印书馆 1920 年版；张东荪认为"得为自我实现者，是为有人格"，引《行政与政治》，载《甲寅》第 1 卷第 6 号；陈独秀则号召青年成为"自主的而非奴隶的"，见《陈独秀著作选》第 1 卷，上海人民出版社 1993 年版，第 129 页。

② 见《汉书·董仲舒传》。

"大德"之问题。因为如果存在不同文化关于天地运行的"大德"的对立性理解，这些不同文化如何"并行而不相悖"？就成为一个不可回避的理论疑问。

这意味着，20世纪的中国新文化运动的参与者将西方个体文化看作与传统儒学不相容的关系，"道并行而不相悖"就不可能成为现实。其原因在于我们奉行的是儒家"亲和西方——拒斥传统"的情感性排斥思维，是"亲疏远近"观念使我们将西方文化作为"大德"来统摄中国传统"小德"的结果。这使得中国现代个体虽然是在民族振兴的功利驱使下把西方个人主义理论拿来作为"做主"的"大德"，在"反传统"中体验挣脱儒家伦理的"个性解放"之快感，但却没有想到用西方思想武装起来的所谓"独立自由的个人"，最后还是要像鲁迅笔下的"子君"、"吕纬甫"那样回到自己很不情愿居住的"传统之家"，或者像王国维们那样在传统与西学之间最终还是走向传统"经学"之路。这样，"自主"如果是指自己在家庭、社会中有决定权和筹划权，但这决定权和筹划权最终还是会落入"别人（西人）怎么筹划我就怎么筹划"之状况中，中国个体在自由问题上就会呈现"从众化选择"而不可能在思想上是自由的、观念上是独立的。因为这不仅是一个政治制度上给中国个体自主权利的问题，而是中国个体没有自己的对世界观、价值观和人生观进行独特理解来支撑他（她）对权利的使用的问题，从而也必然导致中国现代作家缺乏自己的文学观、小说观之问题。也就是说，没有世界观、价值观和人生观的"个体化理解"能力作为当代个体的支撑，现代自由和民主制度就会呈现民粹主义等假民主之状况，当然就会造成20世纪中国现代化运动知识分子在西方文化思想面前始终的"自卑——自大"的不健康状况。

首先，"个体化理解世界"突出的是中国当代个体穿越感受性把握事物的理性品格、观念品格，这是中国传统个体实现现代转换的关键点。强调中国当代个体对世界的理解不再是感受性、经验性和愿望性的，是因为只有个体理性理解世界的能力增强，才能以理性把握自己的生存方式。这与西方后现代哲学反思西方理性文化突出个人对世界的感受和经验正好相反。因为只有个体对世界建立自己的理性化、观念性理解，中国个体才能突破从众化的对世界的观念理解，也才能在群体化观念认同的内部打开个体独立生长的思想空间，一定程度上抵御群体性反思与后悔带来的"时代的反思遮蔽了个体的思想"的消极后果。这种"理性品格"不是指移植西方以逻辑思维为运行方式的理性思维，而是指以老子和孔子那样的"问题提出、思想追问、观念建构"为展开方式的对既有世界观进行质疑的思想能力。如果老子是以人类社会失去"自然之衡"批判"礼乐文化"的缺点为问题出发点，形成返璞归真的阴性自然的观念，那么，这种理解的"理性品格"在今天就必须突破中国学者依赖、选择西方问题的思维定势。比如，西方"绿色革命"引发的"生态文明"命题，是针对其工业革命以掠夺自然资源为方式的现代性问题的，但中国学者讨论"生态文明"却容易以中国传统农业文明为价值依托，以为依靠中国传统文明就可以解决西方现代文明所暴露的问题。这既忽略了中国传统文明是轻视、压抑生命力和创造力的历史，也不可能对尊重生命和生命力的现代化提供现代"软实力"之文化引导，更容易遮蔽中国当代社会现实中不珍视人和自然生命的各种案例与现象——这些案例和现象不可能对中国学者提出"生态文明"以现实经验支撑。如果说，中国在现代化问题上由于一直没有解决好尊重生命、生命强力和创造力又不失去人与世界的和谐这一理论原创问题，那么，无论是近百年中国的现代化应该面对怎样的"中国问题"，还是当前的以"生态文明"为"中国问题"话语，中国学者基本上都是在一种感觉和经验层面上讨论问题，也就必然认为西方民主自由可以解决中国现代化问题，或以为中国传统文明可以解决西方现代化所暴露的问题，最后，也就不能在对西方现代、后现代哲学和中国传统哲学双重审视的基础上提出有明确内容的"中国式现代问题"。这种满足于在西方现代性话语和后现代话语之间进行"话语转换"和"问题转换"的现象，就是在理解世界的问题上缺乏"理性品格"的显示。

其次，强调当代个体的"个体化理解世界"，也是对传统情感性个体之于"礼缘情耳"①的"情本体"哲学美学命题的改变。所谓"情

---

① 见魏邈《答述初问》。

感性个体"，是以人性"真情"① 为支撑的感情对儒家之理的"反抗"。这种反抗基本上构成了中国文化中个体"弱自我实现"的一种横跨古今的生存方式，也成为中国文学艺术中个体自我实现均以悲剧结束的深层原因。"情对理的反抗"之所以不能支撑中国个体的独立，是因为人创造自己的文化以后便命定不能离开文化之理而生存，这就是人只能在社会关系之"理"中生存的道理。中国传统美学向来崇尚王夫之意义上的"天理人情，原无二致"②，但"乐而不淫、哀而不伤"意味着儒家所规范的"理"在根本上是统摄"情"的，"合情合理"也意味着"情"在社会文化结构从来难以具备中性的意义。汤显祖虽然倡导"情在而理亡"③，但"理"被架空之后，个人的情感和欲望释放后因为没有自己对世界的理解之"理"支撑，最后还是只能选择传统规定好的"理"作为自己的价值依托从而形成"反抗的循环"。近现代以降，五四新文化运动之所以会有激烈的"反传统"行为，也是因为在这种"反"中多数中国知识分子是选择西方的"理"来过一种与中国现实脱节的生活，从而形成东方现代社会"思想"与"行为"脱节、"体制"与"内心"脱节的破碎状况，这是依托西方之"理"的五四新文化运动的悲剧性原因。因为现代中国学者并没有充分论证西方的"理"如何在中国土壤中成为有机性存在，所以，《伤逝》中的子君个性解放之后只能忧郁而死，就与杜十娘怒沉百宝箱之后因为没有中国妇女自己的"生存之理"可依托，是殊途同归的。这种没有中国妇女自己的生存之"理"的问题，就是杜十娘和子君们身上缺乏"个体化理解世界"之能力所导致的。面对并一定程度上解决这一问题，不仅可以使中国女性个体避免"依从"、"后悔"、"空虚"产生的悲剧性控诉之循环，还可以有个人对自己的"思想——行为"负责的意识出现，"中国式的男性社会中女性如何对自我负责"，才能成为现代中国女性的"个体化问题"

---

① 《管子·形势解》中的"与人交，多诈伪无情实"，《论语·子张》中的"如得其情，则哀矜而勿喜"中的"情"则主要指"真情"。

② 王夫之：《读四书大全说》卷八。

③ 汤显祖：《沈氏弋说序》。

被提出。中国现代女性不仅应该由此形成不同于男性的对世界的理解，而且女性个体之间不同的对世界的理解也应该受到支持，中国女性个体的现代独立，才能有深层的基础。

再次，强调"个体化理解世界"，也是对儒家将"理解"的问题限定在"注经、释经、传经"层面上的学术研究方式的突破；在程度上容纳并鼓励个体在世界观、价值观和人生观上进行的哲学追求，将哲学从哲学家那里下放到每个中国个体的手中，将哲学从群体性的伦理教化转变为个体的人生指南。在中国文化史和政治史中，儒学之所以占主导性地位延续至今，是因为儒学所强调的"宗经"、"征圣"、"崇道"思维培养了国人一种依附和选择既定的世界观去做与时俱进的解释的集体无意识。这种无意识造成了国人只是在儒学和西学之间做选择，但却不会在儒学和西学之外去创造独特的世界观的文化习性，从而使得中国个体在创造问题上多是学术创新、技术创新、方法创新和文体创新，而鲜有世界观的创新与理论独创的追求。这样的创新客观上在政治上是维持了儒学至尊的稳定性，学术上则维护了中国学人习惯用儒学去解决中国现代文化问题与社会问题的思维定势。长此以往，中国现代知识分子不能承担在人类重大问题上贡献独特的哲学思想与理论的重任，也不能承担立足中国文化的整体性创造性改造儒学的工作，满足于在"反对儒家传统"和"宏扬传统文化"之间徘徊。究其根本原因，正在于中国个体在对世界的理解上缺乏哲学原理创造的追求，从而没有承接老子和孔子"独特的问题——独特的批判——独特的观念"① 这种哲学性理解世界的基本方法论。这客观上也使得中国文化中对世界具有哲学性理解追求的个体，作为思想家常常处于边缘状态。戴震曾经批评老子、庄子和释氏废"学"的倾向，也批评程朱"详于论敬而略于论学"②，强调理解意义上的"学"与"知"对人们调节"欲望"的重要性，这对传统儒学以"主敬"之道德修养来解决欲望问题是一个明显的性质改造，有助于突破"淡泊欲望"与"放纵欲望"之逆反性循环，从而获得现

---

① 参见吴炫《什么是真正的理论》，《文艺理论研究》，2010 年第 4 期。

② 戴震：《孟子字义疏证·理》，载《戴震全书》第 6 册，黄山书社 1995 年版。

代意义上的"尊重欲望"之认知。然而戴震的观念之所以没有能在中国现代文化占主导地位，即在于"独特地理解欲望世界"产生的"理出于欲"① 之哲学观，没有能在现代中国文化中被重视。同样，鲁迅虽然在中国现代文化思想史上占有主导性的地位，但鲁迅对世界的个体化哲学性理解，则被鲁迅"反传统"、"反封建"这些符合五四新文化运动主导性的思潮光环所遮蔽。鲁迅作为"文化旗帜"遮蔽鲁迅作为"个体化理解"的地方就在于：无论是对国民性的深刻批判，还是没有丝毫奴颜与媚骨的战斗精神，均没有触及使之所以然的鲁迅的"虚妄"、"无路之处"的哲学性理解。正是这"无路之处"以及只有"在没有路的地方走出路来"的"虚妄"，使鲁迅既不可被"复古派"，也不可被"西化派"所囊括，从而揭示出鲁迅作为"个体化对世界理解"的哲学意义。鲁迅的独立、冷峻和坚定是由这样的理解而产生的，中国当代文化难以再产生不同于鲁迅的"鲁迅"，同样是对这样的"个体化理解世界"忽略而导致的。

因此，"个体化理解世界"是一种哲学层面上的世界观、价值观和人生观的创造性追求。这样的追求，不意味着中国式当代个体可以人人成为哲学家，但却可以使每个人不再依附哲学家来展开自己的人生。也因这样的个体土壤生成，中国当代的可以与孔子、老子、海德格尔、黑格尔对话的哲学家，才可能真正诞生。

三　亲和、穿越、对等于世界的中国式个体

强调对世界的"个体化理解世界"作为中国现代化对中国个人观建设的要求，还有一个最重要的问题是：这种"个体化理解世界"是建立在个人与社会、群体"对立"和"超越"的基础上，还是建立在个人对社会、群体和国家"对等"、"穿越"的基础上，这是牵涉到是

---

① 戴震用"自然"、"必然"范畴来说明理欲关系："有血气之自然，而审察之以知其必然，是之谓理义。""实体实事，罔非自然，而归于必然，天地、人物、事为之理得矣。出处同 (2)。"

否存在"中国式个体"的又一理论原创问题。

众所周知，中国古代文学家苏轼从来没有进行颠覆现行政治体制的实践，也没有公开反对过"文以载道"之文坛主流文学观，但他的"御史监察制"的倡议，却不是现有政治哲学可以概括的，其代表作，也不是儒家、道家和佛家的"道"可以概括的，所以我将苏轼概括为"亲和、穿越、对等于世界的中国文化个体"，体现出中国式个体"亲和尊重既定整体"、"穿越改变既定观念"和"内在对等既定世界"的统一，可以作为中国当代个体观建设的文化资源来看待。

就"亲和尊重既定整体"来说，其一，无论皇帝还是渔民，诗人还是歌妓，亲人还是生人，朋友抑或对手，均采取人格上的尊重与态度上之亲和，此乃谓所有人都作为人类家园的成员来平等对待。"亲和尊重既定整体"，在"人"的层面上不存在对抗关系、排斥关系，当然也就没有帮派关系、结盟关系，这使得中国个体对世界反而可以呈现为对每一个人都尊重的整体态度，并打通西方"人人平等"的现代文化。这种亲和尊重不仅是礼节性的，更重要的是内心的。礼节和内心的区别就在于前者的尊重有可能掩饰内心的轻蔑，而内心的尊重使得礼节上的尊重变得不再刻意——这正是苏轼比较率性的原因。特别是，苏轼即便不赞同王安石的政治主张，也没有攻击和打倒王安石，王安石罢官后苏轼仍然去看望他，更突出了苏轼在"人"的意义上从没有"真正的敌人"这个概念，这对中国传统文化"因人废文"或"因文废人"的状况是一显然的突破。苏轼能与和尚、歌妓交朋友，意味着只有不从地位、身份、职业去看人，这个世界才与"人人权利平等"的西方现代性能够打通但又有所区别——这个区别体现在个体首先不是捍卫自身的权利而与世界发生冲突，而是为了实现自我的价值而对世界"一视同尊"。所以，苏轼虽然被算在以司马光为首的"旧党"阵营，但由于苏轼对派别争斗并无兴趣，就没有积极参与"旧党"对"新党"的争斗。这种"若即若离"的关系就是一种"亲和他人、尊重整体"使然，从而可为利益争夺的全球化现代生存环境做出东方性的示范。其二，中国式当代个体与世界的亲和性整体关系，还应该体现在将群体性理解作为个体世界的重要部分、显层内容来看待，以体现中国个体对群体的尊重和容纳。林语堂认为苏轼对堂妹的暗恋并没有逾越传统的婚姻规范①，其实便传达出中国个体在实现自我价值时并不以对抗传统规范为代价的行为方式。这种方式造就了中国个体自我实现的一种隐性的、含蓄的存在性质，从而最大限度地体现出中国式个体对世界的宽容性。这种"隐性的自我"比较西方文化中"裸露的自我"，不仅会避免个体之间因对立形成的隔膜关系，而且可以产生类似气功那样的内在强力。即我们不能说苏轼与堂妹的感情关系是"真感情"，也不能说苏轼与夫人的感情是"假感情"，而只能说苏轼与夫人、与堂妹的感情同样都是有价值的感情。只不过社会的运转和文化的承传使得苏轼与夫人是一种群体化的显层感情，而苏轼与堂妹的关系是一种私人化的隐性感情。林语堂说苏轼是"感官的生活与精神的生活，是一而二、二而一的，在人生的诗歌与哲学的看法上，是并行而不悖的"②，即是指这种整体之一、隐性之二的关系。如此一来，苏轼对群体性自我和个体性自我的双重重视，就突破了中国文化"真与假"、"虚与实"之对立性命题。五四新文化运动中的中国知识分子，如果不是将西方自由主义视之为"真"，就不会对中国传统文化依附于儒家伦理的人格简单判定为"虚假"而抛弃。

就"穿越改变既定观念"而言，"个体化理解世界"与"依附儒家、道家哲学做新的阐释"之不同处在于：由"生生"所产生的"通透"可以不突破儒、道哲学而只是解释"经"的创新，但"穿越改变"却可以突破儒、道哲学而体现观念和原理的创新。如果突破了儒、道哲学，"通透"就由"变器不变道"转化为"尊道也穿道"，"求同存异"就改变为"尊同求异"，从而在性质和结构上对传统的哲学思维与观念有了创造性改造，不改变既定思想性质的"通透"就转化为突破观念进行原创的"穿越"③。苏轼写过"我愿我儿愚且鲁，无灾无难到公卿"这类诗，明显与道家的超脱哲学水乳交融，构成苏轼全部作品可

---

① 参见林语堂《苏东坡传》，张振玉译，陕西师范大学出版社 2006 年版，第 142 页。

② 同上书，第 130 页。

③ 参见吴炫《论中国式当代文学性观念》，《文学评论》，2010 年第 1 期。

以用儒、道、佛哲学解释的某些方面。苏轼是靠这些作品建立起他与传统和其他诗人的共同性的。但在他最具有独创性的作品中，读者虽然可以用"天、人"思维类比他的《琴诗》中的"琴"与"指"，从而看出他的作品与儒家哲学命题"天与人"命题的亲和性，但"琴声"是"琴"与"指头"共同合作的产物，意味已突破了"万物皆备于我"的"天人合一"观和道家"道生一、一生二、二生三"的"道决定人"的思维，具有苏轼的"天人对等"的独特意味。所以我认为这是中国个体"亲和现实又可以不限于现实"的"穿越现实"的品格所致，是中国式个体文化的独特产物。另一方面，"改变既定观念"所显示的"穿越"性，是通过"理解的层次"或"意味的张力"体现出来的，从而使得个体创作的文本、符号体现出"表层的共性理解背后还有深层的独特理解"、"时代性文化意味后面还有个体独特的意味"的中国特性。只要我们注意到故宫的建筑结构，就会发现领略故宫的审美奥妙是必须穿越天安门、太和殿、保和殿、乾清宫，最后到达御花园。作为休闲游乐的御花园与前面处理公务的大殿比较起来，性质和功能明显是不同的。这样的穿越过程凸显出中国文化的"象后之象"①，是明显区别于西方文化中直面自然现实和社会现实的"崇高"、"纯粹形式"和"反抗绝望"等艺术符号的。这使得中国个体独特理解是不对立，不破坏时代性、社会性、群体性的存在。这种存在在哲学上是一种"整体中的个体"。御花园的闲赏性质，是通过乾清宫之寝房逐渐转折而来的，而不是唐突的、断裂的、革命的变革。中国个体的"独特理解世界"看上去仿佛是与既定的文化理解水乳交融在一起的，很容易使得我们将真正的有自己理解世界的个体混同于没有自己理解世界的依附性个体。也因为如此，中国个体的"个体化理解世界"的存在方式不仅容易被中国思想史边缘化，而且在文化和文学批评中也常常被做如"现代—传统"这样进行类型化解读。这就导致我们容易看到《水浒》"替天行道"、"弃恶扬善"这些能被儒家文化解释的文学内容，而作品最后梁山好汉悲凉结局对"替天行道"质疑的独特理解却容易被忽略。过于看重一个人、一部作品"显在"的存在方式与内容，其后果就是

————————

① 参见吴炫《什么是中国式形式》，《江苏社会科学》2010 年第 5 期。

中国现代文化和艺术失去了内在的独创性深度。

就"内在对等于既定世界"而言，中国式个体应该是由"八卦之对等"关系启发而来的，或者是对"八卦"进行现代新的阐释所致。《易经》"太极图"如果作"乾、兑、离、震、巽、坎、艮、坤"之间的性质同一的关系解，八卦就是"多样统一"，且必然推导出"天人合一"的理解，人、文化与万事万物便可理解为从属同一种"道"，个体对儒家伦理的遵从就是合理的；但如果将"太极"理解为材料渗透的影响性关系，将每一卦看作阴阳材料相同，但结构不同的并立存在，那么八卦之间便是"多元对等"的关系——即每一卦是区别又不高于另一卦的存在，而且其区别也是性质的区别，是道的区别而不是对道的理解的区别。这样的区别可以推导出"人与天"、"个体与群体"的"整体中的二元对等"关系而不是西方的"非整体的二元对立"关系。八卦之整一性构成了个体与世界的整体性，但八卦的对等性则可以提炼出"整体中之内在对等"的观念。具体说来，"个体化理解"之所以不是"对立"于"群体化理解"的关系，是因为中国个体应该看到基于任何一种理解所建立的制度、社会关系和价值观念均有其长处与短处，所以依托一种理解所显示的长处去批判另一种理解所显示的短处，因为没有从文化结构去考虑问题，是最容易但也可能是最无效果的。那种基于西方文化擅长逻辑分析的长处去指责中国文化缺乏这样的长处，已被百年中国文化和东亚文化现代化实践证明其局限。因为中国文化基于印象、感悟和情感式的把握世界的方式，是建立在对世界"天人合一"的理解基础上并将这样的理解作为人生的最高境界的。但苏轼的诗词之所以有明显的独特意味，是因为《琴诗》以一种"天人、物我对等"的关系本体论来把握人对世界的理解的，从而不仅突破了《易传》的"天人合一"哲学，也突破了荀子的"天人相分"中人"最为天下贵"的人本思想，自然也不同于刘禹锡在《天论》中所说的天人互为优胜的"天人交相胜，还相用"观念，这就不是"承载哲学之道"而是"穿过哲学之道"了。苏轼经典作品的深层内容便具有了自己独特的"对世界的哲学性理解"的意味。这种个体化的理解由于改变的是传统的依附性思维方式和价值系统，这就使苏轼的平和大气明显区别于王安石的颐指气使，也使得认定无路可走时的鲁迅显得忧郁虚妄。这种平和大气与忧郁虚妄，已经不是建立在对传统文化观念的"克服"、"轻视"的基础上，所以个体世界内部就存在着隐性的"群体理解与行为——个体理解与行为"的"二元对等"结构，是"透过原来的理解世界建立起自己的理解性世界"的"意味内在对等"的关系。于是，"两种理解性世界内在对等"显示出中国个体的深度独立，而表层内容对群体文化的容纳则显示出中国个体的亲和从容。

四　结语：中国式当代个体的实践意义

中国当代的政治哲学建设问题，经由"亲和、穿越、对等于世界的个体"可形成"内在多元对等"的政治文化结构，有可能会促发中国当代政治哲学获得一种区别于西方民主政治的理念。一方面，外在的一元性与内在的可多元性，将形成中国的一种外在整一、内在宽松的政治结构。如果说邓小平提出的"一国两制"在此方面是一个"内在制度对等"的先例，那么中国多民族国家统一于中华人民共和国之整体性，就不应该影响各民族保持并发展自己的信念、价值、思维方式并产生"内在价值多元对等"的政治与文化结构。这种结构还可以拓展到全球经济化的整体状况下各国家必然有选择自己的现代性理解之权利、各民族必然可以通过自己的现代创造性努力形成与西方主流文化"对等"、"对话"的格局。如果对个体、生命力和创造力的尊重是今天全球化的现代准则，那么对这一准则的理解将同样可以形成"外在准则一元化而内在理解多元对等"的全球政治格局。另一方面，儒家政治和伦理哲学作为中国一种主流意识形态是多数中国人持认同态度的，这种认同某种意义上也可以构成中国意识形态的整体性、共同性。而强调"个体化理解世界"对这样的共同性的穿越，就不是说西方的个体权利和儒家的伦理关系孰优孰劣，而是说由于中国式当代个体并不强调以西方个体主义的理解来对抗儒家政治哲学，所以中国当代个体对以儒家哲学忧患社会、以道家哲学归隐山林、以佛教哲学成仙成佛这种传统个体的依附性生存方式，将会走向对其创造性调整、改造的批判上来。与此同时，中国当代个体同样也应该对五四以来中国知识分子选择西方个体观对抗传统文化所构成的"西化式个体"进行改造和批判。这是只能在个体之间展开并由个体进行当代承担的政治，应该与儒家主流政治、道家的民间政治与五四的西化政治构成一种"潜在对等"的状态。

中国现当代人文社会科学的自主性与中国现代文化的创造性问题，同样有赖于中国知识分子的"个体化理解世界"以及"亲和、穿越、对等于世界"的意识得以自觉、能力得以提升。如果先秦百家争鸣促成了古代中国文化思想的辉煌，当代中国文化的现代辉煌，同样依托于中国知识分子作为个体的学术创造力和理论原创力的形成与展开。一方面，中国文化的影响力如果只依赖于向世界输出传统文化的思想与产品，那么其"节制欲望"和"淡泊欲望"的儒、道思想就无法渗透进欲望敞开、个体生命力和创造力得到尊重的现代生活；这正是传统儒学在今天的东亚文明中已经不能影响现实政治生活的原因。另一方面，"个体化理解世界"如果不能作为中国知识分子的当代自觉，而是满足于以西方民主自由体制在中国进行传播实践，那么即便这种实践成为可能，事实上还是会造成东亚现实民主体制与人的内心生活分裂的现实，不仅儒学修齐治平的功能会被破坏，而且也不太可能在民主自由之理论问题上贡献能对西方文化产生影响的东方式民主自由观念。这就使得经由"个体化理解世界"的个体实践之自觉，成为中国当代人文社会科学在人类未来、生态文明、政治制度、人生依托等重大理论问题上有原创性贡献的基础。也只有依赖每个知识分子在"个体化理解世界"上的自觉实践之积累，中国当代人文社会科学的理论自主性才能指日可待。

与此同时，对社会和民众进行"个体化理解世界"与"亲和、穿越、对等于世界的中国式个体观"启蒙，整个社会才能由尊重传统意义上的"君子"、"知识分子"转化为对"有创造能力的中国个体"的尊重，并将突破"知识分子"与"民众"的等级分野以及前者对后者知识意义上的优越性，在"创造能力"、"独特理解世界的能力"上得以平等对待所有人。如此，从民众的普遍尊敬，到知识分子的普遍努力，再到国家意识形态的倡导或宽容，"个体化理解世界"的中国当代个体才能够孕育、成长。"个体化理解世界"的哲学境界之所以不是少数天才的事情，是因为"有想成为天才的土壤，才会有天才的不断产生"。"个体化理解世界"如果成为一种崇尚、想往、努力、实现的文化审美张力和人生审美境界，中国现代性的审美文化结构才能真正诞生。这是一种不仅是中国富强，而且人民可以通过个体的观念和产品的原创使得中国现代文化也能像传统文化一样受世界尊敬的文化结构，是"已富强"与"受尊敬"对等并立的中国现代性文化结构。

中国当代个体的复合性责任

近百年来，中国现代个体的责任理论研究，无论是在教学的课堂，还是在学者的学术研究中，一直徘徊在以儒家忧患意识为基础的"个体对社会的奉献责任"和西方自由主义的"个体为自我权益负责"之间，在协调两者的关系中一直没有建立起中国式的现代个体责任的有机性理论。这样一种局限，自然会影响到中国当代个体在社会责任、自我责任和他者责任产生矛盾时候的理解自洽性，也影响到中国当代个体责任的理论实践之明晰性。本文认为，中国当代个体的责任观建构，不仅需要重视西方近现代文明的"个体自主"的自我责任，更应该从人类与自然关系的分离中去追问个体更深远的群体性责任，并区别于儒家泛化的社会责任，同时还要从当代文明新出现的问题来重新阐释中国的人伦文化，建立起"助他"、"督他"责任的新思考。这样一来，中国当代个体对世界的责任就被放在一种具有历史感的、动态的、对等性关系的平台上来认定了。

一 个体在历史发展中的三种责任及演变

理解中国当代个体责任观，首先需要将中国当代个体责任观念的逻辑起点，放在突破西方"个体至上"和儒家"群体本位"的立场上，从人类与自然的分离以及近、现代的发展中去追问个体责任的历史演变意味。

我们知道，在包括太阳系在内的整个宇宙世界中，"人类的诞生"之所以应该理解为"个体的诞生"，是因为这种个体是在区别于自然界一切事物的独特存在的意义上说的。迄今为止的科学研究在正式确定有不同于人类的外星人存在之前，也在确证着这种人类存在的独特性质。西方科幻电影、科幻小说用人的形状来塑造外星人，与古希腊神话中的各种天神离不开人类形体的设计，也在说明迄今为止的关于外星人的知识和描述，均与人类视阈和人类性质密切相关。所以即便存在外星人，也可以作为与人类的一种同质性存在来对待。如此，"个体独立于群体"的含义，根本上就是受启发于，而且以后也受制于人类在和自然界发生关系时的"殊类"之性质的，"个体性"就是原初的"人类性"。中国现行的"个体观"教育，由于在对"个体"的理解上过于关注与"群体"的区别，这就一直难以解释个体为什么要常常融入群体中并且以群体的一员的身份出现的情况。由于人类与自然的关系是永恒的，所以无论是依附群体的中国个体还是对抗群体的西方个体，均有随时面对自然性灾害危及人类生存的问题。中国的大禹治水三过家门而不入的传说，揭示着个体只有在忘我的情况下通过集体努力才能战胜自然灾害的道理。所以一旦人类面临自然性生存问题，个人的自我责任马上就会让位于对群体奉献的责任。虽然时过几千年，这样的人类与自然冲突时的献身精神并没有任何改变的证据之一，就是诸如像"非典"、"汶川地震"这样的自然性灾害，中国个体不约而同就能体验到人类主义、集体主义的第一性。如果保护人类生存需要牺牲不同国家和民族的利益、需要牺牲中国个体和西方个体的利益，那么，人类身上的集体主义、群体精神所生发的与人类和民族生存危机有关的奉献之责任，便成为中国当代个体责任的当代性要求。关键是：中国学者在进行"个体为群体负责"的责任研究时，一定要将这种永远不会过时的集体责任感与儒家从维护伦理等级秩序出发的"小我"从属于"大我"的对个体的绝对性要求区别开来，并且作为中国现代责任的哲学观念来看待，才可能避免中国当代个体责任重蹈传统"泛化个体牺牲精神"的伦理化之路。只有重视这样的区别，才有可能使中国个体走一条区别于西方"个体至上"的文化之路，也有可能避免重走传统儒家要求的个体绝对奉献和服从集体的人格依附之路。中国当代个体对世界的奉献与牺牲之责任，才可能因此具有原创性品格。

而西方"个体至上"的个体权利责任观，则与教会文明对人性的约束以及商品经济的兴起对个体利益的提倡密切相关。当人的创造形成的西方教会权力至上的文化开始具有约束个人自由的时候，西方近现代意义上的个人自主性责任才开始出场。霍布斯、洛克、卢梭是把个人的生命权、自由权、安全权和幸福权作为先于国家政治和社会组织所赋予的"自然权利"来对待的。虽然这种对待与古代个体自觉认同城邦为代表的群体性文化的事实不尽相符，但可以理解为是近现代个人主义理论为了论证个人权利至上的合法性而展开的一种哲学论证。与此相似的是，中国古代阮籍和嵇康其人其文所体现的魏晋风尚，毫无疑问也是针对封建礼法对个人的束缚而产生的，并波浪性地体现在明末和五四时期的个人性情思潮之中。20世纪中国思想文化现代化所强调的个性解放、感性解放、情感和欲望的释放，都是在反对封建文化对个人生命的压抑和思想的不自由意义上展开的。随着当代中国市场经济的兴起，"个人"的内容已经从个性、感性扩展到个人利益、欲望、权利。虽然个体权利至上在西方已经产生贝尔在他的《资本主义文化矛盾》①一书中所说的"唯我独尊"之负面功效，但只要以市场经济和个人利益为导向的现代化在理念上不做根本的改变，肯定个人的情感、欲望、思想、权利的个人，将成为个体对国家、对社会、对文化伦理持以审视张力从而为自己负责的格局。某种意义上，这是一个自康有为、梁启超开始的近现代中国现代个人主义思潮通过今天中国的市场经济逐渐由审美召唤而落在实处的过程。由于中国传统文化中的个人利益在儒家文化中一直没有获得尊重和敞开，也由于中国个体在世界观、价值观上受儒家"宗经"思维约束，这就使得与"个体权利"相关的"自己对自己的权益、行为负责"的意识并没有能在当代中国个体的利益追求中培育起来。这种状况，说明儒家哲学是把个人原本应该出自人类与自然的生存危机才显现的"集体奉献"之责任，泛化为以血缘伦理的等级秩序从而要求个人无条件地讲对社会与国家的奉献和牺牲精神，进而导致政治上的封建专制的宗法社会，也容易导致个体的依附性人格从而产生把一切责任推给传统、社会、政治和他人的"弱自我负责"的文化定势。也就是说，一旦把个体对社会在特定时空下的奉献责任扩展为超时空的"做人"原则，儒家哲学就存在着不尊重个体"人性、人欲、人情"等

---

① 贝尔：《资本主义文化矛盾》，赵一凡等译，三联书店1992年版。

人的基本生命内容，也存在着忽视个体的创造力、生命力、利益等现代生命内容的问题。

关键是，今天的西方和中国同样有新的个体责任问题需要我们面对。对西方后现代社会而言，由日裔学者福山在其《历史的终结与最后一人》①一书中所提出的西方民主体制已走向终结的命题，产生了一个"个体权利"已经充分实现的时代"当代个体还应该怎样"的问题。即西方当代因为个体自由的充分在场所暴露的"唯我独尊"问题、绝对个体存在的孤独感问题、个体对社会的自觉奉献责任稀薄等问题，已使西方个体的责任处在一种非敞开性状态。个体因为孤独无聊而自杀被解释为是个体的权利，他人与社会并不承担其责任，从而使得个体之间的"关系责任"消失。在西方，路人看见有抢劫行为可以将此归结为警察失职是正常的，一定程度上暴露出观看个体与被抢劫个体之间的边界关系、冷漠关系。这样的问题之所以要进入中国当代个体责任观建构的视野，不是说"个体权利"观念已被中国当代个体充分自觉，也不是因为中国国家意识形态在尊重个体权益与个体的奉献性责任方面已完成了合现代之理的政治哲学建构，而是因为中国文化的整体性必然要求中国的政治哲学和个体哲学既不可能走儒家对个体从属于群体的责任之路，也不可能走西方个体权利至上的文化道路。这一命题将使当代中国个体超越"个体权利"和"自我责任"去发现个体的新的责任——"个体与个体之间的责任"，用来弥补自我责任之不足。特别是，中国的太极文化讲究文化的渗透性，必然会衍化为人与人的影响关系、协通关系，从而提出中国个体与他人之间是否存在彼此有所帮助、促进但又具有新的内容的人人关系。这种关系将视中国现代个体一定程度上的对他人的依存性是合理的，也将视中国个体之间的影响性为中国没有独立性个人文化传统支撑的必然存在。如此，中国传统的"互助友爱"、"助人为乐"等文化资源就可能得到创造性的利用。这种利用不仅关乎中国现代人伦文化是否可以具有现代转变，也关系到这样的转变是否可以影响世界的"个人与个人"之未来关系。

———————————

① 福山：《历史之终结与最后一人》，李永炽译，时事出版社1993年版。

二 生命、自我、他人三种责任及拓展理解

这意味着，在中国当代责任理论研究和实践中，应该强调个体在不同性质的时空中自觉承担不同的责任并且会调节和实践这些责任，也意味着不同性质的责任在当代中国可能是一种共时性存在。这种共时性的"不同时空之责任"基本可以划分为"自然与生命延续时空"、"国家与自我利益、发展时空"、"人与人互助、互督时空"这三个方面。

首先，牺牲和奉献之所以不仅仅是一种精神而且是一种责任，关键在于个体与自然的关系本质上是人类群体与自然性生存的关系，而不是强调个体权利又提倡个体的奉献精神这种矛盾关系。汶川地震中的"范跑跑现象"之所以受到海内外的普遍质疑，不仅在于"范跑跑"违背了传统的"大公无私"精神，而且在于没有意识到个体生命与群体生命、亲人生命与他人生命在"类生存危机的时空"并无"先后、轻重"的差别。从西方个体权利意义上，保存个体生命与捍卫个体利益是一致的，所以我们可以理解作为有个体权利的"范跑跑"首先保护自己生命的逃生行为。然而，即便是作为捍卫个体生命的"范跑跑"，也依然面临着自己和亲人的生命在特定时空下是否优先于他人和群体的生命之拷问。由于面对自然灾害和民族灾难，仅仅是个体的存活和抗争并不能摆脱自身的生命危机，而类的存活和抗争却有可能使所有人脱离生存危机，所以个体生命这个时候只能作为整体的一部分才能成活。这是由个体生命面对自然灾害的软弱、渺小之本质所决定的。虽然人类的类存在和群体存在在自然界面前永远脱离不了孱弱的本质，但人类作为整体来克服这样的本质，却已经由人类的现代化历史发展证明其可能性。《圣经》中"诺亚造方舟"保全全家 8 人性命和一公一母小动物，不仅在于告诉我们诺亚一人成活并不能真正成活的道理，而且在于告诉我们人类成活也离不开动物成活的道理。亚当与夏娃的故事就是人类群体因此而繁殖的代言，亲人与他人在此并不存在严格的界线，亲人的衍生才构成了人类大家庭并使得个体生存得以可能。而动物的生存也是人类得以生存的前提，动物的灭绝意味着人类作为动物的殊类也将面临严重的危机。因此，鲁滨逊孤独面对自然界进行抗争的意义，同样必须是

在鲁滨逊最后终于获得同类相救的意义上而显示的，否则鲁滨逊最后也是依然生存不下来的。在中国传统伦理中，《礼记·坊记》中的"君子贵人而贱己，先人而后己"是一个超时空概念，这种观念虽然存在着轻视个体权利和个体生命的问题，但这不等于"先人后己"在特定时空下不具有对个体至上的西方现代文化反思和批判的意义。即自然灾害下每个个体如果都能"先人后己"体现自己对世界的责任，人类的"群体力量"才能够得以体现并最终展现出与自然灾害可以抗衡的力量。

由此，面对自然性灾害，所有的人类生命都是应该珍视的，就成为个体对群体生命（也包括自己的生命）负责的扩展性理解。一方面，在人类危难和群体危难时空，所有的生命都是等值的意识将消解此生命重于他生命的生命贵贱、远近之分，从而使得个体对生命的责任意识处在"抢救一切生命"的奉献状态之中。汶川地震中，"7·23"温州动车追尾重大事故中，舍弃自己亲人生命援救身边其他生命的女民警陆琼、蒋敏、蒋小娟，最先投入抢救生命的打工者，之所以能体现出"生命不分远近"的奉献精神，是因为处于生命危险工作中和底层生活中的个体，是最能体验生命本身的珍贵和维护这种珍贵的职责从而突破"自己生命"与"他人生命"的先后关系的，这对儒家"亲疏远近"的生命关怀具有重要的现代转折意义，也对中国知识分子这些常常"谈论责任"但"对弱势群体的生命重视已近麻木"的人群，同样具有文化的启蒙和警示意义。另一方面，"避免生命的危难"也同样是中国个体对国家机制和职能部门的监督责任。这种监督之所以可以上升到现代中国生态文明示范的高度来对待，是因为现代意义上的生态文明首先是以尊重每个个体的生命为前提来谈发展的，而中国传统文明则是将个体生命纳入"仁义"和"革命"的规范从而在现实中随时可以牺牲为前提的。传统封建礼教对个体性和人性的压抑自不待言，中国三年自然灾害和"文化大革命"中生命死亡的惊人数额，中国当代矿难屡发不止的事实，一定程度上也可以说明中国主流意识形态和国家机制存在"为效益而轻视生命"的问题。这与中国当代个体对这一问题监督责任的尚不自觉、与中国当代个体责任理论研究对这一问题的忽略，当然有着必然的关系。

其次，中国当代个体对自我的责任，是中国个体责任教育能否实现现代转化的关键，也是中国个体能否从"依赖——责怪社会"的怪圈中突围出来具有现代独立素质的关键。个体对自我的责任显然受西方个人主义或自由主义的影响，并且与20世纪新文化运动的"个性解放"有关。鲁迅笔下子君的"我的人生我做主"是其典型体现。但百多年来，由于中国个体没有注意到自己在观念上的依附性文化承传，也没有意识到西方"个体至上"的文化不能简单用来作为中国个体为自己负责的思想依托，这就使得包括子君在内的中国现代个体多以悲剧结束其在中国实践的命运，而"何以能为自己做主"的问题也一直被遮蔽。其关键在于："我的人生我做主"是中国个体在尚不具备自主的素质、能力的情况下一种对封建伦理的情感性抗争，而什么时空应该为群体负责、什么时空应该为自己负责以及如何负责的问题，并没有随之解决。之所以说个体为自己负责只是在特定时空下的责任而不是任何时空下的责任，是因为相对于国家利益的个体利益、相对于社会意志的个体意志、相对于从众理解的个体理解，只是在两者发生冲突关系时才开始出场。这种冲突的标志就是个体的应然利益受到损害、个体的意志得不到社会尊重、个体的独特理解受到群体理解的排斥。也只是在这时，个体为捍卫自己的利益、意志和理解的"自主性责任"，才成为个体对自己的当然要求。只是，中国个体存在形态的复杂性在于：个体利益一方面与国家利益是相辅相成的，这是中国文化的整体性与通透性使然，国家的富强不同程度会带动个体的富裕；但另一方面，国家是否会尊重个体的劳动和利益，国家是否会尊重个体的财产与权益，又是一个除体制是否合理之外个体应该捍卫的权利，并在一定程度上需要中国伦理理论将国家给予的个体权益、利益与自己争取到的个体权益、利益区分开来，也应该特别强调个体如何争取自己的正当权益之提倡。在此意义上，单方面强调个人利益依附于国家利益、提倡个人奉献于国家，中国现代个体就只能是传统依附性个体的延续。

需要强调的是，子君的离家出走如果体现为对自己的爱情与婚姻负责，无论这责任实施的后果是成功还是失败，子君都只能由自己来承担其结果，这是中国现代责任理论建构不可忽略的重要环节。个体自主性不仅是指个体自主选择自己的行为，而且还包含对自己选择行为结果的负责。社会和国家既不承担个体选择的积极结果，也不承担个体选择的消极后果，中国个体的自主性责任才能完整地体现出来。因为选择的初衷、选择的行为与选择的结果，是自主选择的有机过程，否则就不能说是"自主性"而只是"个性"或"任性"。"个性"或"任性"不需要讲"责任"而只讲对社会的反抗性、背叛性。因此，将"个性解放"和"想做什么就做什么的任性"混同于现代意义上的个体"自主性"，是中国当代责任观建构最应该警惕的问题。德国学者汉斯·约纳斯于1979 年出版的《责任原理：技术文明时代的伦理学探索》①一书提出责任伦理学，强调由于行为者履行责任的行为在时间上是一个过程，因此行为人在行为发生之前就应能预见行为完成之后可能产生的结果，并为此承担其责任。这一点对中国现代个体责任观建构具有很大的启示意义。如果中国当代个体的自主性责任不是建立在感性上而是建立在理性上，那么对自我责任的理解就应该重视汉斯·约纳斯对责任的上述看法。

再次，中国儒家人伦文化所讲的"互助互爱"应该是中国传统文化的美德，并拓展为个人与他人的相互依存关系。这种依存一是指人身的依存，用"人同此心"将每个人构成一个整体的"同心人"，而实质是"心同此理"，统一于儒家伦理；二是指心理依存，即个人如果不成为群体、社团和朋友的一员，便会孤影自怜、感觉失落，"另类"并不是一个社会评价的褒义词；三是由于儒家讲的"仁爱"往往讲功利关怀，所以"礼尚往来"往往与互为实惠有关，这就使得"互助"难以具有超功利性的现代人文意义。因此，中国现代个体对他人的责任一方面要承接传统的"互助"文化从而尊重这样的文化，另一方面又需要对传统的"助人"进行创造性的转化。这种转化既要针对西方后现代人与人过于自立产生的"独立与孤独"等问题，又要针对中国个体之间缺乏"个体自主之相互督促"之问题，从而形成中国现代个体之间的互助、互督交互之责任关系。"互助"是个体将他人视为在困难时、软弱时可能需要帮助的对象，而且是在对方确实需要他人帮助时的帮助

---

① 约纳斯：《责任原理》（Das Prinzip Verantwortung. Versuch einer Ethik für die technologische Zivilisation），Frankfurt，1979.

对象，其前提是尊重对方是否需要帮助的心理。这使得中国现代"助他"的责任一定要具有"尊重他人"的现代意识，从而与西方的个体自主性所内含的"人人平等"、"尊重他人"观念打通。更重要的是，根据帮助一个弱者是很难培养出一个自立、自强者的道理，中国现代性的个体与他人的关系更需要有助于"个体独立"的人格、素质和能力的培养，这就生发出中国个体之间除"助他"之外的一种"督促他人"的新人文关怀。"督促他人"之责任同样可以分为三个方面：一是"督促他人"已超越了"帮助他人"的性质，而将他人"成为现代优秀的人"之"成人"作为自己的责任之一。"成人"与传统儒家意义上的"做人"的区别在于：成为儒家意义上的贤士与君子是一个有现成答案的修养教化过程，而成为现代意义上的中国优秀个体，则是一个人的观念的原创性探索过程。所以中国当代教育对个体创造性的重视，与这样的"成为现代人的探索"根本上是一致的。"督促他人"在根本上是促进他人从模仿、依附性人生走向创造和独立性的人生。二是"督促他人"与"帮助他人"一道，构成了中国当代个体对他人不可或缺的责任的两个部分。"帮助他人"偏重于对他人身体和生存的关怀，而"督促他人"则偏重于对他人超越身体和生存的关怀。后一种关怀不是物质层面上的关怀，而是一个人如何通过创造性劳动受世界尊敬的关怀。生存性关怀可以获得富裕与快乐，但只有创造性人生才能因为对世界作出独特的贡献而被尊敬。如果说，中国现代文化如何创造自己的现代化理论、制度和产品，是一个能否影响世界现代进程从而受世界尊敬的原创性问题，那么这一问题的解决将直接与每个人是否能进行这样的关怀有关。三是"督促他人"如果是人生理想与信念的创造性价值关怀，那么这一关怀的核心问题就是鼓励个体对世界进行独特的理解。作为个体对他人的一种期望性责任，中国现代责任伦理就不能满足于用个性、感受、情感等传统范畴来阐明现代性个体，而应该上升到现代理性、世界观的高度来要求他人成为"有个体化理解世界的人"，并以此来规范个性、情感、身体、心理，改变传统道德性"做人"教育用统一的圣性人格观念要求每个人去遵从的状态，赋予个体以符合现代理性建设的品格。由于个体能够为自己做主的基础在于个体有自己对世界的理解，并因此生发出自己的人生观、价值观，这就使得"督促他人"成为一种相互勉励他人"追求自己对世界的理解"的人文责任。

三 奉献、自主、督他的对等性影响关系

与此同时，中国现代个体责任如果要具有区别中国个体传统责任和西方个体责任的原创性特征，那么上述三种责任的关系就有必要进行理论的新的思考。这种思考的关键，就是在个体面对自然界对世界的奉献责任、个体面对国家意识形态的自我责任，以及个体面对他人的"助他"、"督他"责任之间，不能选择其中一种责任作为对其他责任的支配，而是需要从中国的《易经》文化中通过新的阐释来建立一种对等性的责任文化影响关系。

在学术界，南怀瑾释《易经》讲"八卦就是告诉我们宇宙之间有八个，这八个东西的现象挂出来，就是八卦"①，八卦指天、地、太阳、月亮、雷、风、山、河。但是当子思和孟子都说"诚者，天之道"②时，杨万里说"乾为天，为君，故君德体天"③时，我们已能看出"乾、天、君"只是儒家对八卦之一的一种解释。在此意义上，《道德经》的"道生一、一生二、二生三、三生万物"，也就可以理解为是道家对"太极"与"八卦"关系的一种解释，八卦与太极就是多样统一的、天人合一的关系；而如果这"一"被儒家做了"仁"的解释，那么人的各种行为、责任就应该统一于"仁"才是。拓展到本文的三种责任，就很可能做个体的"奉献"责任为"本"，而个体的"自主"和"督他"责任为"末"的解释，最后也就容易消解"自主"与"督他"的基本性质。"自主"就可能被作为主动的、能动的修炼自己的奉献责任的解释，而"督他"也可能被做"督促他人去奉献"的理解。所以，儒家的责任伦理不是一概不讲自主责任、监督责任，而是这样的责任最后容易依附于儒家"三纲五常"对个体的责任要求，从而通过

---

① 见南怀瑾《易经杂说》，中国世界语出版社1994年版，第12页。

② 见《四书五经》中的《中庸》、《孟子·离娄上》，中国友谊出版公司1998年版。

③ 见杨万里《诚斋易传》，九州出版社2008年版，第1页。

结构的统摄使"多样"的性质归为"一"的性质。这就是我们在中国伦理教育中最常见的思维方式：个人应该服从集体，小家应该服从大家；个人的利益是"私利"，而群体的利益才是"大义"。

既然儒家的《易传》、《中庸》可以将"天"与"君"关联，将"道"与"君臣父子"关联，这就说明八卦不仅可以指自然界的不同现象，也可以隐喻文化的不同现象，所以孟子的"万物皆备于我矣，反身而诚，乐莫大焉。强恕而行求仁莫近焉"①，其实质还是在被儒家规定好的"恕道之我"去看"万物"。中国当代责任伦理的建设当然可以承接"自然万象"便是"文化万象"的思维方式，从而经由对《易经》八卦的重新阐释去确立八卦的"多样对等"关系，以区别儒、道两家的"多样统一"关系。所谓"多样对等"，是将八卦看成性质不同、并立的文化符号，其 S 型的"太极"是这不同文化的影响渗透关系，而不再是制约八种不同事物的"道"本体。即天、地、太阳、月亮、雷、风、山、河既可以看作是受自然的循环之"道"制约的"生生"之关系，也可以看作是性质各异、各自产生的"创生"关系。从后一种关系出发，我们就看到了无生命的太阳与有生命的地球、离子黑子性质的太阳与氢氦等成分的地球在性质上的区别，我们还会推导出人类起源与物种起源是不同性质的起源之结论。马莱斯的"域外生命起源理论"②、阿利斯特·哈代提出的"海猿理论"③，就成为挑战达尔文

① 见《四书五经》中的《孟子·见心上》，中国友谊出版公司 1998 年版。

② 马莱斯为自己出具的证据是他对圣地亚哥发掘的一具 5 万年前头盖骨的研究结果。这具头盖骨显示，这个生命个体的智力要远远超出我们现在的人类，从而推测这个个体是远古时来到地球的外星人。另一些支持他的证据便是那些发现于史前文明遗迹中绘有宇航员形象的壁画。

③ 哈代搜罗的证据所反映的特征在陆地的灵长目动物身上明显缺乏，而在海豚、海象等水生哺乳动物身上却十分明显。哈代的证据包括：

（1）除了人类之外，陆生灵长目动物均有浓密的皮毛，唯独人类与水兽一样，皮肤十分光滑，缺乏体毛。

（2）陆生灵长目动物均没有体下脂肪，而人类却有很完善的体下脂肪，这一点与水生海兽相似。这个特点明显是为适应水中生活而形成的。

（3）人类具有泪腺分泌泪液及排出盐分的生理功能，这种功能在其他陆生灵长目动物中找不到共同点，唯有水生哺乳动物独有。

的生物进化"同种起源"说最有影响力的学说。以此类推,人以文化标明自己的性质,生物以本能标明自己的性质,虽然都有欲望冲动等生命元素,但其结构与性质不同,"生万物"的"道"就不能混同和类推出"生人类"的"道",人与动物就是在性质上有区别的生命类别,分别有自己的源头。以此来看:世界七大宗教也应该是不同对等的关系:不同文化观念、思维方式和价值取向不是派生同一种"道",而是分别由不同的人类性理解之"道"而产生。每一种文化观念也就是"自本体"的。太阳与地球、人类与动物、文化与文化,就同样可以作为八卦的不同符号来对待。而他们之间的"太极"交往关系,则可以视为彼此渗透和影响的关系,但这个关系并不能改变不同符号的性质。也正是在此意义上,伴随着"多样统一"的文化中心论、优越论,必然会产生由"多元对等"所推导出的文化对话论及其对等交往影响关系。影响是一种材料性的彼此渗透,但改变不了被影响一方的文化性质。"西学东渐"百多年来,西方文化并没有改变中国人的文化性质,就是一个很好的说明。而八卦的每一卦阴、阳材料一样但结构不一样的特点,也在昭示着中国人类起源理论、文化教育理论应该试图在儒家之后建立新的对八卦的阐释:材料的相同不能决定结构和性质的相同,反而会在不同的结构和性质中产生不同的功能。

（接上文）

（4）人类所具有的正面性行为,仰卧睡觉及出汗等生理现象,其他陆生灵长目动物身上没有,而与水生动物相似。

（5）所有的陆生动物都有极精细的盐分摄入和调节机能,一旦盐分缺乏,就会影响到它们的生存活动。而人类却和水生海兽一样,对体内盐的摄入没有调节机能,这说明人的进化基因的该项功能实在海水中定型的。因为在海水中,不需要调节盐分的摄入量。

（6）人在潜水时,体内会产生一种所谓"潜水反应"的生理机制:肌肉收缩、呼吸暂停、心跳变慢、全身血管血流量减少。此时,富含氧气的血液不再输入皮肤组织、骨骼及其他器官,而是全部集中至维持生命最重要的机体——大脑和心脏,使它们的细胞得以在数分钟内不致死亡,这种现象与海豹等水生动物的潜水反应十分相似。

（7）人类女性在水中分娩没有痛苦;而人的初始阶段——婴儿则喜欢水,并伴有游泳的本能,这说明人类与水的关系非同一般。

如此来看，个人面对自然性生存问题体现出的奉献责任，之所以并不与其他责任相冲突，是因为这同时也应该是国家、民族、群体的责任。所有的个人利益、集体利益、国家利益、民族利益和文化尊严在这一时空均受"生存问题"的制约，不存在性质、程度、次序上的差别，也没有可完全外化于这种制约的责任存在。即个体的奉献性责任在场，其他性质的责任是不在场的。国家可倡导个人的奉献但自身应该同样对世界是奉献性的，如此才可以体现"同一时空下的共同责任"。"一方有难，八方支援"就不应该只是中国文化的美德，而应该是人类的共同美德并拓展为全世界每个人、每个群体、每个国家应有的责任。重要的是，受难的一方其个体也同样应该体现出对群体的奉献责任，而不是等待他人、他方的奉献。另一方面，在群体生存危机时空，国家单位、部门和集体，均受奉献性质的影响而从权力机制转化为服务机制，所以个体奉献的对象不是国家和社会而是需要帮助的生存危机群体。只有在国家、社会与部门是作为服务于生存危机群体存在的时候，个体的奉献对象才不存在受难群体、国家和社会之间的差异，个体奉献国家和社会才是可理解的。所以，在什么样的前提下个体奉献于国家和社会才是正当的问题，应该是中国当代个体责任的重要内容。与此同时，个体奉献性责任的时空也可以将个体的自主责任、互助督他责任作为手段，从属于"超功利性"、"自我牺牲"精神，体现为"捍卫自我奉献的权利"和"督促他人奉献"的性质。如果在个体奉献性责任时空又同时产生个体捍卫自己的个体权利等其他责任，那么这就意味着个体已经进入到其他责任时空。如果汶川志愿者在履行自己的奉献责任时遇见侵犯个体权利（如盗窃）、不尊重个体（如伤害）等事件发生，他依然可以进入自主性责任时空捍卫个体的权益。但由于这种捍卫总体上从属于个体对世界的奉献责任，所以这种捍卫在根本上也应该从属于使群体脱离生存危机的考量。

就面对国家和社会的自主性责任而言，个体通过劳动对社会和国家的贡献之谋生需求，不能混同于个体在群体生存危机下不计功利的奉献。个体生存问题是通过个体的生存努力就可以解决的，而群体的生存危机是依靠个体努力无法解决的。一方面，和平建设和日常生活中，个体与集体和国家的关系属于互利互惠的依存关系。国家劳动制度、分配制度、奖励制度等各项制度的建立是这种依存关系的具体体现。在这样的生活空间下，集体和国家不应过多强调个体的无私奉献来违背这样的制度，个体也不应该通过损公肥私来破坏这样的制度。当个体的劳动得不到合理的回报时，才有个体相对于国家捍卫自己的合法权益之责任的提出。对这样的个体权利捍卫之自觉，其实是捍卫文化上的公平原则，性质不在生存而在文化。而这样的文化如果不从中国当代责任研究和教育入手，就不可能建立一种自小学就应该培养起来的个体权益被尊重的现代中国文化，个体为自己的权益负责的问题，就永远只能停留在学术界的理论倡导中。另一方面，当个体的思想、感情、欲望和个性不能得到由文化所支配的社会、单位和群体的尊重时，经由个体感到自由被束缚的情况下，才产生了个体为自己的自由做主之责任要求。如果这种责任不提出，个体依附群体就会成为一种天经地义的文化而制约中国现代个体文化的诞生。只是，"个体自由被束缚"的当代理解，应该突破传统"抒情"、"个性"、"多样阐释"所体现的独立程度较低的个体性，而需要上升到个体对世界独特理解的层次，"自主性"才能在个体信念和观念的层面上被落到实处，成为有自己观念和信念支配的独立性个体。这样的个体培养和教育之所以不能依赖于社会、制度和传统文化，是因为中国文化、制度的现代化需要由"个体化理解世界"之努力来积累才能成型，而这种努力必须通过教育先行才具备可能。因此，在自主性责任世界里，个体与他人之间也可以有相互督促的关系，但督促的内容是增强每一个体为自己权益和个体化理解世界负责的意识和实践。个体对世界也可以有奉献，但在自主性世界中的奉献，应是通过"个体化理解"之创造性劳动贡献给世界所没有的东西。这与生存危机世界中的忘我、牺牲性奉献性质不同。

这就说到当代个体的"助他"、"督他"责任与上述两种责任之区别了。个体与他人的关系之所以可以独立于个体与自然、个体与国家的关系，是因为人与人的关系既不是生存性关系，也不是权利性关系，而是温情性关系。温情性关系可以作为生存世界和权利世界之不足的弥补，也可以作为中国式的超功利的家园文化来理解。由于生存世界保护的是群体生存，自主世界捍卫的是个体的权利，所以这两个世界均与不同性质的利益相关。因为即便是个体的自我价值，最后也可能会转化为促进人类社会发展的价值。而人与人的温情关系是否存在，并不直接影响群体的生存，也不影响人类社会的发展。所以西方个体独立带来的人情冷漠并不影响西方社会的发展，中国讲儒家温情几千年也并没有促进中国社会的创造性发展。当然，我所说的是现代意义上的"温情"，与儒家的"温情"有这样的区别。其一，现代温情一方面区别于儒家以"亲情"为基础、以实利关怀为内容的人与人有差等的温情关系，是一种以人人平等、尊重为基础的对他人困难的帮助，没有亲疏远近之别；熟人、陌生人、中国人、外国人均一视同仁，这可以避免儒家"亲疏远近"观念造成的只帮助朋友、熟人的传统文化之局限。另一方面，个体之所以有责任帮助他人解决困难，很大程度上在于人与人可以通过相互帮助避免现代人因过分强调独立所带来的孤独感，一定程度上突出人与人的家庭气氛。这种帮助不是建立在个体对他人依赖的基础上，而是建立在人性通过帮助他人才能产生温暖文化的基础上。帮助他人不在于具体帮助了什么而在于帮助本身之行为发生。因为只有通过某种程度上的相互帮助与接受帮助，个体的独立性所造成的人人关系才不会走向对立或疏离的状态中。所以，中国当代个体"助人"责任，一定要注意区别传统儒家的助人观念，也要注意用中国的"大家庭"文化弥补西方文化的缺陷，才能使"助他"具有创新意义。其二，个体对他人的"督促"责任不是指批评与监督责任，而是在他人的独立性与创造性方面具有鼓励性、推进性的责任。中国传统文化中存在的"非我族类，其心必异"[①] 的对"异类"和"另类"的排斥心理，已经成为扼制中国人思想和产品独创性、原创性的主要障碍。要清除这样的障碍，中国当代责任教育就应该有意识地从"鼓励他人的创造性追求的习惯培养"教育开始，才可以形成全社会支持创造、独创、原创的文化土壤与气氛。这种对他人创造性的鼓励是审美性的，而不是道德性的、伦理性的、法规性的。所以"督促"的性质在于表达个体对他人的愿望，但并不以他人是否接受你的督促来展开你的价值判断。也因为这样的审美愿望性的"督促"，构成了"督他"世界的非功利性从而对等于个体

---

① 《左传·成公四年》："史佚之《志》有之，曰：'非我族类，其心必异。'楚虽大，非吾族也，其肯字我乎？"

的其他责任世界。

综上，中国当代个体对世界的责任是一种针对不同对象的复合性责任，也是针对不同问题的并立性责任。人类历史发展对个体的纵向演变的责任要求，因为这些问题的没有过时而同时涌现在今天的时代，是我们的责任理论研究提出"复合性责任"的原因。而这样的责任一旦得到中国八卦空间性的而非时间性的复合对等、渗透的文化新解，提出中国当代个体的复合性责任之内在对等的关系命题，就具有了一定的文化基础。

中国个体哲学："本体性否定"
对西方存在论的突破

一 西方诸种存在哲学及其问题

迄今为止，就像"哲学是什么"存在着莫衷一是的认识一样，哲学究竟应该"关注什么"也是众说纷纭。但是，这些争议和不同的认识大致是围绕着人的价值、意义和认识世界的方式来进行的。无论是柏拉图的"理念说"还是亚里士多德的"实体说"，也无论是笛卡尔的"怀疑说"还是黑格尔的"纯存在"（纯概念），乃至现代萨特的"自由（虚无）说"和巴特的"消解说"、实证主义的"经验说"等，实际上都是对人生存意义和价值追问的结果。这种追问在中国古代哲学中同样以"道生天地说"、"太极阴阳说"、"缘起性空说"以及"天人感应说"等各种学说出现过。某种意义上，探讨人与世界的起源，实际上就是人探索生存性质及其价值的一种方式。在此意义上，尽管中西方哲学家对人的存在性质、方式有种种不同的理解，但是哲学的核心问题便是人的存在问题抑或与存在相关的问题，可以成为中西方哲学史上的一个基本问题。

然而，西方现代哲人关于存在问题的探索已经与西方传统哲学有明显的差异。其中最为殊异的差别是传统哲学把"存在"作为一个"认识的对象"来寻问"存在是什么"，而人生的价值与意义是什么在此也就自然成为主体对象化的一种探讨。这种"对象化探讨"构成了西方传统哲学关于"存在"的基本探索形态，与萨特、海德格尔、伽达默尔所持的那种"探讨、选择、理解、思维、释义"本身就是人的"存在"有重要的区别。这实际上就是传统哲学把人的存在系于确定的

"理念、上帝、绝对精神"与现代哲学把人系于他的发展性、可能性、筹划性之间的区别；也是从舍勒的"人是一个能够向世界无限开放的X"① 到海德格尔的"在领会的筹划中，存在者是在它的可能性中展开的"② 有着思维方式的一致的缘由。而传统哲学从亚里士多德到黑格尔、笛卡尔，都是在主、客体的对立中探讨"存在是什么"，进而忽略"存在何以存在"这一更为根本的哲学问题。而哲学革命的重大意义，正表现在将这种"问"本身作为"存在"，或者将人能够展开"问之筹划"作为"存在"。从"问存在"到"存在即问"，显示出西方哲学关于"存在"的思维方式的重大推进。

　　站在实证主义的角度，简单地指责西方传统哲学对"本源意义"的关注是一种形而上学，当然是轻而易举的。但在哲学释义学和价值论哲学看来，理解这种"对象化的本体论、存在论是为何发生的"，可能更为重要——人在"探寻对象化世界奥妙"的过程中，本身就蕴含着人的敞开性和自由性。这种"探寻对象"的存在方式，也能囊括实证主义和后现代主义强调的"人的现实及其生存经验"本身——"主体和个体经验"和"客体本源"、"对象化存在"，只不过是人的敞开性的两种着落点而已，并没有在根本上改变人们关于存在的思维定势。这就是：人可以思考作为不以人的意志为转移的自然界及客体世界，也可以将人的感知与经验作为客观对象来崇尚和认同；真理要不然存在在客体世界中，要不然就存在在已经客体化的主体经验世界中。但是，将人对这两种客体的探寻本身就作为真理来对待，如海德格尔所说的："此在由展开状态加以规定，从而，此在本质上在真理中。展开状态是此在的一种本质的存在方式。唯当此在存在，才'有'真理存在"③，真理就是人的这种展开与探寻本身，而不是在展开中主体对客体的符合（理念、理性、经验都是主体符合客体的一种标准）。这种关于存在的思考确实是更为本根的。

　　西方传统哲学对"存在"的思维方式不是偶然的，而是早期人类

---

① ［德］舍勒：《人在宇宙中的地位》，上海文化出版社1989年版，第49页。
② ［德］海德格尔：《存在与时间》，三联书店1987年版，第185页。
③ 同上书，第272页。

作为实体存在的主体还过于虚弱从而"展开自己"的结果。当人与现实还未真正通过理性分离时，这一精神展开现象就表现为对柏拉图式的"理念"的寻求，把现实作为"理念"的"摹本"和"影子"，真正的存在便是"理念"。当人与现实自然界有所分离的时候，这一精神现象就体现为亚里士多德和斯宾诺莎的"自然界存在"。但这个时候的"存在"与"理念"一样，都是外在于人的。虽然亚里士多德将实体分为"第一实体"（可感实体，如某个体）和"第二实体"（可说实体，如某个体是人），将质料与形式结合起来，从而避免了柏拉图将"理念与本质"与现实个别事物相分离的弊端，但斯宾诺莎的"统一的自然界"作为不依赖于人的精神而存在的独立实体，却无形中在文艺复兴时期又衔接了柏拉图那个独立的、虚幻的、却又是唯一真实的"理念世界"——一个绝对独立的自然界和概念世界。在这种"绝对"之中，人就彻头彻尾地成为一种"对象化"存在。在斯宾诺莎那里，作为精神存在的人是不存在的；在柏拉图那里，作为可感可触摸的实体存在的人及其现实世界也是不真实的、不存在的，而亚里士多德将"实体"分为质料与形式，则不过显示了他的矛盾面而已。

亚里士多德这一矛盾面，开始显露出他与柏拉图和斯宾诺莎关于存在的思维方式的区别：真正的存在可能就是"质料与形式"之间"关系"的一种存在。这种"关系"既表现为他有的时候将"质料"（第一实体）作为存在的基础，有的时候又将"形式"（第二实体）作为某种动力因意义上的第一实体，同时又体现为真正的存在就是"质料与形式"的组合或有机融合。在这种矛盾关系中，人自身就成为一种"徘徊性"存在。这种矛盾与徘徊，直接导致了后来的黑格尔的主客观统一的辩证性本体。这就是"斯宾诺莎的实体，费希特的自我意识以及前两个因素在黑格尔那里的必然的矛盾的统一，即绝对精神"。① 像亚里士多德主张"形式"对"质料"具有统摄权一样，黑格尔也在扬弃斯宾诺莎的脱离了主体的客体，以及费希特脱离了客体的"自我意识"的基础上，主张思维对存在，本质对现象，主观对客观的统摄。

---

① 马克思：《神圣家族》，《马克思恩格斯全集》第 2 卷，人民出版社 1985 年版，第 177 页。

"主体当赋予在它自己的因素里的规定性以具体存在时，就扬弃了抽象的、也就是说仅只一般地存在着的直接性，而这样一来，它就成了真正的实体，成了存在。"① 所谓"绝对精神"的存在意义，也正是这种既能产生自己，又能创立实在的对象，同时又能否定对象返回自身，实现自我发展的矛盾的、能动的实体。而这一实体的最深刻的含义，则体现为精神运动的矛盾过程。"实体即主体"显示了黑格尔对主体精神的肯定，从而形成与亚里士多德在"质料与形式"的辩证关系中将辩证运动的第一推动力归为"自身不变但能使万物改变的神"的区别，也与一切已经意识到精神的能动作用，但却试图在精神之外寻找第一动力的哲学家的区别。这一点，的确是黑格尔在"存在"的思维方式上的贡献。黑格尔既克服了柏拉图和费希特否定现实世界，推崇纯粹理念和纯粹自我的弊端，也批判了斯宾诺莎排除主体与自我，将存在与自然界等同起来的缺憾，同时也超越了亚里士多德在质料与形式、主观与客观统一上的含混性、静态性乃至实体性（这种含混性、静态性和实体性是使亚里士多德最终找到"神"作为第一推动力的根本原因）。将"存在"结结实实地定义为是精神的否定之否定的运动过程，"存在"便被黑格尔赋予一种"概念运动"的意义。

问题是：黑格尔这种动态的精神现象是作为一种"宇宙精神"来阐释的，从而与人的主观精神和理性思维割裂开来，犯了与谢林同样的错误。即将一切物质、有机体，乃至自觉的精神的人都当作这种无形的"宇宙精神"的产物。虽然黑格尔改造了谢林那个只讲主客体统一的、抽象的、静态的"绝对"（宇宙精神），但是他自己的"绝对精神"仍然是一个先在概念性存在，只不过这个"概念存在"会自身运动，不仅建立了自然界，而且也建立了从自然界返回的人的精神和思维。人的精神和思维成了"绝对精神"的一个环节和外在体现，因此人的精神只具有现象和异化的意义。这一现象和异化是用来说明"绝对精神"这一纯粹概念本质的。这种在人的精神与意识之前寻求"本源"，又在人的精神与意识之内寻求"本质"的做法，仍然令人遗憾地没有摆脱在黑格尔之前的哲学家关于存在的"对象化思维"方式，从而没有把

---

① 黑格尔：《精神现象学》上卷，商务印书馆 1983 年版，第 21 页。

一切对象——无论是理念、实体，还是绝对精神、纯粹自我——都作为
是人的意识与精神能动性的产物，也即在人的意识、思维等精神活动之
外，并没有任何外在的对象和理念产生这种人的经验性的自我。而人的
意识投之于对象（客观事物和人自身、概念等），使意识具有丰富的现
实内容，并不是由一个外在于人自身的"第一推动力"作用的结果，
而是人自身特有的"否定现象"，是被人的历史证明了的、与人俱来的
特质。正是这一特质，构成了人与人之外的任何"自在的存在"（萨特
语）和"在者"（海德格尔语）的区别。于是，人某种意义上就成为既
会制造各种实体与非实体的对象，又会否定与扬弃对象的人，成为既可
以依附于对象，又可以取消这种依附，成为自觉自强自力立的主体。人
的"生命"，在此也就具有萨特所说的"自由"之含义，成为海德格尔
所说的"在"（即存在）的含义。这个能动的、向着未来的、有多种可
能性可以实现的无遮掩的"生命"或"存在"，也不等同于笛卡尔认识
论意义上的"我思故我在"。因为笛卡尔也是把人的"意识的主体"作
为一个当然的对象来探讨，得出人是有意识、有思想的动物的结论的。
但主体为什么会存在，又为什么会有思想与意识功能，乃至人这个主体
（此在）为什么会探讨"存在"，其他任何实体与"在"者（客观的物
质存在、生物存在）为什么却不能……这些都是包括笛卡尔在内的传
统存在询问者所不能回答的问题。在此意义上，海德格尔反对传统存在
论者设立主体与客体的先在对立，因为主体在认识客体之前，作为一个
"此在"的人必须首先"存在"。"此在存在"，才谈得上认识和理解世
界的问题，这一"存在"就是作为"此在"的人对自己的筹划和展开。
这一筹划和展开是除人之外的任何其他存在者所不能够实现的，因此人
就是一个可以展开自身的这么一个"此在"（存在），"此在"与"存
在"是同步的，一体化的，并没有孰先孰后之分。"存在"使"此在"
显示，而"此在"就是"存在""在"的方式，"存在"与"此在"的
关系不是主客关系，先后关系，而是"自我关系"。这样一来，作为现
实实体存在的人或个人就没有本体的意义。"本体"只能通过人对
"在"的理解、揭示以及展开来实现。此在"在世"（与世界的关系）
也就不是一种空间性存在。"'世'在'在世'这个规定中的意思根本
不是一个在者（尘世的、世俗的在者），也不是一个在者的范围，而是

在的敞开状态。"① 人与世界的关系也就水乳交融、浑然一体，并无主客体之分。或者说，主客体之分只是此在后来实现自己存在的一种筹划与可能。存在在此是先在的、原始的。通俗地说，没有筹划的可能，就不会有主客体之分这种具体的筹划样式。存在意义上的筹划、探询、设计、理解，以及可能性，是一种抽象的、不可言说的"在"。这种"在"是无处不在的，因而它就不是任何具体的"在的样式"。

海德格尔这种抽象的存在，表面上颇类似于萨特的"反思前的意识"和胡塞尔的纯粹意识及其意向性学说。所谓"反思前的意识"和"纯粹意识"，即是排除掉意识中的各种具体内容乃至关于自我的意识（"自我"也是一种具体内容，是纯粹意识在运动过程中指向主体的人时才产生的意识内容），直接指向对象与事实，与对象完满地融汇在一起。这种完满地融汇可以在对桌子的意识中得到说明：当我的意识开始直接指向桌子时，我的意识就是关于桌子的空间性的位置存在，"桌子在空间中，在窗户旁边，如此等等"。② 而不是把桌子当作与我本身的意识有别的对象——这种"有别的对象"是指后来主客体分离时对对象的反思意识，或者说是指对桌子意识的意识（反思），任何反思层次上的意识也就都必须以主客体的分离为前提。因此萨特在"反思前的意识"上解释意识时，"就会把意识变为一物件"，"所有意识在超越自身以图达到对象时都是位置的"。③ 而这种意识之所以产生或存在，在萨特看来也不是来自胡塞尔的所谓"先验的自我"。意识没有原因，而是任何事物的原因，"干脆说意识是自己存在的，这会更准确些"。④ 由于意识是反思和使任何事物具备意义的原因，因此意识总是超越的、自为的、趋向未来诸种可能性的。意识在此也就成为存在。这种存在和海德格尔的存在都是一种"可能性"存在。尽管后期的海德格尔认为存在与此在的关系应该是"在"决定"此在的存在"，也就是说"此在的存在"如果是一种"敞开的状态"，那么"打开"这一状态的就是

---

① 《海德格尔基本著作集》，D. F. 克莱尔编，伦敦 1978 年版，第 228 页。
② 萨特：《存在与虚无》，三联书店 1987 年版，第 9 页。
③ 同上。
④ 同上书，第 14 页。

"在"，这个"在"由"此在"得以澄明和呈现，而不是"此在"决定
"在"，从而与萨特一切由"自为"（人的主观意识）出发构成了逻辑
上的差异。但这种差异，在海德格尔和萨特都主张存在是可能性和敞开
状态这一点上，并没有性质上的区分。因为当海德格尔说"存在就是
存在本身"，"'存在'——这不是上帝，不是世界根基。存在还是一切
存在者，虽然存在离人比离任何存在者都更远"① 的时候，与萨持所说
的意识就是意识之身，就是人的存在自身，实际上是殊途同归的。这也
是人们在总体上习惯将萨特与海德格尔都归入存在主义的原因。

二 "本体性否定"对存在主义存在论之穿越

问题在于，当海德格尔和萨特的这种可能性、筹划性存在，如果在
某个人来说原始的而不是理性的选择了"不存在"，也即由"敞开的状
态"发展到"关闭敞开"状态，这种"关闭"不是一种"不选择"
（萨特认为不选择也是一种选择），而是选择中断自己的可能性存在，
成为缺乏"自为"的"自在"，成为一种没有意义的物的存在，成为一
种"他人"，事实上就会导致"敞开、自由、选择"的自我取消。也即
问题并不在于萨特的自由观是一个与人的现实自由相脱离的抽象的存
在，而在于人以现实自由的丧失这种选择获得萨特这一抽象的"自由"
的话，他就不可能再实现自己的可能性、发展性和超越性，"存在"就
会成为一句空话。这也即是说，超越、发展、敞开、自我设计、理解、
思维，乃至语言这种具有高度涵盖力但却是空洞抽象的存在概念，因为
缺乏具体的"怎样敞开，怎样超越与发展，怎样理解与设计"这种内
容界定，就会给选择"关闭敞开"、"中止发展"、"模仿他人"这些具
体的选择结果钻了空子，从而导致存在的自我取消。作为每个人来说，
如果他失去了社会的、历史的、文化的"敞开与选择的可能性"，他的
形而上的存在也就失去了坚实的支撑而显得意义有限，最终也就取消了
海德格尔意义上的"存在"和萨特意义上的"自为与反思前的意识"。

① 海德格尔：《关于人道主义的书信》，载孙周兴选编《海德格尔选集》，上
海三联书店 1996 年版，第 375 页。

因此，无论是在可以选择的情况下选择了对这种状况的对抗，选择、敞开、发展、自由的真正积极的内涵只能是"本体性否定的内涵"，选择、敞开、意识、思维、语言这些西方意义上的存在性概念，它们的确定含义其实就应该是"本体性否定"，而不是"非本体性否定"，否则便丧失了存在。换句话说，"本体性否定"是保证一个人不成为他人、不成为物、不成为循环性自在的根本前提，也是保证人的"可能性"得以最高实现的前提。用"本体性否定"来界定人的"选择、敞开、筹划、自为"，就在形而上的层次上规定了形而下意义上个人对选择、筹划的具体谋划方式，也就将抽象的存在与具体的存在融会贯通起来。

　　我的意思是说，"本体性否定"对抽象的"敞开和可能"的"界定"是指：如果"敞开"有多种可能，那么"不敞开"或"敞开程度很低"也是多种可能之一种。如果人在被"抛入"世界（空间意义上的）的时候，正好呈现的是一种"不敞开"或"敞开程度很低"的状态，那么他就不可能成为存在意义上的"此在"，而只能成为一个肉体性的"物"或会说话的"东西"，成为一个没有存在意义的"自在"的"在者"，和自然界的存在物就没有区别，这也就是猩猩迄今为止还是猩猩的原因。人在文化承传中当然不同于猩猩，但却可以选择过猩猩的生活。这种情况不仅表现在一个刚刚出世就溺死的婴儿身上，也表现在一个活着的痴呆者身上，更表现在一个一生都听从他人或自愿听从他人安排的奴隶身上。以他人的思想为自己的思想、以他人的生存方式为自己的生存方式，或者说以他人的可能性为自己的可能性，此在（个体）意义上的可能性就不可能得以展现，本质上这就是动物的生活。之所以说海德格尔的"存在"和萨特的"自由"过于宽泛和空洞，正在于他们不能抵御人在被抛入世界的同时就有成为"非此在"和"非存在"的"可能"。严格地说，"抽象"并不是海德格尔与萨特哲学的弊端，而是因为"空洞和宽泛"使其"抽象"很容易使其意义消解——尤其是对喜欢人云亦云的中国人。如果用"本体性否定"介入存在，就会使这种抽象的"宽泛的存在"产生一种有支撑性的内容。这就是：人被抛入世界的同时，只有在对物、肉身和成为他人这诸种"可能"的"本体性否定"中，才能真正地成为一个"此在"，也"才能存在"。没有这种"本体性否定"，"此在"是不可能"存在"的。在此意义上，"本体性否定"首先是对海德格尔"敞开、筹划"的深化与具体化——就整个西方哲学史来说，柏拉图、亚里士多德、费希特、斯宾诺莎、谢林、黑格尔、笛卡尔及克尔凯郭尔、海德格尔和萨特，他们之所以能确立起他们的存在，不在于他们在"敞开自己"的过程中认同他人或修补他人关于"存在"问题的论说，而在于他们各自批判了他人的学说，建立了自己的学说。他们相互之间是以彼此的"本体性否定"的关系才实现了自己的"敞开性"。同样的意思是说，在这些哲学家们关于"存在"的论述面前，如果我们选择并且认同了其中一些哲学家关于"存在"问题的见解，而没有能在批判他们诸种存在观念缺陷的基础上提出属于自己的存在观，那么我们就不能说我们没有"敞开、理解、筹划"，但我们的这种"敞开、理解与筹划"最终导致我们成为了"他人"，也就没有能确定自己的存在。在海德格尔"存在就是此在"的意义上，我们也就没能成为一个"此在"。因此，"选择性、模仿性敞开"并不等于"存在"，真正的"存在"与"敞开"只能在"本体性否定"中实现。

不仅如此，"本体性否定"一定意义上还是人的敞开性、可能性、意向性的原因，或者是使人的敞开性与可能性得以产生的力量。当我说纯粹的敞开性和可能性并不能保证人的存在时，那么能保证人存在的力量就不能从敞开性与可能性中获得。海德格尔敞开性与可能性意义上的"在"也就不能决定人的存在，使人成为"此在"。也正因为如此，海德格尔与萨特就很难说清楚人的这种敞开性与可能性是怎么来的问题。因为既然海德格尔的"存在"包含"澄明"和"沉沦"两个方面，那么我们就不能说"澄明"是这"两方面"的"存在"之原因。当萨特说"干脆说意识是自己存在的"[①]，"不应该设想意识的这种自己规定是一种生长，是一种生成，因为那就必须假设意识先于它自己的存在"。[②]而意识"从存在内部涌现出来时"，就"调配着它的各种可能性"。[③]

---

① 萨特：《存在与虚无》，三联书店 1987 年版，第 14 页。
② 同上书，第 13 页。
③ 同上。

意识是等于存在的，而存在的原因就是存在（意识）。存在是自明的，存在就是自身的原因和结果。在这个意义上，存在是先于本质的，也即人只有先"意识性的敞开"，才能规定自己成为什么样的人。这种"意识性敞开"是一切的原因。但是，当人给自己的任何规定并不都能保证自己成为"存在"的时候，这一缺陷的原因是在敞开性中就埋伏下来的。而敞开意义上的存在之所以有这种缺陷，则在于"敞开"没有能承接造成自己成为可能的"本体性否定"力量。人之所以能成为一种可能和敞开，正在于人是在对物和动物的封闭状态的"本体性否定"中得到的。这种"本体性否定"原则上是先于"敞开的"的，是一种能区别于动物性生存的"价值力量"。萨特的"意识"、海德构尔的"澄明"与马克思的"劳动"，其实都是这种"力量"的"结果"。这种"本体性否定"既不是生物学意义上的本能冲动（本能冲动并不能保证动物具备这种"力量"），也不是客观世界的某种规律的自然生成。因为自然界的任何偶然因素都不可能保证"人成为人这一宇宙目前的唯一"，客观规律乃至宇宙规律并没有保证任何星球都有人存在。客观的自然界固然有其运动变化，但自然界的运动变化是"非本体性否定"的，也是非存在性的，这种运动不会造就"区别于自然性"的事物。人之所以能区别于这种生物学意义上的运动，并且离开了这一层次上的运动从而具备了自己的敞开性，正在于这种"本体性否定"是以一种"力量"在原始人的内部生成的。人之所以能生成这种力量，虽然不能排斥生物学意义上的运动因素，但是使这种运动起质的变化的原动力却是人自己逐渐形成的。这种具备否定意义的原动力既不是一种意识，也不是后来人们在评价活动中所说的否定性价值判断，同样也不是一种思维和语言……也就是说这种原动力从来就不是"什么"概念与内容，而是所有的人的意义上的意识（敞开性）、反思（思维）；语言得以产生的"力量"。这种"力量"与人的关系是循环论证的、互补性的。人是在这种力量中获得自己的敞开性的，而这种力量又是由人自己产生的。正是在此意义上，存在与非存在，才可以说是由人决定的。人之所以会选择"非存在"作为自己可能性之一种，在我看来正在于人在自己的"敞开"中，没有继承造成"敞开"得以实现的"本体性否定"力量与精神。海德格尔的"敞开"或萨特的"自为"（意识）只是可能承接了这种力量和精神，但是也同时承接了生物学意义上的运动变化的可能，承接了依附性地选择"现成事物"这种变化之可能。尽管萨特在他的《存在与虚无》中也涉及"否定"这一概念，甚至我愿意认为萨特可能就是在"本体性否定"的意义上解释他的"反思前的意识"、"自为"、"自由"等概念内涵的，但是萨特的迷误就在于他没有用"否定"而是用一些更为抽象的概念来解释他的存在，这样，他的"否定"就只是在柏格森与狄尔泰的"生命现象"的意义上来阐释他的"不断发展与超越"之意。但是"发展与超越"之所以也需要界定，正在于它们像"敞开"一样，也可以超越自己的发展，成为"不发展"或"非创造性发展"，抑或"低创造性发展"，甚至也可能在生物学的"求生存"层面上谈自己的发展，而最终并没有在人的存在意义上实现自己的发展——这正是现代化是"生存逼出来"的中国人应该警觉的。也就是说，人如果要保证自己的不断"存在"而不是"不仅生存"，就得始终承接与发扬使"敞开"得以打开的"本体性否定"力量，对自己的"敞开"予以"本体性否定"界定，成为本体性否定意义上的敞开、筹划，而人的可能性，也就被界定为只有以"本体性否定"作为"可能"的"本体"或"可能"的最高境界。如果有"不本体性否定"的可能产生，那就是此在（人）对"存在"的中断。因而在萨特"存在先于本质"的意义上，也就不可能进一步给自己规定有意义的本质。"本体性否定"决定了人的各种"创造的可能"，才能造就世界上"不同"的文化、"不同"的文明、"不同"的思想，才能展现世界文化意义上的"多样性"和"丰富性"。"本体性否定"使人的"存在"得以产生和凸显，因此"本体性否定"就是人的存在的原因、方式、目的和结果。人的"本体性否定"的话语、行为、判断，可以说都是从这种"本体性否定"的力量和精神派生而来的。因此只有"本体性否定"才可以形成有创造性意义的过程。这一过程和环节当然需要时间，但是时间并不能保证这一过程和环节不被中断。"本体性否定"与时间相比，永远是前者决定后者。这就是一个生命短暂的"存在者"永远比一个长命百岁的"非存在者"对人类更具有贡献的价值所在。所以说，人只有进行"本体性否定"才符合"人"给自己的本质规定。

我的意思可以概括为："本体性否定"是先于存在的，也因此"本体性否定"是决定"存在""在"还是"不在"的。说"本体性否定"先于存在，只是就逻辑关系来说的。在发生学和历史学的意义上，可以说本体性否定与存在是同时的。也即我们不能说：人先"本体性否定"，然后存在，而是说是一种"本体性否定"的力量造成了人的创造性敞开。力量意义上的"本体性否定"与敞开意义上的"本体性否定"在时间性上是同时的。只不过当我们问人的这种"本体性否定"是怎么来的时候，我们才可以说是人的一种本体性否定力量促成的。说"存在"与"本质"在这里是一回事，是说萨特意义上的人给自己规定什么样的本质（如人是理性的动物，人是生命意志的符号）其实并不重要，重要的是你给人规定的本质是否与他人规定的本质构成否定关系，是你给人规定的本质是否体现了一种独创性的本体性否定精神。否则，你的规定依然是依附于现实的"知识选择"，这种选择依然属于自然性的运动变化。所以关键不在于"理性"与"符号"本身，而在于你是否是在"本体性否定"的意义上去理解这些概念。因此"理性"就既可以理解为是存在意义上的人的自觉，也可以理解为是非存在意义上的文化性生存；而"生命意志"，就既可以在生物学的意义上去阐释，也可以在"本体性否定"的意义上去框正——"生命意志"并不等于"生存欲望"——这就是尼采"超人"的存在性价值所在。只有当我们对人的各种本质界定体现出这种独创性的"本体性否定"特质，我们才可以说"存在是等于本质"的。当人给自己设定的本质不符合"本体性否定"精神时，这种本质只具有"非存在性"意义。

值得补充说明的是，马克思主义的实践哲学虽然将西方的存在论从形而上学转化为"现实的历史"和人们的现实经济生活，但由于"实践"和"劳动"内涵同样过于宽泛，所以也没有将内涵的人们的创造性活动尤其是原创性活动得以挑明，并将其与存在论的价值学思路相关联。如果人的本体或人的存在就在"劳动"与"实践"本身，虽然这样有"人的本质力量对象化"作为限定，但由于"对象化"只能说明人的认识活动的产生，却不能说明人的认识活动是否具有创造性，所以"本质力量"就与"实践"和"劳动"一样需要进行价值再限定。尤其是当"实践"与"劳动"在中国现代社会实践中暴露出"是否什么样的实践都是实践或都是有意义的实践"之问题时，也就是如果毛泽东的社会主义实践与十一届三中全会以后中国的改革开放都是实践时，那么"实践"就像西方的"存在"一样不可能面对中国人依附传统思想、模仿异域文化的"低程度创新"之实践。这样的"实践"与这样的"存在"，其内涵的过于宽泛性问题，就是同样的了。

三　本体性否定：冲动与能力的统一

我们在现实中还不乏这样的经验：当我们在"不满足于"自己的生存现状想有所"改变"的时候，当这种"改变"是想再创造一种新的现实的时候，"不满足于现实"的"冲动"与我们实现了对生存现状的"改变"，应该是两回事。比如，当你想"成为自己"而事实上又还没有能够成为自己，其间的"落差"所构成的就是"存在的分裂"。这种"存在的分裂"相对于能"完成本体性否定"从而确立起自己的存在的人来说，是一种较为普遍的"常人"情况。有的时候，这种"存在的分裂"可能会伴随一个想确立自己的存在的人生命的始终。因为存在的艰难和"本体性否定"的不易，事实上"能够存在"或"实现了存在"的人就是凤毛麟角的。而大多数人的"存在性"，相形之下只不过体现他以"本体性否定冲动"呈现出的对"存在"的"渴望"。这种"对存在的渴望"，不简单等同于新托马斯主义的代表人物马里坦在"形式与质料"关系上说质料"是一种想成为存在的渴求"。[1] 前面说过，亚里士多德的弊端，在于他把存在作为外在于人的对象化探讨，最后找到了上帝是最高的存在，从而忽略了人在趋向形式质料关系这一对象的意识活动中，便已具备了存在性的意义。这种对存在的渴望也不同于狄尔泰在历史和文化意义上的"生命"现象和柏格森在时间、运动、绵延意义上的"生命"含义。因为确切地说，对存在的渴望只能是人这个"此在"的"一次性渴望"，而不是"此次存在"与"又一次存在"之间仿佛像"欲望"一样的"生命现象"。狄尔泰的"生命"是文化生命的含义，它是由人的"不断体验"所构成的历史，但体验

---

① 马里坦：The Person and the Common Good. New York：Charles Scribner's Sons，1947，p. 25.

"什么"却比较模糊；而对柏格森来说，"绵延"是一个表示自我、意识、生命等现象的存在即变化发展特性的概念，人的这种生存状况只不过是真正的时间的代名词。这样一种连续的集合体的生命，显然不会要求个人时时处在"创造性追求"之中，所以他们的"生命观"更多内含"非本体性否定"的内容。而"本体性否定"之所以提出"冲动与能力"的问题，主要是在于剖析每个人的存在渴望与这种渴望是否实现了的"关系"。这种关系只能以"每一次"或"每一个""本体性否定"体现出来。"渴望存在"与"本体性否定冲动"之所以在我这里是画等号的，言下之意就是说："冲动"如果不是本体性否定的冲动，那就不是渴望存在的冲动，而很可能成为海德格尔意义上空洞的"敞开"中一种"不存在渴望"，甚至也可能就是生物学意义上的一种本能冲动。严格说来，"本体性否定冲动"是存在的首要环节。这个环节对中国人理解上的困难在于：如果一种冲动不能伴随着方法使其成为很快就能看得见的"结果"，很多中国学者就会觉得很"虚幻"、"玄妙"。在这种具有微词性的评价中，大多数人不会看见和注重在这样的"冲动"中一个人已经进入了"审美体验"状态，进入了鲁迅所说的"没有路的地方走出路"的状态。因为"本体性否定冲动"虽然是一种"未完成的存在"，但没有对这样的冲动的"坚持"和"执守"，一个人便谈不上去确立自己的存在。这种"未完成的存在"有时体现在思想中，有时又体现在行为中。比如，就对"存在"问题的思考来说，每一个研究"存在"问题的哲学家都可能对前人关于"存在"的界定有一种"不满足于"的批判冲动，否则，哲学界选择一种现成的"存在观"就可以了，而没有必要去创造自己的"存在"观。大多数理论家都不乏这种想确立自己"存在观"的冲动和渴望，但之所以很少有人能像海德格尔那样完成对传统存在哲学"思维方式上的超越"，正在于一个人从"本体性否定冲动"到"本体性否定能力"中转换的维艰。如果"本体性否定冲动"对一个人的每一次存在来说还只体现为一种对存在的渴望，那么"本体性否定能力"就体现为存在的最后确立。真正的、完整的"本体性否定"，就应该是从"否定冲动到否定能力实现"的完满的过程，真正的存在也就需具有"存在了"的含义。本体性否定，也就体现为"形而前的存在冲动"和"形而后的存在能力"的完满统一。而这种统一，在海德格尔和萨特非理性的存在中是没有的。

本体性否定冲动既然体现为"对存在的渴望"，那么它的基本特征就是审美性憧憬，这也就是"本体性否定"的美学要研究的问题。当"冲动与渴望"只能在体验中孕育的时候，美对现实的超越或穿越就带有创造的未确定性。在体验存在的意义上，大多数人可以在想象中完成自己的存在，以弥补自己在现实中缺乏存在能力的缺陷。这种情况最突出地表现在"文化大革命"这一全民族对"封建文化"的颠覆中。不能说"文化大革命"没有体现出国家意识形态建立新型的社会主义文化的某种"存在性渴望"，甚至正因为这种渴望的过于急切，才使我们不同程度地忽略了"存在能力"和"确立存在的方法"这一关键性的问题。这一情况最早可以追溯到"五四"运动对传统文化的激烈态度。可以说整个中国现代史，也一直就是我们在这种批判冲动的强烈和批判能力的虚弱的矛盾中挣扎的历史。这一历史显示出中国人在 20 世纪对"生存下来"和"发展起来"并重的意识。其中"生存下来"促使我们用急功近利的心态去取舍一切可以带来短期效应的思想和理论，而"发展起来"则要求我们建立起一个新的、整体性的中国新文化。前者使我们可以按照萨特的"选择"的存在观，只要见到效应就行而不管这种效应可以给我们带来什么，使得我们已经具有了萨特笔下的翁格茨①的性质——存在就是选择本身，而不是通过选择获得存在。但是中国现代文化之所以很难摆脱不是传统文化就是西方文化这种非此即彼选择的局面，确立起自己的新的存在，正在于我们缺乏的是因为长期固守已经物化的传统文化存在，从而丧失了否定能力这一存在能力所致。这种"丧失"表现在：文化是一种内在协调的思想结构，如此才能称之为"文化"，而中国文化现代化不是一个选择中国某种传统思想（如法家），也不是一个"中国传统思想落后"、"西方思想先进"的取舍问题，而是要能够针对中国传统思想和西方先进思想同时批判改造才能"协调"起来的建设问题。而且，在"批判"问题上一定要明确这样的意识：当我们想确立自己新的存在的时候，一切在我们面前已经存在了

---

① 萨特剧本《魔鬼与上帝》中的人物，倡导"我行我素"的价值观。该剧创作于 1951 年。

的文化对象都具有"物化"和"他人"的意义，用一个"他人"去否定另一个"他人"固然轻松，但这绝对不是真正的创造性的存在渴望，而是"非本体性否定"生存之渴望。这种渴望最后会使我们仍然认同的是他人意义上的存在，到头来我们终于还是没有确立起自己的存在。

也正因为此，我们在精神和情绪上经常处于一种"后悔"的状态中，是这种"非本体性否定"的突出表征。生命冲动意义上的破坏行为，其情绪特征便是"后悔"。这种"后悔"在哲学上即是对自己的选择宣告价值有限甚至无价值。"后悔"构成了全民族在新时期对"文化大革命""破坏性的选择"的反思。但这种"反思"之所以是肤浅的，之所以只限于"意识到我们曾经是天真和盲从的"，是因为这种"反悔"并没有在理论上解决"我们如何不天真和不盲从"之问题，更没有从理论上解决一个民族"后悔"但一个人可以"不后悔"的问题。可以说，一个人对一件事情、一次行为产生后悔的心理，就是他在这件事情、这次行为中缺乏"本体性否定"的意识和能力的表现，也是他没有真正确立起自己存在的结果，而这个人放大以后便成为民族的化身。生命的选择性冲动尽管可能是一个人自觉并且真诚的选择：像"上山下乡"，"出国热潮"，"下海经商"，其共同点都是个体在存在意识匮乏的前提下一种"真诚的盲从"或"真诚的、盲目的破坏冲动"。因此当群体反思或个人后悔时，他们的情感同样都是真诚的，他们不可能像昆德拉笔下的女主人公萨宾娜①那样，尽管她在人生的历程中体验出无数次"选择"之后带来的痛苦，但是她却从来没有后悔过她的每一次选择。因为她所理解的人生历程，便是以一次又一次不同的情感经验构成的。萨宾娜的痛苦是她一次次具有存在性体验所付出的代价。这正如一个一生都是在参照他人生活，从来没有存在性冲动，或只有存在冲动但却没有存在能力的人，会自慰其一生过得平静因而也不会有痛苦感的人是一样的。

这也就是说，真正确立过自己存在的人，对实现存在的行为与凝结存在价值的事件，是决不会后悔的。对于像"文化大革命"这种人的生命没有得到尊重、人的存在性冲动没有得以展现的"运动"，反思如

---

① 昆德拉《生命中不能承受之轻》中的女主人公，作家出版社 1993 年版。

果是哲学性的、理性的，那就不仅是后悔，而且会追问其根源。而反思如果是艺术性或审美性的，那就必然会像《今夜有暴风雪》这类知青小说，不注重"自我实现"的价值方位，而只是对"自我实现的执著"本身予以审美认同。就人的生命价值具有自我实现的追求来说，如果我们不将"自我实现"放在"本体性否定"中来考察，任何"自愿的牺牲"便都可以获得审美的肯定意味，但在"本体性否定"视角下，则只有基于自己的独特理解上的奉献和牺牲，才具有"终身无悔"的美学意义，否则，则只具有被反思和批判的意义。但无论怎样，"后悔"是人从存在视角已经意识到了自己牺牲和奉献的盲目性的后悔，而"后悔"的深刻还是肤浅，则表现在一个人是依据新的时代标准去看过去的时代，还是依据自己对世界的理解作为标准去看自己和一个民族的"从前"。如此，"后悔"这种情绪常常体现出存在渴望与存在实现之间的矛盾关系。因为真正的存在者不仅在情绪上体验后悔的情绪并渴望存在，而且也是以行为和能力走向他所渴望的存在的。在真正的存在者那里"情绪与行为"、"冲动与能力"是一体化的。而存在渴望如果总是渴望着存在，那么两者就是相脱节的。所以当萨宾娜在情绪上渴望什么的时候，就是在行为上走向它并且能够走向它的时候。对萨宾娜来说也就没有"渴望"二字，从而也就没有她所"后悔"的。当萨宾娜获得每一次存在时，她所拥有的唯一体验也因此便只剩下"孤独"。"孤独"是一个人面对诸多没有能够存在甚至没有存在意识的"媚俗"对象时自然产生的自我意识。如果说"后悔"总是对自我的后悔（确切地说是对过去的自我的后悔），那么孤独便是自我面对"非我"的媚俗对象时在情感上对自我的确认和肯定。"孤独"表现为在意识到自我存在时也意识到了对象的媚俗化存在也即非存在，或者意识到他人的存在不同于自我的存在，并且没有办法沟通这两者存在。"孤独"不等于与它近似的一个概念："寂寞"。"寂寞"是对他人的寻找并且是对他人寻找的悲剧性结果。因此"寂寞"是在他人出现的时候自然冰释的。"寂寞"不是对自我存在的渴望，而是对自我非存在的渴望。寂寞者本质上是渴望自己融汇在他人之中的。因此当非存在者用"孤独"这个词汇时，他实际上想表达的是"寂寞感"。"寂寞"的产生是因为"他人"从自己心中的离去，"寂寞"的冰释也是因为他人的回归。但"孤独"却不会因为他人的到来或空缺而有所改变。相反，存在者置身于非存在者中间反而有时比孑然一人更容易体验到"孤独"。因为存在者不大可能指望非存在者乃至不关心存在的人会认同自己的价值；存在者即便置身于另一些存在者中间也不能在根本上消解自己的"孤独"。存在者虽然可以认同另一存在者的存在价值，但是一存在者本质上不可能接受另一存在者的存在方式，否则便成了"他人"或"非存在者"。存在者的孤独也因此就具有了存在的价值——它伴随着存在而存在，也伴随着存在的消失而消失。只要存在者存在，"孤独"便永在。存在者固然可以因为有众多的追随者而满足自己存在方面的虚荣心，甚至不再有孤独感产生。但是存在者必须意识到这时候自己存在的价值已经具有他人和物的含义，不再只是自己的存在，因此这种被追随认同的存在价值就自然转化为他寻求新的存在而进行"本体性否定"的对象——这当然是对一个存在者的较高要求。也即"孤独"消失的时候，便是存在消失并且需要重新确定存在的时候。在这一意义上，"孤独"是存在者存在的唯一证明。但"孤独"绝对不是虚空的，相反，"孤独"是"充实的存在"的显现。这种"充实"就在于孤独者在与他人组成的社会关系这一空间中贡献了一个存在，从而获得了一种永远不会担心失去的充实。

四 "本体性否定"的社会化:共在

当然，从对西方诸种存在观之局限的分析，到阐明"本体性否定即存在"，似乎还没有完全解决存在是怎么确立的问题。如果说一个人从"渴望存在"到"感知到自己的存在"，这还完全是个人的事情。这个时候，个人的存在还没有成为社会所确立、承认的存在。这里面就牵涉到存在价值的自我确证和社会确证的关系。对这一关系的关注，则显示出"存在"又不完全是存在者自己的事，"存在"同时又是一种社会存在。

当尼采说"我的时代还没有到来，有的人死后方生"[①] 的时候，尼采自己就体验到了存在的自我确立和社会确立之间的脱节。这句话既意

---

① 《尼采选集》第二卷，慕尼黑出版社 1978 年版，第 429 页。

味着尼采对自己存在价值的深刻感知，也意味着这种感知和社会确证之间的距离。这就是在尼采所处的 19 世纪末，由于他的现实行为也体现出他的言论的存在性，因此他是以一个彻底的存在者孤独地出现在他所处的时代的——尼采对一切价值的重估的确是被 20 世纪感到无家可归的人们所接受，但还不能被 19 世纪尚未丧失家园的人们所认可。这种超前的创造性正是一切真正的存在者在其所处的时代被冷遇、被误解、遭攻击的缘由所在。某种意义上，我们可以把这种尚未被社会所确证、仅被自己所感知的存在称为"孤独的存在"或"未充分社会化的存在"。如果存在首先是存在者自身的事，那么这种孤独的存在就是存在者对存在的感知，是存在者最为一般的情绪和心理特征。这种情绪不仅会出现在存在者与社会发生关系的初步时刻，而且还体现在存在者的存在即使被社会的一部分甚至大部分人认可后，但当他遇到不关心存在的人时，仍会产生这种感受。尼采之所以一生流浪、孤独与痛苦，直至 1900 年去世，正在于他始终处在与社会初遇的陌生境况。一个尚未丧失家园的人是无法与一个已感到家园失去的人对话与共鸣的。尼采的故事给我们的启发在于：并不是说尼采所处的时代人们缺乏存在意识，而是缺乏与尼采处在相同层次上的那种 20 世纪人对存在的认识与理解；尼采所处的环境不是一个根本无法对话的环境，而是不能在同一层次上对话的环境。当西方哲学史始终是围绕"存在"问题来展开后，我们就只能把尼采所处时代的人们对存在的理解限定在近代理性主义的范畴之内。19 世纪末期的西方人尽管已产生了对近代理性家园的怀疑和反叛倾向——尼采的出现本身就是这一端倪的明证，但是当这种倾向还处在一种萌芽状态因而只能被先觉者感受到的话，先觉者本身就有成为一个"怪物"或"滑稽"性存在。因此，传统美学视"滑稽"为审丑范畴，就是有问题的了。这个"怪物"显示出存在之间的落差——他的存在价值没有办法被他所处的时代认可。所以，最先和传统存在构成本体性否定关系的存在者就很可能是一个"怪物"。在认同以往存在的人们眼里，这个"怪物"就不可能是一个存在者。存在者因此只能属于"他的时代"而不是"他所处的时代"。这个"他的时代"还包含了处于另一个时代但却执守他的存在价值的人们的认同，这就是至今仍然还有人崇尚黑格尔的存在价值的原因，也是柏拉图、亚里士多德、康德、黑格尔等这些在存在问题上作出过杰出贡献的人不朽的原因。尼采在活着的时候受冷落的境况与上述大师们的不朽，阐明的是一个相同的命题：这就是存在的社会性只能在存在成为一种"共在"的环境里才能实现。也可以说存在的自我感知已经完成了自己认为"存在了"这一任务，而存在的社会性确证只不过是存在者渴望存在成为一种社会存在（共在）罢了。这种对"共在"的渴望，就是存在者的存在进入社会和历史的渴望。如果历史只能记载被社会所确立了的存在，而不能将所有被存在者自己感知的存在记载下来，历史就只能在存在者与社会之间显现。任何个人的历史就只能是被他人和社会承认并确立了的历史。今天写尼采的历史，也只能以20世纪受尼采影响的雅斯贝尔斯、海德格尔、萨特以及弗洛伊德、荣格等对尼采的推崇和人们对"上帝死了"这一宣言的普遍重视为前提。失去这种前提，尽管尼采为自己的存在发狂，但他还是没有"尼采的历史"。甚至假如尼采在20世纪仍像在19世纪末受到冷遇，但只要写历史的人肯定尼采，尼采的历史就仍然是在尼采和写历史的人之间确立的。历史就仍然不是尼采自己所感知的历史。所以存在者总是在和他人以及社会的关系中确立自己的"终于存在"。但存在者应该意识到，这种"终于存在"由于是一种"共在"——一个人的思想转眼间成为成千上万人的思想，这个存在者在获得"存在了"的快乐时也就丧失了"自己的存在性"——他与他人不再能构成本体性否定关系，他独特的存在已经转化为社会性的存在。这种社会性存在虽然不能说是一个物的存在，但多少已经成为萨特所说的"自在"，也即成为他自己和渴望存在的人超越的对象。存在者的存在在获得社会性的认可的同时而成为"社会化存在"，"社会化存在"就是一种"文化性存在"，"文化性存在"也就是"历史性存在"。于是，一个人从渴望存在，到感知自己存在了，再到由社会确证自己的存在，构成了一个真正的存在者的本体性否定之过程。

在这一过程中，存在者的孤独与幸福是参半的。在痛苦与孤独中存在者感知着自己的存在，而在被社会所确证的存在的快乐里他就结束了属于"自己的存在"，并将这存在转化为自己的"本体性否定"的"对象"，进而有可能像后期的维特根斯坦那样产生新的存在渴望与实践。如果一个存在者沉湎于被社会确证的幸福里没有新的渴望存在的冲动，他必然会被新的存在者所超越。这就是哲学史上,从柏拉图、亚里士多德到康德、黑格尔,再到海德格尔与萨特,他们都是以对前面已经社会化了的存在"本体性否定"进而实现了自己的存在。存在者在感知存在时便是孤独与痛苦的时候。或者说,孤独与痛苦是存在者为自己的存在所付出的代价。因此上帝安排孤独与存在并存、幸福与共在并存是很公平的。但这并不等于说一个存在者只能忍受痛苦,不应享受快乐,恰恰相反,一个真正的存在者应是在幸福与孤独间徘徊的人。

存在者的另一种无法转化为存在的快乐的痛苦是:当存在者面对的是缺乏存在意识的人们组成的社会环境时,存在便不可能获得社会的确立。这并不是存在者的存在和社会的精神需求相脱节,而是当存在者面对的根本是一个放弃精神价值,只追求物质欲满足的群体时,存在者的孤独和痛苦就会转化为绝望。这种情况不仅表现在后工业社会人们因为各种物质欲望都能得到满足不自觉地放弃精神性批判进而放弃哲学思考,而且还表现在中国现阶段文化现实中,拜金、物欲、享乐、混世、无为的精神虚无倾向,使得人们不仅不再热衷于谈论理论、价值、精神建构,而且对创造新的、存在性的理论建构也表现出漠然的状态。如前所述,对一个渴望确立自己存在性的人而言,任何既定的理论都是已社会化的、非存在性的;如此,20世纪80年代中国知识分子对西方理论的浓厚兴趣,也就实际上并不是对"存在"的兴趣,而是以"拿来"的工具态度来解决自己生存问题的态度。当西方已经社会化的"共在"性的理论不是作为确立我们自己的存在的"超越对象"时,西方理论中国普及的效果就会适得其反:我们不是把理论当理论,而是把理论当知识和工具,我们就会从膜拜中国传统思想转入膜拜西方思想,从而远离我所说的"本体性否定"状态。也因为我们从来没有关注或者能够建立自己的精神存在,我们才会从"精神的崇拜"迅速转化为对"精神的鄙薄"。而在原本就缺乏存在意义上的精神环境里,任何试图确立自己存在的存在者,都不及介绍"共在"性理论的普及者容易获得社会的注意。长此以往,因为真正的存在难以诞生,人们对呼唤存在与创造的理论本身也感到漠然,进而对存在本身失去兴趣。当存在难以实现的现实使人们逐渐丧失了关于"存在"二字的记忆与冲动时,知识阶层与百姓阶层就十分接近了——前者淡忘了存在意识,后者则很难产生存在意识。说存在难以在缺乏存在意识的人中实现其价值，也就不仅仅是指存在难以在只注重消费的大众阶层中实现，甚至在知识阶层也容易受冷遇。这种冷遇甚至会以这样的话语出现：即便你创造了自己的存在，即便有人认同了你的存在，那又能怎么样呢？这"怎么样"，就还是能否产生功利的现实效应的一种评价。在这里，有必要甄别"他人"与"群体"这两个有差异的概念。"他人"意味着除存在者的另一个人出场，所以"他人"可能就是存在者的朋友。一个存在者的"存在"仅有朋友的认同是不够的，还必须有"群体"的反应才能检验。"群体"的反应当然不只是指"群体"对存在的认同，而是也包括"群体"的"不认同"或"不怎么认同"的反应。如果说存在的"共在"主要是指对社会的影响和启发，那么"赞同"性的启发就不如"不怎么赞同"的启发来得更为重要。也只有"不怎么赞同"，存在者的"存在"才能构成对社会的真正挑战。

另一方面，对不坚定的"存在渴望"者和"不成熟的存在"而言，"群体"的"无反应"有时候并不意味着都是"群体"的问题，而很可能是存在者的"存在"还没有真正确立起来的问题，或存在性的思想还比较稚嫩所致。这个时候，渴望存在的人应该反思的是自己的存在之问题，但决不能对确立存在的努力产生怀疑。因为"共在"的目的难以达到而对存在本身发生动摇，这里面当然要区分这样两种情况；一是当存在本来就不是"自己的存在"而是"依附他者思想"的时候，这种怀疑和动摇是正常的；二是当存在确实是你自己的存在时，这种动摇就是值得分析的。一方面，这是指"存在渴望"者在确立存在的初期，可能还是选择他者或前人的概念范畴来赋予自己的理解。但由于任何概念范畴一般都有特定的内涵，而常常会与这种理解发生冲突而使得其含义模糊不清，这个时候，社会性的接受不能完全明了"存在渴望"者的理解，是正常的。"存在渴望"者所要努力的，只是更清楚到表达自己区别于他人和前人哲学的独特意味。饶有意味的是："存在"这个西方哲学概念要在中国学者这里赋予中国性的理解，就必须克服"存在"在西方哲学史中具有不同含义这一困难，而且这可能是一个过程。另一方面，"存在渴望"者如果自信自己已经确立起自己对世界的基本理解，甚至也确立起自己的概念范畴，这个时候，"不被社会理解和确认"就有两种情况：一种是存在者的存在不能面对中国自己的现实问题，而使得其存在建构更多具有形而上学之特点，甚至难免会有"概念游戏"情况出现。由于中国哲学具有现实化的特点，所以"存在"建构者反思自己理论建构脱离中国文化语境特别是"中国问题"，就是必须的。另一种是存在建构者坚信自己的存在价值能够面对中国现实问题，只是因为自己的建构具有"超前性"而一时难以成为"共在"，这个时候存在就是在冷遇中被保存着的。只要存在始终不能成为共在，存在者就不能自我怀疑而应维持着这种冷遇状态。当然，我们不能说存在者心甘情愿这种维持，心甘情愿忍受孤独，存在者总是心向共在、渴望社会化的确立的，以便彻底地完成"此次存在"。所以这种"甘心"和"不甘心"，应视为存在者的一种文化宿命。

伦理改造

试论儒学的创造性改造[*]

中国的儒学史发展到今天，其中一个突出的特点，就是对儒家的基本观念和思维方式一般不大去触动它，而只是因时代的变化对其去做新的阐释，或者以认同儒学基本观念与思维方式为前提走海外新儒学打通西方现代观念的道路。虽然中国传统思想文化的延续需要不断的新阐释使其保持活力以维系儒学的中心化地位，但仅仅通过"新阐释"来延续儒家的基本观念及其思维方式，在理论上就会造成像"天人合一"这样的观念如何应对现代人的"生命力敞开"和"创造力高度实现"产生的人与自然、当代思想与传统思想性质分离之尴尬；而当年谭嗣同用西方的"以太"、"平等"观念去赋予"仁"以原始儒家中所没有的含义[①]，也会造成"以西方观念所阐释的儒家思想"离原始儒家经典越来越远，使其不再真正具有儒家意义上的实践功能的状况。如此一来，儒学基本观念和思维方式能否进行创造性改造？儒学能否通过这样的改造形成新的区别于儒家"天人合一"式的与世界的新的和谐关系？并通过这样的和谐关系之建立也区别于西方的二元对立思维，将直接影响到中国当代人文科学在全球化状况中能否发出既区别于传统文化观念，也区别于西方观念的"中国现代理论主体性"之声音。

---

* 本文根据 2009 年 11 月 13 日在《哲学研究》、浙江工商大学中国文化理论创新研究中心主办的"东方现代文化观念创造及其对全球的影响"国际高层论坛提交的同题论文修改而成。

① 见谭嗣同《仁学》，参见《中国儒学百科全书》，中国大百科全书出版社 1997 年版，第 902—903 页。

一　儒学为什么要进行创造性改造

首先，儒学以"修身"为初始、"教化"为手段、"大同"为目的、"亲亲"和"尊尊"为内容的"德政"与"仁政"，与西方重个体、权利、独立的现代民主政治思想的冲突，依靠儒学本身的力量，已很难解决中西理论融通的"自洽性"问题。一方面，以牟宗三为代表的海外新儒学在"外王"上认同西方民主与科学，在内圣上坚持儒学的道德，主张西方政统与中国道统的可分离性，看起来是打通了"内圣"与"外王"，但实际上使儒学"修齐治平"介入现实的政治功能受到破坏，使得民主、科学体制在东方失去中国现代道统的支撑，致使日本、韩国、新加坡等现代东亚国家和中国台湾、香港等地区难以发挥东方文化对世界的整体政治影响力。问题的症结可能是：将儒学削弱为不再是以政治为目的的心灵存在来与西方民主和科学融通，其结果便是儒学的边缘化、科学的技术化。由于海外新儒学通过与现行制度的分离而默认了现行西方式制度存在的合理性，那就不仅不可能承担民主制度和自由理念的东方化创造，加快民主制度和自由理念的东方式发展进程，而且对没有儒学作为精神支撑的西方民主制度与自由理念新暴露的问题，也很难产生诊治性影响。即，任何文明都是只有以其整体的、有机性审美形象才能对其他文明产生影响，正如西方道统与政统统一的现代文明影响了世界、中国道统与政统统一的古代文明也影响了东方各国一样，迄今为止，尚没有道统与政统分离的文明对世界能产生重大影响。另一方面，儒家"德政"的"亲亲"、"尊尊"的核心内容在于讲个体之间的伦理等级性、个体对社会的依从性，"民主"、"自由"的核心在于讲个体对群体、对社会的自主性和独立性，这两种政治哲学如果要融会成一个有机性的新政治哲学，"亲亲"、"尊尊"的观念和"民主"、"自由"的观念就需要同时进行改造。对前者而言，我们之所以不能直接用西方"对立于群体的个体"观来改造儒学，是因为中国文化中的"独立之经验"、"个体之经验"是不破坏"亲亲"、"尊尊"的伦理关系的，是将"个体之独立放在等级性、依从性后面的一种隐性存在"。这种"隐性独立之存在"在我的否定主义哲学中被表述为"尊重现实又不限于现实"的"穿越之存在",是区别于西方个体可直接对抗现实、优于现实的"超越之存在"。这种"隐性的独立之存在"可在中国多民族统一于中华人民共和国,但又可保持本民族的信仰、习俗及其对世界的理解的格局中看出。这种"既尊重认同……又有内在区别"的政治性关系,不是以赞同儒家哲学为基础但理解和表达可以多样的"和而不同",而是"尊重儒家哲学但可以有不同于儒家哲学之对世界理解"的"不同而和"。后者意义上的"和"具有尊重、亲和但不是遵从、认同的新的意味。这种既不是儒家的"认同现实",也不是西方的"对抗现实"的政治关系,我称之为"穿越现实"的新政治关系。这种新政治关系可以在和谐的意义上与儒家的"亲亲"、"尊尊"打通,但改造了对儒家的等级性的"依从",通过隐性地扩展自己的独立之空间从而可以与西方的"民主"、"自由"理念打通,但也改造了以二元对立为前提的西方思考个体独立的思维方式,从而避免了"唯我独尊"。再一方面,儒学的现代化需要突破"既要有西方的天人对立,又要讲东方的天人合一"这种经验化的表达方式,才能使中国现代政治哲学加强其理性品格并以理性统摄经验。因为"天"在此不仅是指自然界,也指一切外化于"主体"、"个体"之对象世界,包括其他文化、民族、国家、地区、群体和他人,所以一旦像西方"天人对立"那样以人类为中心,以本民族、本国利益、个体利益为中心来考虑发展,因为利益追求本身就是竞争关系而不可能停顿和减缓,所以也不可能造就世界的"天人合一式和谐"。特别是,"天人合一"是以人对"道"、"经"为代表的"天"之依附而"淡泊生命欲望"、"遗忘世界观创造"才成为可能的,所以当我们要这样的和谐并以这样的和谐意识来面对"天人对立"暴露的问题时,就会以"抑制生命力"和"回避创造力"为代价,其发展就不可能是以"重大思想、理论创造"为标志的文化发展,当然也就不可能面对"尊重生命力和创造力的现代和谐是什么"这样一个当代重大的东方式理论创新问题。回避这样的问题,我们就会困扰于"要自由的时候想到的是西方式的自由"、"感觉孤独时又觉得还是中国儒家文化好"这样破碎的现实中。这样的现实,不可能形成有机性的、有审美感召力的、让世界尊敬的中国现代文化形象,自然也影响东方现代文化形象的形成。

其次，儒学的"修齐治平"的"教化"功能，应该由"心性"走向"现实"从而发挥其规范人们行为方式的功能，但能够影响古代社会的传统儒学，在今天的市场经济时代已很难对人们的利益追求发挥现代性影响功能。这样的问题，突出表现在儒家的一些思想"精华"对当代社会现实干预的无力性上。尤其像"重义轻利"这样的儒学精华，因为传统儒学的"义"受市场经济价值观念的巨大冲击，而西方自由主义价值观又未在中国人的生活中具有规范性，"义"与"利"究竟应该产生怎样的关系而成为一个理论原创性问题。一方面，"当代的义是什么"首先通过像电影《秋菊打官司》的女主人公在"法"与"情"之间的价值迷乱和无奈而提出。秋菊之所以最后放弃和踢了她丈夫致命处的村长打官司，是因为村长最后又救了秋菊一命，这说明在中国农村和民间是将"感恩"和"伤害"混淆在一起的。如果救人一命可以抵消讨回被伤害的权利，那就等于说"活着"比"受伤害"在中国更为根本，这种并不将人的尊严和权利看做高于生命的文化，中国民间大量使用调解、上告的方式来处理司法问题从而消解法律的神圣性，是西方之"义"在中国多半只能是理论上的存在之原因。所以是遵守传统伦理感情之义还是遵守现代司法之义之疑惑，会使当代的中国之"义"成为一个模糊的、不确定的、没有规范性的概念。如果当代中国之"义"有待于理论原创才能产生，如果这种产生有待于每个中国知识分子唤起创造性追求的人生意识，那么"重义轻利"因为"重什么义"之问题尚未解决，自然就不具备实践功能。另一方面，儒家"重义轻利"的观念虽然很多人都赞同，但是在当代生活实践中已经成为让人"敬而远之"的观念而失去其指导性。因为"轻利"无论是从生命的正常状态或是当代市场经济时代的价值取向来说，都是一个有明显局限性的概念。倡导"超越现实之人文精神"的中国知识分子，今天已经普遍地被科研项目、学科建设、获奖荣誉所左右并超过对理论原创本身的兴趣，显示出中国知识分子骨子里其实也是"很重名利"的，这就不可能使中国知识分子以"重义轻利"的君子风范获得教化老百姓的资格。指出这样的问题并不是说中国知识分子做不到儒家所倡导的"言行一致"，而是说"重义轻利"这一"以义为重"的观念已经与现实中"以利为重"的行为明显脱节，从而不能解释和引导现实生活本身。今天大多数中国知识分子的现实感受如果是"注重利益但还缺乏利益以外的人生追求",那么如下对待个人利益的态度可能就更为健康:凭自己的能力和实力该得的利益不必放弃,想获得的欲望满足只要不伤害他人和社会也不必克制,这其实是生命状态健康的显示。但无论是儒家的"节制欲望"还是道家的"淡泊欲望",客观效果上都会影响人的生命力和创造力的自由展开。今天中国的经济发展已进入世界经济强国之列,是与每一个中国人的个人利益、欲望的苏醒和追求有必然关系的,这就是中国文化讲究个人利益与群体利益相辅相成的原因。更重要的是,个人利益与国家利益的追求一旦展开以后就会进入柏格森所说的"绵延"状态:在追寻欲望和利益最大化的过程中无论是个人还是国家,都难以设置一个"点"让自己停滞下来,特别是在全球化的、停滞便可能意味着衰退的经济和文化发展的环境中,"欲望是一驾被驱赶的马车"似乎更能说明欲望本身的性质。如此,"尊重利益追求"就是一个与儒家"轻视个人的利益追求"有重要区别的观念。再一方面,欲望和利益的最大化追求为什么不能让人获得心灵意义上的幸福感?人除了利益获得的快乐是否还需要被世界所尊敬?一个人、一个国家依据什么让世界尊敬?这不是一个"轻视义"还是"重视义"的问题,也不是一个修身是否完满、是否有道德力量的问题,而是中国必须拿出中国自己独特的现代理论、文化和科技产品影响世界的问题。当年梵·高之所以吃不上饭也不会放弃自己的绘画,是因为有他自己的"独创性的、充满生命力的绘画世界"让他不在意生存欲望本身,可以类推为只有投入创造性的生活才能让人"不在意欲望和吃饭"。这"不在意"不是"轻利"而是"顾不上个人利益的考虑"的问题。所以儒学在今天如何对人有力量,就不能停留在传统"唱高调、做俗事"的伪善性上,而应该用"不唯利、不仅仅利"的思维来倡导人过一种与功名利禄有所区别的"创造性追求"的生活。这种生活一旦展开,当代幸福观就不是在老百姓仅仅过"富足日子"和知识分子的现实名利满足上,而是唤起每个人对原创的尊敬以及原创之努力的人生意识,中国才能够突破"贫困——富足"的社会发展模式,中国人才能突破"克制欲望——放纵欲望"的循环思维模式,也突破"经济富足——现代体制——传统道德"的"亚洲四小龙"那样的经济和文化分裂的状况,中国人在现代思想文化上对世界的影响力才能重新产生。

再次，今天提出儒学的创造性改造，不仅是为了纠正五四新文化运动提出的"打倒孔家店"、"反传统"、"全盘西化"等文化理念之误区，也是为了避免在这种纠正中我们重蹈"宏扬传统文化"或"以中国传统文化解决当今世界问题"之新的文化取向之误区。因为在有"宗经"传统的中国，"打倒"和"反"只有依据"现成的经"才有可能，本质上是受"生生"思维支配的"生存运动"，而不是中国现代文化需要诞生自己的理论与思想的"原创"。所以"打倒"与"宏扬"在根本上不是"守着现成的西方理论"就是"守着现成的中国传统思想"。"反传统"之"激进派"之所以也可以说成是"保守派"，是因为"反之所以然"从相反的角度就是"守成"——即守住另一种现成的理论，所以"传统"和"激进"之"对立"在中国是不能成立的。反之，如果理论界的提法改为"如何创造中国式现代理论"，而且是要在世界观层面上创造不同于儒家、道家的世界观，那对传统文化就不是"打倒"的问题了，也不是"宏扬"的问题了，而是既不是"打倒儒学"也不是"宏扬儒学"之"创造中国现代伦理学"的问题了。"打倒传统"与"宏扬传统"之所以是一回事，是因为在思维方式上受儒家"膜拜、依附——拒斥、疏远"的伦理化思维方式所制约，所以不可能形成对待传统的"平等性审视"的现代理性态度。这一点，突出地表现在我们容易将"拒斥、疏远"作为否定观和批判观，而没有形成"尊重——改造"的现代批判观与创造观，致使我们的批判和创造只是选择一种"经典"进行现代阐释，而不可能面对"经典"与"经典"的理论冲突造成的实践无力性、文化破碎性之问题；而儒家的"膜拜、依附——拒斥、疏远"之情感化、功利化态度之所以反不掉任何传统，就是因为这种态度只是将现有的理论作为自己的生存工具，一旦这种工具不适应生存就会"抛弃"原来的理论。将这种"抛弃"理解为"否定"和"批判"，自然不可能面对中西文化冲突并用新的原创性结构消弭这种冲突，也不可能以消弭这种冲突提出的原创性理论赢得全世界的尊敬。所以现代中国理论界为什么会产生各种思潮和反思，原因即在于这种"反思"常常是以西方新的理论看待中国现实所引起的，而不是由中国人自己特定的"中国问题"所建立的理论批判，自然就不能使中国理论界突破受西方理论所左右的"思潮"之瓶颈。所谓"以中国自己的问题"提出的理论批判，首先必须以"特定中国问题"分析研究西方理论究竟因为什么不适合中国，也要求分析中国传统思想究竟因为什么也不能解释现在的中国，对不适应解决中国现代问题的西方理论和传统思想，是应该抛弃还是应该改造？改造是材料性取舍还是结构上的原创？如果改造是结构的原创，那么改造的方法、步骤以及结果又是什么？确实，为了纠正五四反传统的文化批判弊端，20世纪90年代中国学术界做了很多的反思，但是反思的结果如果是使得我们再次回到中国传统儒学中去做微言大义的新阐释，中国现代伦理学就不可能产生自己的现代原理、现代思维方式和现代概念范畴，东方人是否有属于自己的现代思想文化，就会成为一个让西方学者以"什么是你们现代中国的"进行提问从而在我们集体性失语中轻视我们的依凭。这种轻视的潜台词是：你们是在按照西方人制定的游戏规则生活，除了以传统伦理来维系已经发生重大变化的生活，你们已经没有你们的"当代整体性的文化思想"去影响现代人类的生活走向。

二 儒学怎样进行创造性改造

方法论之所以重要，是因为中国人习惯"顺藤摸瓜"，没有方法就很难进行现实操作。这正是理论界很多提法如"中国传统文化的现代转换"、"中国传统文论的现代转换"因为提不出"转换的方法"而依赖经验性的"融会"所以收效甚微的原因。我所研究的否定主义理论认为这种观念改造的方法可以从以下三个方面去理解：

首先，我们必须把儒家经典《易传》与中国文化原典《易经》区别开来，并通过这种区别完成对《易经》不同于《易传》的解释。因为《易传》是对《易经》的解释，所以把儒家的《易传》当作《易经》天经地义的权威解释，甚至与《易经》混为一谈，是学界丧失了对中国文化原典再解释的意识与能力的表征之一。由于在"易学"研究上从来就有不同的流派，如既有司马光的以"史学"统领"易学"的研究与王安石、曾巩强调对"易学"的"义理"研究之别，也有荀子的"明于天人之分"这种不同于《易传》的"天人合一"之解释，说明中国儒学史中已有不同于《易传》之对《易经》的理解。"明于天人之分"强调天人各司其职，认为人类的贫困、人类的疾病、人类的灾祸都是天所不能为的，天属于自然之天，既没有世界主宰的意思，也没有道德义理的意思，在先秦哲学中可以说是独一无二的。① 虽然在人类的起源上荀子依然认为是"天地生君子"从而脱不了天对人决定的本体论窠臼，但意识到"君子理天地"，是可以与现代人所说的人的主体性、能动性打通的。如果中国哲学对《易经》原始符号可以有不同的解释是一个基本事实，对当代中国文化建设而言，《易经》的符号系统进行当代性阐释也就是有可能的。从中国哲学重视直观把握出发，《易经》的八卦乾、兑、离、震、巽、坎、艮、坤，每一卦的结构是不一样的，但材料和符号都是由"阳"（"乾"）、"阴"（"坤"）组成的，这除了说明宇宙的根本因素是"阴"、"阳"之外，也可以说明"阴"、"阳"在不同的结构中含义是不一样的，而且这种不一样的含义可以通过扩展为六十四卦而具有进一步扩展，并与初民对创造性的原始体验相关联。这种关联，也可以扩展为当代人对"结构性变化才是创造的最高境界"的理解。尤其是，八卦之间的"对称性"，能否形成我们今天在天人问题上不同于《易传》"天人合一"的阐释呢？这种阐释能不能在荀子、柳宗元、刘禹锡"天人相分"、"天人各不相预"、"天人交相胜"② 的基础上产生"天人对等"的新解释呢？

其次，中国当下社会生活中独特的事实和经验，是我们创造性改造儒学的"现实依据"和"问题依据"。儒学的创造性改造不是从中国理论到西方理论的筛选，所以不能直接以西方理论为依凭，更不能用西方理论来直接改造儒学。儒学要发挥对中国现实生活的介入力，必须能够面对并解释中国已经在发生重大变化的生活。我尤其想说的是：改造儒学必须从儒学一贯的"轻商"传统中突围出来，才能发现中国当代商

---

① 参见《中国儒学百科全书》，中国大百科全书出版社 1997 年版，第 385—386 页。

② 刘禹锡《天论上》："大凡入形器者，皆有能有不能。天，有形之大者也；人，动物之尤者也。天之能，人固不能也；人之能，天亦有所不能也。故余曰：天与人交相胜耳。"转引自中国孔子基金会编《中国儒学百科全书》，中国大百科全书出版社 1997 年版，第 563 页。

人的特殊经验已经对儒学构成了很大的挑战，而市场化时代消费群体的兴起与商人经验的内在关系，也将成为我们建立中国当代人文理论的现实依据之一。在这方面，以民营经济起步的浙商经验尤为值得重视。①这表现在：一是浙商重视老百姓的日常生活需要，以此作为他们经商的理念和标准。因为人的日常需要是持续不断的，这就不仅使得经济的可持续发展得到基本的保证，而且对儒学总体上忽略人的日常生活、倡导圣性人格也具有明显的纠偏意义。从打火机到西藏的"有氧宾馆"，这种生活中缺什么我就做什么的理念，对中国当代人文观念建设的启发在于：如果说西方文艺复兴运动对人的欲望、利益的解放相对于教会文化对人性的压抑而言具有重大的人文意义的话，那么，中国当代伦理建设，就应该高度重视由市场经济带来的人的日常需要、日常快乐被充分重视这一契机。虽然与人的日常物质需要相关联的"日常精神需要"的问题还不可能由浙商直接提供，虽然中国人如果"沉湎日常生活需要"也会带来生活平庸化、世俗循环化的问题，但浙商启示我们的"以尊重和满足人的日常需要为前提"的经验，却是我们建立"尊重人的日常需要但是可以不限于日常需要"的新的人文观念的基础。这对儒家的"轻视、遗忘人的日常需要"的伦理化超越，是一个很大的理论挑战。二是浙商家族性企业模式的内部提供了一种"个体不限于群体"的新型个体自由经验，为中国当代伦理建立新型的"个体——群体"关系提供了重要的现实依据。由于浙江的人文传统在王充、苏轼、鲁迅等作家身上均具有挑战主流意识形态的文化意义，浙江从晋代以来就有经商的务实性文化传统从而为文人挑战儒家教化的、高蹈性文化提供了现实的支撑，这就使得浙商的家族观念以务实为基础建立起了"个体有充分的扩展空间"的环境。从温州的"家族群"经营模式来看，家族的可拓展性和个体创造空间的无限定，使浙商个体具有一种"既亲和家族又不限于家族"的特性，并与河南南街村、江苏华西村对个体有限制的"集体企业"有明显的区别。浙商对个体的自由空间度的尊重，提供了一种不破坏家族但是可以拓展家族，把家族变成彼此合

---

① 请参见吴炫《论浙商经验背后的人文原创品格》，《社会科学战线》2009年第 11 期。

作、对等的现代联合性企业，是可以推导出一种既不是"依附群体"，也不是"对抗群体"，同时也不是"游离群体"的"个体和群体"的关系新理念，这种理念，可以作为中国现代个体伦理建设的基础。

再次，从否定主义的方法论出发，儒学的改造还特别强调对中西方思想通过"共同的价值取向之结构性局限"发现，其改造才能有创造性品格。由于今天的儒学已经和西学混杂在一起，而且潜藏在我们的思维方式和行为方式之后，影响并规定着我们如何对待西学，这就会产生日本学者丸山真男分析日本近代思想时认为的"外来思想被摄取进来后，便以各种形式融入我们的生活方式和意识中，作为文化它已留下难以消除的烙印"的情况，同时，"即便传统思想随着日本的近代化和现代化而其踪影日渐淡薄，但正如前文所述，它已深深地潜入于我们的生活的感情和意识的最底层"，① 这使得如果改造儒学不同时也改造西学，我们就会落入"用西学改造儒学"的谭嗣同之模式。而面对这个问题，谈"理论局限"就不是中西思想相互比较所显现的局限，不能停留在五四先哲们说西方人重理性、中国人重情感，西方人重分析、中国人重感悟这样的"中国局限"的层次。因为在这样的"局限分析"面前，你无法论证中国人如何成为擅长理性和分析的民族，也无法解释西方人的爱情比中国人的爱情更纯粹、更充满生命的激情这样的文化现象，更无法论证老子没有理性怎么写出《道德经》这样的经典文本之经验，所以关键是中国人的理性、情感从属于什么样的文化结构，西方人的理性和情感从属于什么样的文化结构。比如就"情感"与"理性"的关系而言，中国人的情感经验貌似和儒家伦理常常发生"情在而理亡"这样的汤显祖义上的冲突，但是由于中国人的情感经验没有获得不同于儒家伦理的新理性的支撑，最后或者依然还是会像鲁迅笔下的涓生那样重新受制于儒家伦理，产生"杜十娘怒沉百宝箱"的悲剧——这样的悲剧告诉我们，"情"如果没有新的"理"来支撑就不可能依赖自身的力量而站立，就会依然重新蹈入既定的"理"之中一切又回归原状，所以儒学的现代改造不能受传统的"情与理"思维结构所制约，不能

---

① ［日］丸山真男：《日本的思想》，区建英、刘岳兵译，三联书店2009年版，第7、11页。

在"肯定情"而"轻视理",或者"肯定理"而"轻视情"的既定思维框架中考虑儒学现代化问题,而应该在"什么样的理与情"与"什么样的理与情"之关系中建立新的思维方法。

所以,儒学的创造性改造主要是儒学和西学所建立的文化思维和价值取向的结构性改造,而不是"亲情"、"爱"、"中庸"、"勤俭"、"平等"这些观念本身的改造。因为这些观念,在不同的文化中可能都会遇见,就像与"亲亲相隐"相关的"家庭伦理神圣性"在黑格尔的《精神现象学》中也有所体现一样。我们有一些学者喜欢抓住"中庸"、"爱"这样一些共同性概念来做"普世之爱"和"普世伦理"的建设努力,这当然是值得尊重的。① 但儒家的"中庸"是讲君子以"诚"、"推己及人"、"正己正人"的,无论孔子说"名不正则言不顺"(《论语·子路》),还是孟子说"君仁莫不仁,君义莫不义,君正莫不正"(《孟子·离娄上》),其"正"都是依托于儒家"君臣父子"这一政治结构的,与孔子说的"政者,正也。子帅以正,孰敢不正"(《论语·颜源》)不无关系。所以"正直、方正"这些概念一旦纳入"政伦合一"的思维运作,就会被政治所规定。二程说"世以随俗为和,非也,流徇而已矣。君子之和,和于义"②,这里的"和"也是被儒家的"义"所规定的。同样,亚里士多德讲"中庸"虽然也反对"过"和"不及",虽然也强调"中庸"的生活整体性原则,但因为"中庸"之完善状态是从属于他的德行论所说的"普遍公正"和"特殊公正"原则的,而且在后来又从属于基督教托马斯·阿奎那的神学伦理学,所以必然会产生与中国政治化下的"中庸"完全不同的文化性和政治性内涵。这样,中西方对"中庸"最低限度的"度"的理解,一旦遭遇上述文化思想性质差异的规定,其"度"的内涵就有了重大的差异。这就将一个具体的哲学伦理观念与其文化和政治理念的"结构关系"衬托出来了:单独的伦理观念从来不具备真正的现实功能。在"爱"的

---

① 参见任剑涛《中庸:作为普世伦理的考量》,《厦门大学学报》(哲学社会科学版)2002 年第 1 期。

② 冯契主编:《中国古代哲学文选(上)》,上海古籍出版社 1991 年版,第258 页。

问题上也是这样，儒家的"爱"更多的是一种"仁爱"，仁爱的核心概念是"亲亲"，更多是在现实层面上讲对你好不好，与利益的得失、奉献密切相关。中国女性多半要看男朋友对她"好不好"来考察是否有真爱，中国的母爱更多体现在对子女的衣食住行的关怀和"成龙成凤"的期望上，均与生存利益上的关怀有关。但西方文化讲"爱"却常常具有超越性。这种超越性充分体现在电影《心火》这样的"不能表达的母爱是怎样表达的"的立意中。曾被借给贵族家庭生孩子后又被撵走的女主人公作为"家庭教师"重新进入这个家庭。面对自己亲生孩子的骄横跋扈，中国母亲多半会很伤心流泪，这部影片的女主人公则是通过非常严厉甚至有些冷酷的方式来体现一种超越意义上"爱"，那是一种让子女成为懂得尊重世界、把个体之间的平等以及维持这种平等所体现的责任看的更重要的"爱"。所以这种将"爱"、"中庸"纳入"平等"、"公正"的文化结构，与中国人将"爱"、"中庸"纳入"亲亲"、"尊尊"的文化结构，性质和功能都是不一样的。所以"爱"绝对不是一个概念，而是一种文化的内在价值关系。中国人的"求同存异"思维似乎可以寻求到人类共同的"爱"、"中庸"、"和"这些观念作为底线，但因为不同的文化结构和文化价值取向使得这些观念具有不同的文化属性和功能，所以文化结构和社会关系观念的改造才是儒学创造性改造之根本，并必然会诞生"存同求异"的新观念。

三　儒学创造性改造的实践

否定主义哲学之所以首先关注儒家的"宗经"和"亲亲"这样的具有文化结构性意味的观念，是因为"宗经"涉及"当代与传统"的关系，"亲亲"涉及"个人与他人"的关系，只有这样的纵向与横向的关系观念都得以改变，我们才能进一步处理好中国现代"创造与积累"、"思想与学术"的关系，中国传统的"尊"、"敬"、"孝"与西方的"平等"、"个体"、"独立"诸观念，才能在改造后的文化结构中得到有机性安放。

首先，儒家的"宗经"思维讲对"天"、"道"、"圣"的依附，衍生为对传统经典、权威的膜拜，拓展为延续祖宗的言行是天经地义的价值观念，当代中国人一谈民族自豪感就要回到古代经典中去，同样是这种思维的表征。所谓"君子"之所以能获得较高的社会地位，是因为"君子"在传达圣人之言并身体力行方面可以成为凡人的表率，其本体不在于君子而在于古代的"圣言"——"经"是制约并规范"人"的终极依据。一方面，刘勰在《文心雕龙》中之所以说"是以子政论文，必征于圣；稚圭劝学，必宗于经"①，是因为儒家经典著作是"恒久之至道，不刊之鸿教"（《宗经》），中国教育的主要职能也因此体现为"诵经、读经、传经、释经"的教育理念并延续至今，各大学近年兴办的"国学院"、"孔子学院"即是明证。另一方面，近代学者郑观应说的"道不变，器可变"②则是"宗经"的又一种体现，并直接造成了中国人只能进行技术变革、方法变革、文体变革、语言变革、阐释变革的文化和思想创新史，但在世界观方面却不敢触及儒家世界观的改变。这种"只变器不变道"的创新观，必然制约并影响中国现代文化产品从理念、内容到表现形式的有机性——表里不一因此成为一种很难审美的形象。再一方面，百年中国的新文化运动看似是对传统经学产生了巨大冲击，但"宗经"思维则没有受到审视，原因就在于"宗西方的经"被人们以现代性为由而认为天经地义。由西方全部现代性所体现的最为重要的对基督教经典、理性主义经典的质疑、批判的精神，则被中国理论家们所无视。中国的理论工作者从马克思的"劳动异化"问题到依附法兰克福学派的"理性异化"问题的转换，从"主体性"理论到"主体交往"③的话语转换，就是这种无视之表征，骨子里依然是由"宗经"思维所制约的寻找、选择新的经典理论去依附的思维所致。

因此，否定主义哲学把"宗"改成了"穿"，"宗经"改成了"穿经"，"宗道"改成了"穿道"，"文以载道"也就改成了"文以穿

---

① 刘勰：《文心雕龙·征圣》，北京燕山出版社2001年版，第15页。

② 见郑观应《盛世危言增订新编凡例》，转引自冯契主编《哲学大辞典》，上海辞书出版社1992年版，第1077页。

③ 参见任平《走向交往实践的唯物主义》，《中国社会科学》1999年第1期。

道"①。"穿"是"尊重、面对然后穿越"的意思，意指以尊重对象为前提，带走对象的材料，通过改造对象的结构在性质上建立另外一个具有新的结构的世界，并由于穿过了既定世界而与原来世界形成"对等"的关系，但这"对等"可以是世界的隐性的世界与表层既定世界的"对等"从而不失其整体面貌。在理论上，"穿经"首先是以"尊重，面对经典"为前提的。这种"尊重，面对"有两层含义：一是延续、捍卫和阐释经典是可被尊重的，因为文化遗产本身对后人而言就有保护延续的责任，所以"创造新传统"与"捍卫旧传统"之间是相互尊重的关系，现代中国文明与古代中国文明也就成为并立而相互尊重的关系；二是"尊重"没有"扬此经典"、"抑彼经典"之意，即中国现代思想相对于中国古代经典与西方经典思想，并无高低、主从之分，中国传统经典和西方经典理论只是在不能很好面对中国当代的现代化问题上才是我们"可审视、疏离"的对象，但这不意味着它们在面对中国传统文化问题和西方文化问题上不是有效的，从而突破百多年来中国学者在中西经典之间的"非此即彼"的"膜拜——轻视"之徘徊结构。因为尊重经典意味着任何经典都不应该是我们膜拜、阐释的对象，也不是我们轻视、回避的对象，这才是现代性要求我们的对经典应该具有的理性态度。更重要的是，"穿"字还体现为"突破经典束缚、改造经典结构、创造新的经典"的含义。由于"穿经"是面对一切既定经典的，所以这种"改造"就不能以某一经典的基本原理为价值坐标，而是以面对独特中国问题产生的独特理论期待为价值坐标，才能保证这种"结构改造"是具有创造性或原创性的。

由于"穿经"突破了"宗经"依附、阐释经典的"天人合一"思维模式，"穿经"后的世界就与原来的经典构成了一种我称之为"对等"的关系。即"穿经"由于是以建立自己对世界的独特理解为目的，"穿经"后的世界就与原来经典在对世界的理解上有了性质上的区别，这种区别在否定主义伦理学的思路中就成为"有区别而又彼此尊重"

---

① 参见吴炫《文以穿道——论文学对观念现实的穿越》，《社会科学战线》，2010 年第 11 期。

的"对等"关系。"对等"对传统"天人合一"思维的突破在于：首先，"对等"是以独特理解为基础的主体或个体在场的形式形成与世界的平等关系，而"合一"则是以丧失主体和个体理解的代价与对象世界构成根本性质的同一关系。这种"理解"与"理解"的性质区别所构成的"对等"，有助于全球化状况下中国处理与其他文化的关系并做"中国式处理"示范，西方文化优越论和东方文化优越论均将被破除。其次，"对等"由于是以"尊重世界"为前提并且不以改变对象世界为目的，所以其和谐是"从容、平衡之和谐"；而"合一"由于是以"依附世界"为前提并且是以对象世界的理解与行为作为自己的理解与行为之根本，所以其和谐是"孱弱、不平衡之和谐"。"天人对等"对西方"天人对立"思维的突破一是在于：建立在《易经》八卦"对称"从而构筑"天下"的符号直观基础上，"对等"有中国"八卦对等"的文化原典作为文化支撑，所以可以摆脱百年来中国现代化运动中"非中即西"、"西优中劣"等冲突性、对立性、中心化思维方式的制约；二是"对等"由于不是以改变世界尤其去改变其他文化的文化信念为目的，所以"八卦"之间的太极运动就可以理解为彼此影响渗透的多元并立关系，而不是彼此制约、规定的性质同一关系，这就为中国现代文化建立起"影响世界"、"打动世界"的审美关系提供了可能，从而改变了以"教化"为方式、"大同"为目的的儒家天下观。顺着这样的思路，中国的"学术与政治"的关系，"文学与文化"的关系，"现代与传统"的关系，就可以体现为学术尊重政治但可以通过学术自身的理解穿过政治性理解从而建立起"学术对等于政治"的新观念，文学尊重文化和时代的要求但更应该通过自身的文学性努力在文化和时代意味背后产生更深入复杂的文学意味从而使得"文学对等于文化"，中国当代伦理尊重儒家伦理但需要衔接《易经》原始文化抽象改变《易传》的儒家观念之抽象从而使得"当代文明对等于儒家文明"。由此，以不同理解为性质的事物如何发生关系，均可以由"穿经"和"对等"的思维方式类推出来，"天人对等"也因此成为区别于"天人合一"的具有解决现代多元文化冲突问题意义的"和"。

其次，儒学的创造性改造的第二步工作，就是要实现从"亲亲"

思维到"分亲"思维的转换。儒家由"血缘亲情"作为逻辑起点展开的"亲亲"思维，是把世界看成一个"亲疏远近"的大家庭，最后构筑"四海一家"的天下和睦。"亲情"之所以是"真情"，是因为这是由血缘所规定的天然感情。因为这种感情常常是拒绝理性和逻辑的，就使得孔子在《论语·子路》中所说的"父为子隐，子为父隐，直在其中矣"的"亲亲相隐"，成为儒学强调"亲情体认为第一性"的思维来源。本来，第一性的东西并不一定具有"权威性、至上性"的意思，就像"道"在道家哲学中作为第一性并不一定有多少伦理性内容在其中一样，但是当儒家用"亲情"形成的"礼"去对待世界的时候，当孔子在《论语·学而》中强调"弟子入则孝，出则弟，谨而信，泛爱众，而亲仁"，以及《礼记》中说的"夫礼者，所以定亲疏，决嫌疑，别同异，明是非也"的时候，"亲疏"就具有普泛的"推己及人"的伦理判断和"正确错误"的政治判断意味了。在"推己及人"的过程中"仁爱"的施与程度有差异还不是致命的，但这种伦理判断与政治判断合谋后就具有专制的意味了，所有的人都会被这"亲亲"、"尊尊"构成的政治性文化所左右。于是，父亲犯了法儿子可以为其隐瞒似乎是可以理解的，但是如果一个单位、一个团体也可以作为"大家庭"对待，那么领导犯了法其单位和团体的职工也为其隐瞒，实践效果上就会导致为本单位、本团体利益上的"官官相护"、"官民互隐"、"弄虚作假"等现代法律实践的根本病症。所以，虽然《礼记·檀弓上》说"事亲有隐而无犯……事君有犯而无隐……事师无犯无隐"[1]，主张将亲人、君主、师长在"相隐"还是"揭发"上有所区别，但由于君、师、父在中国因为"亲亲"、"尊尊"所限构不成根本区别，所谓"一日为师终身为父"，"做好人民的父母官"，这就使将"君"、"师"、"父"有所区别的主张不具备实践功能。这一缺陷，正是儒家的区分性观念是建立在"亲疏远近"之伦理文化结构上所造成的，也是儒家的"圣性"文化为什么在实践上功效甚微的原因所在。

　　"分亲"之"亲"是"亲和"的意思，是对世界的整体态度，首

————————

　　① 见谭嗣同《仁学》，参见《中国儒学百科全书》，中国大百科全书出版社1997年版，第218—219页。

先区别于韩愈在劝导统治者意义上说的"是故圣人一视而同仁"①。因为"一视同仁"同的还是儒家的伦理规范之"仁",所以应该改造为"一视同亲和"。这种"一视同亲和"不是从血缘出发的"亲疏",而是从"八卦"对等结构出发的对世界的整体态度,很接近苏轼那样的对男女老少、皇帝百姓、和尚妓女在人格意义上的尊重之"亲和"。这种"亲和"由于不只是儒家讲的利益层面上的"远近"、"厚薄"之爱,所以可以突破以等级、身份、地位看待人的儒家等级观念,既有利于为现代中国的"人人尊重之和"奠定一种新的伦理底线,也有利于与西方的平等、正义打通。这种"人人尊重之亲和"之所以区别于佛教所说的"众生平等",是因为"众生平等"一是强调万事万物和人一样作为生命现象是平等的,这与人类历史的展开是建立在可控制自然界生命的优势文化传统相隔过远从而只具有审美性;二是"众生平等"是在强调人人皆可成佛的意义上说的"平等",所以佛性层面上的"生命平等"与"亲和世界"的伦理态度是不一样的。"亲和"首先不是对待"生命"而是对"世界"的,因为对"世界"做不到"亲和"的话,就谈不上对"生命世界"的亲和,也谈不上对"落后民族"、"不发达国家和地区人民"、"底层百姓"的亲和。同样,如果"亲和"是对世界的,我们对我们自身的"欲望世界"也同样应该突破"克制欲望"、"淡泊欲望"、"放纵欲望"这种过于明显的人为干扰,从而建立"让欲望像欲望本身那样生存"的"尊重欲望世界"的态度。

"分亲"之"亲"既然是"尊重亲和世界"之意,那么,为了改变儒家"推己及人"的连带关系以及"君臣父子"等级的关系,我们就必须建立新的对世界的区分关系才能完成。也就是说,对动物和人类、老人和儿童、亲人和生人、男人和女人,乃至对优秀的和恶劣的人,我们又该如何区分其"差异"而又不会破坏中国文化的整体和谐特性呢?否定主义哲学的改造尝试是:善生、尊人、孝老、敬优、轻劣。所谓"善生"的字面意思即"善待生命"。但"善待生命"不是不杀生、不杀人,而是指维护生命世界的正常循环。所谓正常循环一是

---

① 韩愈:《原人》,选自《韩愈全集》卷十一·杂著一,见屈守元、常思春主编《韩愈全集校注》,四川大学出版社 1996 年版。

指生老病死、不恻之祸与生命本身的天性、命运、资质有关，而与人为的努力并无必然关系；二是指人可利用自然资源但不可破坏自然界的丰富性，所以物种、人种、族种和家族灭绝都是人类应该避免的行为，也是道德和法律应该共同保障的边界；三是指法律的存在是为了维护生命权利对侵犯这种权利的人类犯罪行为制裁的武器。此三者的统一即所谓"善生"。至于"尊人"，则是一个与《孟子·公孙丑上》所说的"君子莫大乎与人为善"有所区别的提法。因为对他人施与"仁爱"的"与人为善"，不一定是对他人的尊重，反而有可能是对他人尊严、自尊、个人潜能的无视。又由于"男尊女卑"、"君臣父子"、"尊老爱幼"强调的是血缘和资历的等级差异，与"亲和"所有人意义上的"尊人"相去较远，所以"尊重妇女"就是一个无须特别提出的观念：我们是没有将妇女作为"人"来尊重，而不是没有将妇女当作妇女来尊重。事实上，"不尊重人"也同样体现在男性世界之中。所谓"孝老"，则是一个与儒家"尊老"有所区别的提法。因为"尊老"的"尊"是一个含混而可能包含内在矛盾性的概念。如果"尊"有"尊重"的意思，那么对老人就既可以有平等的批评，也可以有不听老人话的权利，从而与对老人"惟命是从之尊"发生冲突，更难以甄别出"尊敬老人"与"孝敬老人"的区别。否定主义伦理学的看法是：一个素质或人格有问题的老人可以不尊敬，但也必须有孝敬。所以"孝老"是一个不以"老人是什么样的人"为前提的普适概念和应然概念。而所谓"敬优"和"轻劣"，是"尊敬优秀的"、"轻视劣等的"意思，这既可以指称人，也可以指称事物。"优秀的"是一个区别儒家圣人、君子和道德完美评价的新概念。但这种区别之所以不是"对立于儒家"的，是因为"优秀的"也可以包括从中国现代伦理标准看过去的人品和人格评价，更是指应对当代"中国问题"而提出的"创造性的人和产品"。作为传统儒学所缺乏的一个评价尺度，提出"尊敬优秀的"来替代"尊敬长辈、君子、知识分子"，有利于形成全社会尊敬创造性努力的现代文化，也有利于面对并解决现代人品的劣等、现代产品的粗制和仿造这些中国现代文化建设的最严重的弊端，改变传统儒学的"轻利"、"轻个人"、"轻平民"、"轻思想重知识"等价值观念。"善生、尊人、孝老、敬优、轻劣"就成为性质相分但又具有互补性的有机观念。

"分亲"还有一层意图是："文化大革命"中之所以会发生以"革命感情"代替"亲人感情"的现象，不是因为中国人一夜之间遗忘了"亲情"，而在于儒家思维方式规定的"小我从属于大我"、"小家从属于大家"的"轻小家"、"轻小我"意念对"亲情"的制约。如果说韩国影片《太极旗飘扬》提出了一个"以亲情为最高尺度来处理个人与国家的关系"之问题从而体现出韩国艺术家对儒家社会关系的创造性改造，那么在中国要避免"文化大革命"那样的"六亲不认"的人性异化现象，就既不是一个"宏扬亲情"的问题，也不是一个"亲情从属于革命感情"的问题，而是应该让"亲情"和"革命感情"形成彼此尊重、亲和又能穿越、渗透从而相互之间能"隐性制约"的结构。即"革命感情"和"亲人感情"作为两种性质的感情，应该以彼此尊重为前提然后通过相互穿越、改造表现出两者之间的纠缠、矛盾过程——无论是"亲情"对"革命感情"，还是"革命感情"对"亲情"，都应该以"尊重又穿越"的而不是"统摄又制约"的方式发生关系。另一方面，由于"亲亲"之爱是生存性的、利益性的、奉献性的，所以一旦亲人之爱没有能体现无私奉献的精神，这种爱就会受损害，家庭内部的矛盾或朋友之间反目成仇的事情就会发生。反之，如果陌生人能对自己奉献有加，"有奶便是娘"的功利性朋友就会产生，"亲"和"友"便会失去其天然朴质的意义。而"分亲"之爱由于是建立在尊重生存性的、利益性的关怀又能突破这种关怀对不同性质的关系分别对待，这就使得"分亲"不是以"生存关怀"为根本，而是将人、亲人、老人、优秀的人、劣等的人纳入一种理性的框架中既有"基本性对待"又有"分别性对待"的人文观念，也有利于培养中国式的现代意义上的穿越功利的人文精神。

论"健康人格"与"完整人生"

为什么中国现代化的关键问题是"人的现代化建设"？我个人的看法是，如果中国人的综合素质和文化理念没有完成一个中国式现代化的重建，那么中国经济发展的可持续性就会令人担忧，更难以从文化上给人类作出新的贡献。就像一个素质和人格有问题的富翁，不仅可能会一夜之间一贫如洗，而且也很难获得人们的尊敬一样，如果一个民族的素质没有获得创造性的更新，由这个民族赖以支撑的国家和文化，不仅其发展可能是不稳定的，而且也很难在今天的全球文明时代产生引领时代的影响。

"健康"和"完整"是人们非常熟悉的两个概念，但是如何把二者做人格观和人生观的建设性理解，并通过这样的理解使中国人的现代素质落在实处，我准备从我的"否定主义美学"并结合艺术现象去阐发这个问题。

一 什么是"健康人格"

什么是"健康"？大部分人认为健康就是不生病。现代汉语词典上的解释是"生理机能正常，没有缺陷和疾病"。我认为，健康的人是有杂质、缺点和私欲的人，而不是消除杂质、缺点和私欲的人。健康不是没有疾病，而是生病了我们可以与疾病打交道，并且有与疾病打交道的能力。不健康则是丧失了与疾病打交道的能力。理由有三：（1）生命肌体的正常运动必须有脏东西参与。（2）没有不生病的人，只有生病能治愈的人。（3）不生病的人常常是一生病就是大病，反而难以治愈。所以健康不是怕生病或不生病，而是能坦然面对疾病，并且也能治愈它。由此上升到对社会的理解，什么是健康的社会呢？如果说腐败是社会肌体的疾病，那么健康的社会就不是消除腐败的社会，而是具备与腐败和社会问题打交道的能力。腐败出场了我们有办法来针对它解决它，对它形成钳制。反之，不健康的社会，很可能丧失了与腐败打交道的能力，腐败出场了我们无能为力，不知道该怎么办。我想，当代中国的腐败问题可以从这个角度作问题性理解。

健康的生命是一个有机系统，从文学上看似乎最容易说明这个问题。《加里森敢死队》、《007》、《泰坦尼克》等西方影片里的主人公，在我们眼里看上去，不是喜欢喝酒就是喜欢找女人，而且常常还犯纪律，但为什么这样的艺术人物让人感到亲切？并且喜欢看？而且你觉得他们仍然是了不起的英雄？原因就在于：西方人对生命健康的看法是，一个人的毛病和喜好不是对立于其勇敢、智慧和牺牲精神的。这是对生命和人是复杂的有机体的正常看法。相反，我认为我们当代文学和影视作品中存在一个共同的问题，就是缺乏亲切感。为什么很多读者和观众更喜欢看西方的文学和影视作品，而不喜欢中国的文学和影视作品，其原因就在于我们作品中的英雄对世俗性欲望、矛盾、痛苦这些范畴总体上采取回避的姿态。我们的英雄是可敬但是缺乏亲切感的形象。中国艺术作品中，只有坏人才吃喝玩乐。好人是看不到吃喝的，顶多只能吃窝窝头和饼干。这种艺术处理的结果是，对好人我们只能仰视，而对不太好的人反而有亲和感。所以我们只能记住《小兵张嘎》中大口吃西瓜的汉奸，而不知道里面的英雄人物究竟吃的是什么。上海某中学做过一个调查，调查中学生喜欢《西游记》里面的什么人物。调查的结果是70%以上的学生喜欢猪八戒。猪八戒长得最丑，而且喜欢吃喝，还有点好色。可是这样的人物为什么能让今天的年轻学生喜欢呢？我想，其原因就在于他有人的日常的世俗化的欲望。所以，《西游记》如果缺少了猪八戒，很大程度上就是很观念化、很教化性的作品，就缺乏了一种亲切、可触摸、使你喜欢读的东西。但是中国文化有一个有趣的特点，我把它理解为一种穿越性文化。作家给猪八戒一个最丑的面具，但是读完作品以后，你可能还是比较，甚至最喜欢猪八戒，这个效果就是一个反差，一种张力。最丑的面具符合我们的道德观念，但是在艺术效果上，因为其具有很多世俗化的内容，所以反而会给人留下深刻印象。这一人物进入作品后，作品就成为一个有机的世界，一个生命体。如果这个人物没有了，这个生命体就很干瘪、很苍白。所以四大名著在这一方面的总体特征，是都有世俗化的、可触摸性的倾向，而《西游记》在这个方面是比较突出的。

另外，我们的英雄人物是不能有私心和痛苦感的，所以因其过于完美和绝对真空而失去了健康性。在我们的不少战争影片中，解放军战士中了弹以后就是不死，也缺乏临死的痛苦感，而敌人中弹则是作丑化处理，死得很难看。《三大战役》中的领袖人物只能有一些喜好，比如毛泽东爱吃辣椒，但是总体上没有矛盾痛苦，这使得我们的领袖可敬而缺乏可亲感。而西方的《巴顿将军》就不是这样。影片中的巴顿将军是活生生的有机体，具有日常的人的一些脾气、矛盾甚至缺陷。又如《生死抉择》这样的反腐败电影，也在理解上和关键性的问题上缺少一种生命有机体式的思考。影片中对李市长对私心和矛盾作了简单化处理。对于李市长妻子受贿给他造成的内心矛盾这一很重要的细节没有充分展开。如果能将其内心的矛盾充分展开，他最后的演讲就会更感人。如果缺少了这一环节，李市长或多或少就有成为一种观念化的形象。所以，我们编导在塑造影片正面主人公形象时缺乏从人走向理性，从人走向英雄的观念。一个有杂质的生命机体把杂质的东西过滤以后，再走向英雄，就会既可亲又可敬，其感召力就会更强。现在的文学和影视作品离这一状态还是有差距的，这也是我们的文学和影视作品失去很多观众的重要原因。

所以，崇高的行为不一定出自崇高的动机，是对人性复杂性的真实把握。西方思想家蒙田在他的《论人性无常》一文中说了这样一件事："库卢斯的一名士兵遭到敌人洗劫，该士兵奋不顾身与敌人拼搏，夺回失物，库卢斯见他如此勇敢，便派他去执行一项非常危险的任务，并且一再鼓励嘉奖，许以厚报。他却回答说：'我已失而复得，无所牵挂，你最好是派被抢劫了的士兵去完成这项任务。'他冷淡地回绝了库克斯。"这说明英勇的行为也许并不出于高尚的动机，正像我们"抗美援朝"是为了"保家卫国"，而不一定是为了解放全人类一样，也说明人性之复杂。这种复杂其实是正常的，我们没有必要对英勇行为处处拔高。

　　回到理论上来，我们的美学和伦理道德，缺乏"正常"和"健康"范畴，只有"伟大和渺小"、"君子和小人"这些相互对立、冲突的二元范畴。在君子和小人之间缺乏一个中介，即一个正常的人。如果我既不是君子，又不是小人，那我是什么呢？在我们传统理论中对此是缺乏界定的。我们的美学中也缺乏这样的思考。一个正常的人，既不是很崇高，也不是很渺小，我们的美学该怎么评价这样的人呢？我认为，如果连一个正常人都做不到，"伟大"和"渺小"可能都会有问题。因为，伟大是正常的升华，渺小是正常的异化，这样一种异化的渺小和升华的伟大才可触摸，才有现实感。所以美学必须能够解释现实中的各类人，然后才会有力量引导他们。我们今天的美学为什么有时候有苍白的感觉，可能跟忽略我们基本的、日常的、正常的人格状态，并且解释这个状态是有关系的。这也是中国美学在中国现代化进程中失去其影响力的重要原因之一。不是大家对美学不感兴趣，而是美学跟我们现实生活的问题和状况脱节了。伟人和英雄是没有私欲与缺陷的，而小人和凡人则相反，似乎都是缺陷并且沉湎私欲。所以在我的否定主义美学和伦理学中，这两种人格均有问题而不健康，美学和伦理建设今天应该首先提倡做"正常人"和"健康人"，这是当代美学建设和道德建设的重要环节。

　　而且，一种生命状态的不健康，会导致另一种生命状态也不健康，比如"禁欲和纵欲"，"大公无私和自私"，这就是逆反性的循环，从而使我们的生活始终陷入"利益"和"欲望"的缠绕之中而不能走出。印度哲学家奥修说：一个性压抑的人才会老想着性满足。只有建立在欲望正常满足基础上的人，才可能"不在意欲望"进而"超越欲望"。所以我说，今天这个似乎是"物欲横流"的社会，根本上是我们不健康的关于欲望和利益的审美观、道德观的必然结果。今天的社会问题就是从一个极端到另一个极端，不是现在的人突然都堕落了，也不是现在的人突然没有过去的人崇高了，而是过去我们对于欲望的看法，在人的现代化建设的意义上有其不健康性。轻视欲望和重视欲望、轻视利益和重视利益是同一种文化结构的产物。所以重义轻利很容易导致"重利轻义"。我认为，健康的观念是，尊重利益，既不是"重"，也不是"轻"。如果不做这样一种人文观念的改造，不解决人的个人欲望和私利这一问题，我们在谈到超越利益时还是很容易回到过去提倡的"大公无私"的状态，回到不要私利，或者私利是低档次的东西这样一种思维上去。所以，人的现代化建设的一个重要问题是对人过去的观念做现代的改造。这一改造是一种原创性的工作。我不是指用西方的观念来改造，而是指一种立足于将中国当代现实和我们文化精神打通以后的重新建设。这一改造的结果既和西方有区别，也和我们传统的一些观念有所区别。只有这样，现代重建的任务才能完成，才能落到实处，否则我们就会在传统的二元结构中挣扎。鲁迅的小说和杂文在不同程度上说到中国历史是一个圆圈，就是因为这种二元思维结构的限制，人在其中徘徊。所以我对"大公无私"这个二元对立结构的改造是：奉公而不大公，有私但不自私。

今天我们的教育、人文观念之所以与社会生活有"两张皮"的问题，也暴露出我们的人文观念已经丧失了对现实的影响力。其中的美学观念的症结依然在于：完美人格、圣性追求对正常和健康人格的遮蔽。

二 健康的人是体现自然丰富性的人

健康的人是体现自然丰富性的人，而不是在趣味、爱好、欲望、生存方式上进行价值高低限定的人（比如指责别人是低级趣味），更不是以一种自然来统摄另一种自然的人。健康的社会也同样是能容纳人的各种欲望和选择的社会，而不是对人的喜好作价值高低的单一限定。

什么是自然？要解答好这个问题，我们就不能简单地说"什么是自然"。为什么呢？当老子说"水往低处流"时，当卢梭崇尚自然的"原始平等"时，当张炜推崇"柔弱的小草和兔子"时，他们都是根据自然界的某一现象来作"自然是什么"的解答的。这就有些"盲人摸象"了。把自然的某一现象说成自己心目中的自然，就没有把握自然的本质，甚至某种意义上是不自然的。汪曾祺的代表作《受戒》刻意制造了一个没有人间烟火和社会内容的恬淡世界，在已经历苦难几千年的当代社会，反而因单一而有不自然性。我们不能回避苦难的历史，当我们面对它并且穿过它走出来以后，其背景就很复杂了，就没有这么单纯、纯净了。我们可以把纯净作为一种理想，但是必须让人从其背景和包含的内容中感到历史的沧桑感，我想，这才是今天的"自然"。所以，今天我们倡导的"纯净"应该是背后有杂质的，有丰富的历史内容的。这是在这个意义上，弗罗姆的《逃避自由》认为天堂失去便不可返回。所以"自然"要么不是轻易可说的，要么就是不亚于人类文化丰富性的另一个丰富的世界。这个世界的丰富是天然的，而人类文化的丰富是创造的。

鸟儿可以飞这片林子，也可以飞那片林子，可以栖息这棵树，也可以栖息那棵树，其中蕴含关于自然的精髓：自然是一个可以自己随意选择的世界，是一个丰富的世界。如果把这种选择放在人的欲望上，那就是：由各种人的各种选择所造就的世界，才是一个自然的世界；而一个人或喜欢读书，或喜欢打牌，或喜欢喝酒，或喜欢炒股，或喜欢像贾宝玉那样只喜欢女孩儿，其实都是这种丰富性的显示。无可厚非。我们不应该对一个人的"喜好"进行指责。这样一个社会和人就有自然美。而千篇一律或时尚倡导，都是反自然的。

比如，学校的学生喜欢在宿舍里争论，这个说喜欢《还珠格格》，那个说喜欢"超女"，还有的说你们都有些媚俗，我只喜欢苏菲·玛索，你看她主演的《心火》，把一种无法表达的母爱是如何表达得感人肺腑，等等。我想，争论趣味高下就是不够健康。喜欢和喜好是无可争议的。就像你不喜欢吃辣椒而我喜欢吃辣椒一样。有的人不光喜欢吃辣椒，而且专门喜欢吃酸的、臭的，这谈不上好，也谈不上不好。真正值得讨论的是：什么是好作品。不喜欢的作品可能是好作品。只有超出喜欢不喜欢的问题，才是值得讨论的问题。比如乔伊斯的《尤利西斯》和普鲁斯特的《追忆似水年华》，我就没有听人说喜欢。但那都是好作品。因为它们建立了一个意识不可把握之流动的世界而给人启示。普鲁斯特的小说中传达过"人在追忆中才能抓住永恒"的意思，永恒从来不是现实的东西。现实的东西再稳定、再固化，也总有一天会风化。今天的考古工作把很多文物挖掘出来，在文化保存的意义上是帮助了我们文化古迹的风化。但是人的历史就是不断挖掘、探索，这是不可摆脱的命运，一切物质最后都会风化。历史是人类的记忆，永恒只能在你的记忆中抓住，在历史中抓住。

又比如，在商品化时代，只要不触犯法律，人们的谋生方式和生存方式已多种多样，这也是自然丰富性的体现。我们对此应该采取尊重、宽容的态度。你可以靠精神和思想来谋生，也可以靠体力和身体来谋生，在"都是谋生"这一点上并无贵贱。过去我们的人文理念提倡精神性生活方式，反而在社会生态上有不自然性。在我们今天的道德评价中，最突出的问题是很容易把服务行业的女孩与"人格低下"混同起来。比如我们的观念中，出卖身体就有些出卖人格。这样我们就很难解释柳如是这样的妓女为什么会有让我们敬佩的人格意志，知识分子中间为什么也有卑躬屈膝的人格卑琐者。不能忍受人格污辱是人格健康者，无论他（她）用什么方式来谋生。如果对"忍"不进行价值区别，这个"忍"是有问题的。所以我的改造是，负应负之重，忍可忍之辱。人格侮辱是不能忍的，否则我们的近代史就会成为一个延续状况。因此，我们不能倡导笼统的"忍辱负重"，而要进行具体分析，要有底线。

我还想说的一点就是，菜无所谓好坏。老吃一种菜，哪怕是山珍海味也会腻味。我们过去之所以说鱼、肉、鸡鸭比青菜萝卜好，是因为我们的生活水准是在青菜萝卜的层次，而一旦我们的生活水准是在鱼肉和海味山珍的层次上，你可能就会非常喜欢青菜。王蒙的《坚硬的稀粥》就写过招待英国客人吃稀饭咸菜获得客人"东方的美食"赞誉的故事。所以我的生活原则是：尽量吃不重复的菜，也不迷恋豪华酒店，在任何生存环境中都可以有滋有味，也不为某一事物所累，就是健康的生活。比如你有车，如果干什么事情都开车，到家门不远的地方买一瓶酱油也开车，就是为车所累。所以我们现在有车，也有摩托车和自行车，要看做什么用途使用什么工具。《泰坦尼克》里杰克曾说，既不迷恋某一事物，也不拒绝某一事物。这才是一个相对健康放松的态度。

所以，理论上，历史的发展和生存方式的改变很难说成进步与高低，而是各有利弊。得到的与失去的一样多。舒适的代价是无聊与空虚，艰难和苦难中人更容易体验到幸福与充实。我们总是容易用"文明割裂思维"来描述历史的发展，用进步和高低思维来进行价值判断，也总是容易以身体的舒适来评判进步，而忽略了心灵问题。用事物和历史"不同而并立"的思维，更容易体现我们对事物本身的尊重，也会理性地看待我们在得到什么的时候已经失去了什么。如果从幸福体验的角度来说，大家觉得今天幸福还是过去幸福？幸福究竟是什么？是人的随心所欲还是一种很激荡的体验？所以必须把这两个维度结合起来看。我们今天过得越快乐，幸福感就越少。过去，我们常常从反封建的角度把中世纪看作是"黑暗的王国"，但是从另一个维度来看，中世纪的人有今天的人永远比不上的、没有的东西，即人的献身和牺牲精神。为上帝、理念、信念而虔诚的牺牲精神随着个体的发展和自觉越来越少。另外，我们中国人的爱情观在这一层面上也有问题。我们很容易用得到和失去来衡量爱情的质量。爱是一个自我丧失、自我献身而觉得幸福的状态，考虑付出和得到多少的人没有进入真正的爱。考虑问题是需要有智商的，所以现实生活中，如果一个人真正爱上另一个人，你会觉得这个人的智商急剧下降。

三 关于"全方位尊重这个世界"

由于欲望是杂乱和相互冲突的，所以人的文化性就表现在如何对待人的欲望世界上。今天我们在文化建设上，对欲望产生的冲突只能设置一个"全方位尊重你面前这个世界"的底线。欲望就像野生动物园里面的动物，有相对的自由。但野生动物园又是有边界的，动物不能越界，对人类来说，"全方位尊重这个世界"就是这个边界。

以此为尺度，我认为西方的民主和自由与中国的温情均有"不健康性"。这表现在：中国汉民族一般不会对外侵略，但是多内乱。我们国家不尊重人和人的生命的例子无处不在。我在看电视剧《水浒传》中武松怒杀蒋门神的时候，是很有快感的，但是看到后来就很惆怅了。武松把蒋门神杀了，把包庇蒋门神的官员杀了都可以理解，这是一种复仇。但是武松为什么要血溅鸳鸯楼，把包庇蒋门神的官员的一家妻儿老小全杀掉呢？本来是英雄侠士很正义的行为一下子越界，变成了暴政式的草菅人命。我们不仅不尊重人和人的生命，而且常常通过贬低他人、嘲笑他人、怪罪他人来捍卫自己的自尊。这个问题在"文化大革命"中，乃至在我们今天的学术争论和思想批判中仍很突出。与不尊重人相补充的就是依附性人格和奴性人格。所以不是依附他人就是贬低他人便成为我们的文化人格。因此，我认为，如果缺少"全方位尊重这个世界"这样一个底线，中国的现代化是很难完成的。另外，西方式的民主又存在着这样的问题：对内不对外。西方人对内可以建立民主制，但对外却做不到"尊重他文化"。其关键点在于：即便西方人认为全球都应该建立民主体制，也不能用"侵略"的方式来进行。所以这个问题最早应该反思"普罗米修斯盗天火"的问题。"盗"与今天美国式的霸权有密切的联系：当人类可以向自然盗天火的时候，今天当然就可以向其他国家"盗资源"，因为自然今天已经国家化了。

另一方面，我们对传统文学经典的评价，常常忽略了隐含在人物形象中的对他人尊重的意识，结果就很难解释清楚作品的独创性。在中国文化现实中，我们常常推崇读书人，而轻视吃喝玩乐的人，有一定理由。因为文化要靠读书人传播与生产。但因此一来，贾宝玉就成了一个有低级趣味的人，而韦小宝就被说成了小流氓。但曹雪芹是把贾宝玉作为"新人"去写的，韦小宝身上有些长处是很多知识分子、文人都没有的。贾宝玉"新"在尊重和怜爱女孩儿，而其他三部名著都存在不太尊重女性的问题。最典型的就是《水浒》里女人英雄和淫妇的两极分化，而缺乏正常的女性。韦小宝虽然有7个老婆，但他从来不嫖娼，晚上睡觉还通过掷骰子的方式选择同床的老婆，这种原始平等我看在人格上比皇帝健康。试问中国文人，这两点你做得怎么样？所以我们不能通过一个人的喜好去判断高级还是低级。在高级和低级之外，我认为"是否尊重人"是衡量一个人人格的首要道德标准。

还有一个相关问题就是，当年"妇女解放"作为一个口号，我认为没有触及问题的关键：我们不是没有把妇女当妇女，而是没有把女性当作人来"尊重"。同样，在男人世界中，"不尊重人"也是一个普遍存在的问题。所以这是一个中国男性制造又被没有警醒的中国妇女糊里糊涂就接受的话题，并且已产生"双重异化"。其结果是：妇女解放虽然使妇女参加工作，有和男人一样的政治权利，但也把妇女身上的特性消解掉了，我们这个社会依然对女性是不够尊重的。海岛女民兵的"雄赳赳、气昂昂"的英雄形象与我们传统女性形象是有关联的。比如，《水浒传》中写的女性不是潘金莲这样的淫妇，就是顾大嫂这样的男人见了都害怕的英雄，没有一个正常的女性形象。所以我认为，真正应该提的是人作为人被尊重的"解放"。同时，这样一种妇女解放的产物——女性的温柔一面失去之后，就很容易产生《李双双小传》中傻乎乎的喜旺那样的男性形象和电影《小花》中的奶油战士形象。

所以，人的生存世界，尤其是欲望世界，我们最好不要说"应该做什么"，而应该设置"不能做什么"的道德底线。"全方位尊重这个世界"我以为就是今天的道德和伦理底线。所以，"己所不欲，勿施于人"作为伦理底线，是否应该进行这样的调整和改造："己之所欲，亦勿施于人，但可说于人。"一个人认为是正确的事物，不应该要求他人一定接受，而只能对他人说话。这就是对他人选择权利的尊重。以此类推，学术的最高境界也只是"影响社会"而不是"改造社会"。因此，我认为，孔子在周游列国的时候是最可爱、最美的形象，那就是知识分子的形象。至于孔子的学说是否能成为官方的意识形态，被官方所接受，那是政治的事情。学术和理论的最高境界是影响和启发大家，并不是要求大家一定要接受。这就是对这个世界尊重的态度，即渴望通过自己的贡献和努力来影响这个社会，但是不要想改变它。

四　健康人格的三元空间

健康人格还体现为健康的人格结构和素质，这表现为：一个人平时考虑自己的利益，与在某种情况下出现的助人行为和奉献精神，是不矛盾的。其关键在于：私利不能私利化，即任何情况下都在考虑个人利益，助人也不能助人化，甚至找好人好事去做，牺牲只是人类特定状况下的自觉行为，而不是号召出来的伟大行为。私利、助人、牺牲的有机统一，是正常人性而不是伟大人格的体现。

我发现，同类在困难或危难时相互帮助一下，是动物世界也会产生的现象，何况人类？当你看见一个老大爷拖车上桥很吃力，而你这时候正好也走在旁边，你帮助推一下，这是一个很正常的行为，而不是伟大和崇高。以往学雷锋，是对人类漠不关心状况的"矫枉过正"。见死不救、见难不帮是一种异化，但学习去做好事，同样也是生命和人性异化的显示，是一种极端导致另一个极端。人性的健康表现在：助人行为是人随时可能出现的生命本能行为，而不是"提倡"出来的。而"助人为乐"这个观念今天也应该调整：个人获得自己的利益，与某种情况下帮助人一下，都可能会有快感和欣慰感，但我们不能仅仅把帮助人理解为是快乐的，仿佛其他行为就没有快乐一样。这就是一种正常和健康的心态。

为集体的奉献和牺牲是人在特定状况下的自觉行为，也是健康人格的体现。《圣经》中有"诺亚造方舟"从而使人类躲避洪水的侵害的故事。这意味着：人类在和自然的关系中，只有成为"集体"才会抵抗住自然界的侵害。这个时候，"保护集体"就是"保护个人"。所以只要人和自然的关系存在，集体精神就永远不会过时。这也是"非典时期"人们感觉集体的重要性的原因。所以在"抗洪救灾"中，逃避行为的可耻性，就是指人的不正常性。逃避者是不懂得这个道理的人，也是被集体轻视的人。美国的《冰山抢险队》里面的主人公让人很感动，国外的现实生活中常见的助人现象，都说明助人是人性常态，但不是刻意的。要实现现代化，即便全国都是高楼大厦，即便经济指标很高、利润很高，如果人的素质不健康，还是不能称之为现代化。因为人的问题不解决，指标上去了，还是可能会被"有问题的人"又搞下来。

所以在观念上，人的健康结构，同样是自然的丰富性和人的文化的丰富性的体现。而人的伟大性和崇高性，则应该理解为是对人的健康性"超越"之结果。当人类的母爱或牺牲精神产生超越自然的力量时，才会有伟大和崇高出现。当唐山大地震中一对父母为救自己的孩子，一直硬顶着塌陷的水泥板直到孩子获救，而事后举重运动员也顶不住这块大的水泥板，此时我们才可以考虑人类的母爱与动物母爱的区别所在。但一般出于本能保护自己孩子的行为是正常行为，不必拔高。我们的艺术中常常接触到母爱主题，有时候反衬出现实正常母爱的异化问题。我们在网上常常看到类似这样的新闻，一个人要跳楼自杀，楼下的人拍着手让他赶快往下跳。由这些拍手的人组成的社会，其经济指标再高，也不是现代化。因为由这样的群体建设现代化，经济指标可能还会降下来。

五 什么是"人的完整"?

否定主义美学以为：追求"完整"不同于追求"完美"。完美是人很难做到的，因为圣人也做不到完美，神的完美又是以她的非现实性为代价的，所以我不要求人去做完美的人。而完整是经过努力可以做到的。完美只有在努力把一件事做好的意义上才可以去说。比如写出一部好作品，做优秀的人。但其实好作品、优秀的人，依然是不完美的。

首先，"完整"不是道家的"纯粹完美"。因为我所说的健康的人身上是有私利、有杂质的，我主张对人的欲望采取尊重的态度，所以这样的人肯定不是完美的人。但也正因为这样的不完美，我所说的健康的人才可能与现实打交道。屈原的圣洁和沈从文《边城》里纯洁的"翠翠"之所以是悲剧，是因为自身过于干净纯粹而产生的孱弱所致。翠翠和傩送的爱情悲剧主要不是环境造成的，而是因为翠翠身上缺乏生命意志和自我实现意志。爱情要靠自我创造、自我实现、自我追求才能得到。翠翠是很软弱被动的，所以由翠翠构成的纯洁的人格审美形象，虽然很完美，但是在现代化进程中是孱弱的。道家的"避世"和"独善其身"、"仙风道骨"的人格风范，是不具备影响和改变现实能力的人格风范。所以我以为道家不是对抗和区别儒家文化的，而是用不面对现实政治文化默许了现实的合理性。道家崇尚的看似与现实脱离的完美人格，反而是肯定现实的。

其次，完整并不是成为圣人和英雄。在美学上，完整人生是指快感与美感并立的人生，而不是用"美感优于快感进而超越和征服快感"的人生。一般说来，快感与自然和本能相关，比如模仿和依附，都属于快感，但缺点是空虚；美感与人为和创造相关，比如独创和批判，缺点是比较艰难，所以各有利弊。它们的并立状态，就是人的完整。像爱因斯坦、毕加索、苏轼这样的人，就是生活中活得很健康，又以作品的创造体现出自己的审美追求，从而获得完整人生的人。

再次，完整同样不是指"名利双收"。完整人生不简单指生活和事业并立，也不简单指在事业上的成功。因为如果你把事业成功放在赚钱、出名、获得地位上，且把一切文化的东西工具化，那么这样的事业和我们的日常生活就没有根本区别，其性质都在于获得快感。赚 10 万元再赚 100 万元，和赚 5 元再赚 10 元是一样的。因为对一分钱也没有的人，赚 5 元钱就是成功。在今天，你做出一个奇怪的举动，甚至骂人都很可能出名，这和我所说的人生完整与名和利没有什么关系。一般所说的事业成功者并不是"完整的人"。

提出"完整追求"之所以重要，是因为快感和利益的生活最后会使人空虚与无聊，很多人为了摆脱无聊、空虚、没劲的感受，只是不停地在置换快感，但却走不出快感世界。快感是无尽的，也是没有标准的。所以为了摆脱追求快感的无聊，我们应该过一种"快感不能说明的生活"，这样人生才能完整。具体的做法是：

一是摆脱无聊的安静，来自于不可重复的审美体验，人才能相对"完整"。前几年报载一名 40 多岁的女研究生，有一份令人羡慕的职业（独资企业部门经理）和每月可观的收入，工作也令各方面都感到满意，却突然感觉"平淡就是失败"，最后终于远走高飞，想尝试一种从未经历过的神奇。她的姐妹们也被其打动。一旦生活正常化、富裕化之后，那些对快感有警觉的人往往会产生类似的冲动，会忽然觉得这种生活是不够的，是有缺憾的。我想其原因就在于：一个人如果一生都没有奇异而且令自己震撼的生活体验，心灵就是空的。美国影片《梦幻船》就是如此。这条船不能保证上船的人是悲剧还是喜剧，但可以保证你将经历一生从未经历过的事情，满足你对日常生活感到厌倦的审美冲动。结果很多生活得很好的人都上了这条船。我想，这就是一个人渴望自己人生完整的显示。《泰坦尼克》中老年的"露丝"就有这样"完整"的人生：在日常婚姻的生活中，她有一个深藏内心的、不可重复而震撼人心的审美记忆，所以很安静、安宁。真正的安静和安宁是内心的独特的充盈记忆导致的。《等待戈多》中还是要等但是又不知道要等什么的状态，就是对于日常厌倦的表达。西方现代生活已经合理到你对社会任何的反叛冲动都能被其容纳，意指马尔库塞在《单向度的人》中说这个社会合理得让你丧失了否定它的欲望和冲动。当这种否定冲动丧失以后，这个社会就开始衰落。一个人在自得自身状态的时候就开始走向衰落。我们的文明也是在达到最辉煌状态并且满足于这个状态的时候，开始走向衰落。

二是完整的人生，在工作上来自于人的创造性努力持之以恒、永不放弃。我把世界分为重复的、依附的、大同小异的世界和不可重复的、独特的世界，只有后者才是真正自我的世界，并且也只有后者才是一个人"对文化的贡献"。一般说来一个人出力流汗就是对社会做贡献，但这样的贡献是每个人都可能有的，所以不可能体现你的"不可重复性"、"不可替代性"——而没有后者，你就不可能找到在社会的安身立命感，也就不可能有心灵上的寄托。尽管我们要做大量的别人可替代的工作，但完整的人生追求会使你产生焦虑：为我还没有做出只有我才能做出的工作而焦虑。有一次我和南京画家毛焰交谈。毛焰是国内很有成就的青年画家，在国外也举办过十几次画展，但我和他谈这个问题就很有共鸣。他也认为真正能代表他毛焰的画，他还没有画出来。所以我们看梵·高的绘画，看鲁迅的小说与杂文，即便没有作者名字，你就知道这是谁的作品。因为没有人可以重复它们，学也学不像。我想，这样的作品哪怕只有一部就够了。曹雪芹就一个《红楼梦》就够了，而我们当代很多作家写了大量的作品，可能还是没有一部真正能在性质上区别于他人和前人的作品。

三是只有创造性才能成为人生的支点，并且也只有这样的支点，才会让人对利益和欲望采取不在意的态度——人为地提倡"淡泊名利"是很难做到的。梵·高之所以连饭都吃不上还不放弃他的"向日葵世界"和"开花的果园"，是因为这个世界非他莫属并已成为他的生命和价值依托——没有这个他觉得自己就是毫无价值的人。梵·高之所以没有去画大家都能画的画去谋生，是因为只有这样的支点才会让人产生"定力"。一个人只有建立这样的支点，才会对生存利益不在意。我们大多数人之所以一天到晚为生计忙到晚，累得要死还在忙，也正因为我们缺少这样的定力。传统"淡泊名利"的观念在今天之所以是无力的，是因为这样的观念只能在"重利"和"轻利"之间徘徊，解决不了"健康对待利益"这个问题。所以"轻利"和"重利"是一回事。我对"重利轻义"和"重义轻利"的改造是"尊利而不唯利"——在利益之外人如果没有创造性努力作为支点，就是不完整、不平衡的。所以创造性就像圆规的支点，另外的欲望之脚才能伸缩自如。没有创造性的支点，你就永远无法摆脱利益支点给你造成的疲惫感。我自己从事否定主义理论研究的体验，也是如此。

六　完整不是破碎的

按照否定主义美学的"美是整体"的观念，完整的人生也不是破碎的人生。20 世纪中国知识分子、中国当代艺术作品、我们的生存现状，都存在因"破碎"而"不完整"的问题。像韩剧《大长今》那样的从人生信念出发的对人生道路、行为风范、相貌言谈以及饮食料理均具有"整一"感而产生的美，在我们的现实生活和艺术生活中均是匮乏的。

首先，我认为思想破碎是中国现代知识分子审美形象上的最大问题。20 世纪的中国文化，从王国维开始就走向了"破碎"。王国维的破碎表现在用西方的哲学解释中国文化、中国文学，而不是用自己对世界的独到理解来对待艺术。这就产生了错位，导致西学不可爱的困惑，最后终于使他放弃了理论，转向经学研究。但是经学无法解决心灵问题，也无法解决信念问题。一个心灵空虚的人，是很有可能随时自杀的。自杀的方式是多种多样的，一个学者不搞学术不搞理论，也是一种自杀的方式。王国维的整体形象的破碎，也涵盖了中国知识分子在 20 世纪的命运。比如 80 年代我们搞文化启蒙，用西方理论重新对社会进行启蒙，90 年代又回归传统儒学和国学，这条路大致相似于王国维的转换。信念和心灵问题解决了吗？没有。我和很多学生交流过，大家普遍的一个心灵上的状态就是"茫然"，不知道自己在干什么，也不知道自己该追求什么。用这样一个空虚的状态进行文学创作和批评，"无动于衷"便成为 20 世纪中国知识分子和大众脱节的一个标志。

其次，中国当代艺术作品的破碎问题，揭示出中国当代文学艺术与西方和韩、日等国在文化竞争力上的明显差距。比如我们要问电视剧《红楼梦》的编导是如何理解贾府的豪华与破败的，就很困难。我们日常化的理解就是《红楼梦》是反封建的象征，我的问题是，曹雪芹表现的为什么不是对这个封建家庭解体的遗憾呢？因为这个家庭毕竟生长出贾宝玉这样一个新人。我们的编导又是如何理解贾宝玉只喜欢在女孩堆里厮混这样一个顽童的呢？贾宝玉追求的是什么呢？缺乏这些追问，电视剧《红楼梦》就很容易变成了美食和美色的摆设，看着热闹，而背后缺乏启示。而《大长今》启发性的东西是相当多的。长今的谜语，闵政浩和中宗皇帝的深谈，"我爱长今的方式是成全她做她想做的事"。我们有多少人是这样理解爱的呢？我们是把爱理解为占有和结合。成全她做她想做的事，就是让她成为她自己，让她创造她最独特的自己，这是爱的最深刻的表现，我觉得我们真的应该提倡这样一种爱。我们有自己吗？有成为自己的追求吗？没有这种追求，你就会今天选择这个，明天选择那个，最后还是空的。朱自清的《荷塘月色》是20世纪中国文学的经典作品，但在我看来就有问题。我们在这样的经典作品中依然能看出审美破碎的问题。我不知道大家注意这样的细节没有，就是翠绿的荷叶和荷塘边鬼影一般的灌木丛构成的反差，使主人公非常惆怅。那时候他就想起了古典诗词里面那个和谐恬淡的意境。我想说得是，一个审美者内心深处不可能是惆怅的，之所以惆怅，只能是为美的破碎进行惋惜，而且只能回忆过去整一的传统的美。因此这篇散文实际上写的是古代诗词审美意境构筑的和谐恬淡状况的破碎。今天的知识分子一谈民族的优越感，就只能到传统中去寻找，其原因就在于古代的文学、古代的人生是高度合一的，儒、道是一个完整的结构，没有这种破碎感。而我们的破碎的突出体现，就是王蒙笔下的倪吾成：头脑是西方的，身体是东方的，如果连中国式经典作品中都存在这样的问题，就更不用说一般的作品了。

再次，我们生存环境的破碎是生命状况破碎的一个突出表征。生存环境乃至文化环境的破碎感，举目看去无处不在。我经常去湘西，突出的感觉就是在我们的城镇建设上，这种破碎依然存在。比如湘西的吊角楼是很著名的，可是我第一次去的时候，看到水边一个吊角楼和一个小洋楼挨着，给人的感觉就是破碎的、不和谐的感觉。参观沈从文故居的那个老街道，感觉就很好，因为看不到这样的不和谐。但一到凤凰新城，和千篇一律的县城一样的，就没有什么特色了。老城和新城放在一起，湘西还美吗？我就惆怅起来。这种破碎的另一种表现形式就是追求西方式的豪华。中国式的建筑应该让所有的外国人感到震惊、惊奇。这样才能凸现出中国建筑独创性的设计。外国人之所以对故宫感到惊奇，就是因为故宫是跟西方建筑是不一样的。大家知道南京的雨花台，它已成为由现代宫殿组成的纪念馆。所以今天的雨花台很难让人在直感上进入历史。它修筑得越豪华，我们想由其进入历史就越困难。我记得我在江宁县读小学时候，每年清明学校组织步行到雨花台扫墓。我们这些小学生，一到雨花台马上就鸦雀无声，并不是老师教我们这样的。那时候雨花台没有任何建筑，就是一个破石碑，周围都是松林。风吹过，松林就漫山沙沙响起来。大家这时候似乎嗅得到风中的血腥味，马上就肃然起敬。这其实就是文化，我们进入了雨花台，也一下子进入了历史。而今天的雨花台，就是一个风景点了。天气暖和的时候，我看到有小孩在那里溜冰、放风筝，旅行团来来往往，但走马观花的多，甚至还有游客谈笑风生。这样一种进入不了历史的文化场景，我认为多半已经成了文化躯壳，很难是文化性的好作品。

从思想上的破碎到作品的破碎乃至生存环境的破碎，都在说明我们的"完整"已经打碎了。这样的一个"打碎"和我们的生活是密切关联的。如果我们不能解决这个"破碎"问题，我们始终不如西方人的感觉就很可能继续下去，在全球化的格局中我们也就很难找到中国人的自尊和优越感。我认为，中国现代化最大的障碍就是这种"完整"得不到重建。如果我们不把今天文化上的"破碎"与鲁迅当年所说的"一盘散沙"作关联性思考，如果有学者把这样的"破碎"作为后现代的多元来提倡，那么，中国当代文化就不可能重建其审美形象。

所以，我建议我们把日常生活的问题与心灵的问题关联起来思考。这样一种打通性的思考，说明"健康"和"完整"不仅仅是一个生理和心理问题，也是一个人文、伦理和审美观念问题。

儒学若干思想精华的改造实验

所谓"改造试验"，意指依据中国当代现实问题的特殊性及其创造性的理论期待，同时改造中西方的思想精华，当然也包括同时改造中西方思想糟粕。改造后的精华不一定还是精华，改造后的糟粕也不一定还是糟粕。"改造"是不离开既定的思想材料，但又到达既定思想以外的地方的意思。"改造"的创造性指向意味着一种原创性思想努力，其目的是为了建立既区别于传统，也区别于西方的中国当代道德观。这一点，鲜明地区别于学界依据西方思想来批判中国传统思想，或依据中国传统思想来统摄西方思想的做法，更区别"亦中亦西"的所谓融会而内在分裂的做法。本文的若干条目只是儒学现代改造的一个初步尝试，并望与学界同道一起研磨改进。

1. 己所不欲，勿施于人，己之所欲，亦勿施于人，但可说于人

孔子原文"己所不欲，勿施于人"（《论语·颜渊》），"己欲立而立人，己欲达而达人"（《论语·雍也》），意在强调君子的行为规范和表率作用，亦在加强人的道德自律，对纠正中国文化中的口是心非诸问题，具有一定作用。今天中国的哲学和伦理学界，有不少学者认为它是普世伦理。但中国当代现实的问题是：且不说知识分子是否已经掌握了可启蒙大众的真理——依据西学来对中国大众进行启蒙疑问颇多——即便回答是肯定的，我们也不能拿着这真理要求大众接受，这是特别需要中国知识分子注意的。而在个体意识逐渐增强的当代社会，一个人自己想要的或倡导的，不能要求别人也去要，更不能强加于人，而只能通过说话影响社会——西方文化在对待东方文化上，同样存在这个问题。"己所不欲，勿施于人"在逻辑上不一定推导出"己之所欲，可施于

人"，但在功效上则很容易如此。因此，否定主义哲学认为"己之所欲，亦勿施于人，但可说于人"，是对第一句话的当代制约，并改变了第一句话的性质。

2. 学而不思则罔，思而不批则殆

孔子原文"学而不思，则罔，思而不学，则殆"，意在强调学与思的互动关系，一般意义上没有什么错。学而不思难以消化吸收，思而不学则难免空疏之害。然而，孔子所说的"终日不食，终夜不寝，以思"、"无益，不如学也"，并未触及问题的关键。中国文化在晚近的衰落，20世纪中国知识分子的所谓"失语症"，人文精神讨论中知识分子之所以说不出中国当代的人文主义，均与我们在"思"上只有阐释、认同、消化性思考，缺乏批判、创造性思考有关。因此，中国学者在"思"问题上的"否定"，也是认同新的思想来抛弃旧的思想的同义语，其"批判"只具有"选择新的思想"之意，而不包含"创造自己思想"之意。长此以往，自然会耽搁事情，并造成各种文化性危机。因此，否定主义哲学主张以"学"、"思"、"批"之三元关系穿越"学"与"思"之二元关系，其"批"也是否定主义意义上的"批判与创造"之含义，并对"学"与"思"进行了价值限定——"学"解决的是求知的问题，"思"解决的是对知识的消化问题，"批"解决的则是"学与思"中的知识创造问题。

3. 君子忧贫亦忧道，学不仅为禄

孔子原文"君子谋道不谋食……学也，禄在其中矣。君子忧道不忧贫"，意在强调和要求知识分子不在意贫困，只关心"道"之能否行之于世，或者可通过读书致富。所谓学而优则仕，仕则富，这触及知识分子的人文关怀胜于利益关怀问题。然孔子的思路存在三个问题：一是知识分子在过去和今天均难以做到"不忧贫"，只不过是通过读书做官去脱贫，这只是方式问题。因此不必虚伪地称自己"不忧贫"（无论是个人之贫还是国家之贫）；二是将"道"与"贫"对立，其"道"便可能是对"脱贫"不管用的"道"，这种"道"便只能是"轻利"之道，这与当代改革实践不符合，也与对人性的尊重不符合。否定主义哲

学认为，"道"可以不限于"食"，但不能轻视"食"；三是通过读书做官致富，无疑容易将求知作为生存快乐的工具，从而忽略了探求自己的"道"以获得心灵依托的问题，因为心灵依托与贫富无关。所以不是通过学去为禄，而是学可以为禄，也可为与禄无关的心灵问题。学就有"生存"之学与"存在"之学的区别。

4. 尊人、敬优、孝老、护幼

"尊老爱幼"是儒学的精华，西方的"人人平等"则是西学的精华，否定主义哲学均主张改造之。"尊老爱幼"中显然不包含"人人平等"意义上的"尊重"之意，否则就应该连孩子也应该尊重；而"尊老"也不能区别"孝老"、"敬老"等不同含义。但否定主义哲学也不认为在中国可以实现以"个人权利"为单位的"人人平等"——中国人是将心灵幸福看作比个人权利更高的人生境界，所以否定主义改造后取"尊人"之意。即任何人都需要尊重——不管是男女老少还是所谓渺小的人，甚至是自己的敌人，你都不能将之当狗，而应该当人。但不是人人都可以"尊敬"的，我们只能尊敬优秀的，老人如果不优秀，也不一定就能获得人们的尊敬。但优秀的不一定是圣人，也不一定是英雄，在我这里主要指富有创造性的或尊重创造性的。对老人应该"孝"，即便你不尊敬老人，或者和父母关系不太好，也应该"孝老"或"孝敬"老人，尤其是身心之关怀。至于对孩子，不能是笼统的"爱幼"。因为传统意义上的"爱幼"，更多的是把玩和溺爱，无法区分爱的不同性质。所以对孩子还是"呵护"、"爱护"其成长为妥。

5. 尊利、守法、求义

"重义轻利"和"重利轻义"是中国传统文化中二元对立的思想。否定主义哲学不赞同用"重"和"轻"来处理两者的关系，并认为"重利"是过去"轻利"的逻辑结果——有轻必有重，有禁锢必有放纵。当代社会必须建立"尊重利益而不限于利益"的新的道德观与思维方式。因为利益与快感相关，属于人的本能；本能既不属于丑也不属于美，而属于否定主义美学中的"正常"。我们只能说当代人不能"惟利"或"沉湎于利"，但也不能"轻利"，亦即不能轻视正常的东西。

何况不少"轻利"者一转身似乎比谁都重视利益——这在知识分子更常见。重要的是，儒学中的"义"没有区分法规之"义"与心灵依托之"义"的不同质。对法规之"义"，我们只能无条件遵守，而不是孔子所说的"见利思义"——如果这里的"义"是"君子喻于义"的"义"，那么在效果上就还是会"轻利"；而对心灵依托之"义"，由于传统的信仰观、人生观、世界观在当代有一个思想原创问题，属于我们这个时代的思想和理论还不在场，所以在今天是一个"求索"的问题。即便我们以后建立起属于我们这个时代的"义"，个人与这个"义"的关系，仍然是一个穿越、消化、探索自己的理解的问题，而不仅仅是选择与认同。

6. 三人行，或有知识之师，但恐无创造之师

孔子的"三人行，必有吾师焉。择其善者而从之，其不善者而改之"，主要是从知识和道德论意义上讲的，即任何人都有知识和道德意义上的长处与短处，我们要善于发现别人的长处而学习，在知识论和道德论上这没有错。但在今天，我们不但获得知识的途径已经多种多样，而且获得知识已不能作为今天教育的最高境界。即素质教育所要求的创新教育，已经对传统知识传授型教育构成了巨大挑战，能面对并承担这样挑战的"师"，现在 30 个人中间也不一定有一个。而需要这样挑战的"师"，无疑是中国当代教育迫在眉睫的课题。不仅如此，传统道德在今天也处在需要重建、重组的状态中，何为善何为不善，今天应该有新的思考。这样，"三人行，或有知识之师，但恐无创造之师"，并不构成对孔子观点的排斥，但可以发现孔子言论的当代性局限，并穿越了孔子的思想，揭示出当代教育的问题。

7. 和而不同，和为和气；不同才和，和为尊敬

子曰"君子和而不同，小人同而不和"，钱穆释为"君子能相合，但不相同。小人只相同，但不相合"（《论语新解》），意思是不错的。"和而不同"因此成为儒学中的精华之一，并且依然为当代不少学者所认同。但"和而不同"中的"不同"，主要是指个性不同、表达不同、风格不同、阐释不同，而很难容纳世界观之不同——比如儒学能否容纳

西学，比如孔子是否容纳反对儒学的人和思想。如此，其"和"，主要讲的是和气与礼节，但并不一定能消除对他者的轻视，也就很难与当代多元化思想相通。"中体西用"和"西体中用"，就是这种不对等的"和"的表征。即便"和而不同"可以引申出当代多元思想和谐共生的意思，它也容易混淆中国文化内部儒、道、释之共生与《圣经》和《易经》之共生的不同质——前者没有内在价值冲突，而后者则存在世界观的重大差异。"和而不同"更难区分是可选择的思想之多元化，还是思想家之间的思想之多元化。可选择的思想因为异己性而不稳定，从而也会产生排他性；自己产生的思想因为其独立性，从而也会真正尊敬他人的思想独立性。如此，"不同才和"便成为相互尊重与尊敬之和，而不是人伦之和、情感之和与功利性的"和气生财"之和。"不同才和"由此成为对"和而不同"的包容与穿越。

8. 述而有作，切问远思；无远虑之近忧，忧之犹存

孔子原文分别是"述而不作"和"切问近思"。前者意指对先王之言只阐释而不创新，后者则是指从切身近处去问去思，可免缥渺玄想。前者或可是孔子的谦词，但作为治学方法与境界，其后果未免消极。因为依附和模仿是人的本能，而创新和创造则需要人的努力。"述而不作"不但不提倡创新，反而提倡描述与阐释，这就难怪中国思想史中的独创之思想少之又少，而多"宗经"与"释经"之作——虽有个性化劳作，但无世界观之重大突破。而"切问近思"虽然有中国思想贴近现实的务实之优点，但由于儒学将"人无远虑"和"必有近忧"对立起来，要不然过于狭窄实际，要不然就过于高蹈空虚，而不擅于通过"近忧"而"远虑"，由切近之问推及长远之思，由中国之忧推及人类之虑，所以"近忧"与"远虑"就都得不到解决。比如"抗洪救灾"如果只停留在"水来土屯"的层次，那是不可能真正解决洪涝之问题的——所谓中国就是"抗洪救灾"的历史是也。因此，建立"切问远思"、"由近及远"的"穿越性思维"，已迫在眉睫。

9. 吃喝玩乐，人之本能，中性词也

在中国传统思想中，"吃喝玩乐"虽然不像"好吃懒做"那样具有

贬义，但还是不及"君子喻于义"那样高尚。虽然君子与小人一样都需要甚至喜欢吃喝玩乐。儒学常常不是忽略人的正常的欲求，就是将人的正常欲求看作是比"仁、义、礼、智、信"低一个层次，并制造出不是"伟大"便是"渺小"的二元冲突思维——"艰苦"与"享乐"正是这种二元对立的结果。其实，只要一个人不妨碍和伤害他人，吃喝玩乐就既不属于美，也不属于丑，而是一个中性概念。现实的情况是，不少轻视吃喝玩乐的人，一转身也很喜欢吃喝玩乐，这就难免虚伪。社会的发展是引导人们去享受还是过艰苦的生活，也十分明了。特别是，一个人如果继承了一笔遗产，不工作就可以活，我们也没有必要以"好吃懒做"指责人家。我们充其量只能说：人不能停留在"吃喝玩乐"、"好吃懒做"之状态，但这不等于轻视它们。二者既是中性词，我们也就没有必要羞于谈论它，更没有必要在审美上贬低它。

10. 文以化道，文显个道

"文以载道"是中国传统的主流文学观，并作为文化积淀延续至今。西方的"艺术即形式"之所以难以冲击它，原因一是在于中国没有纯粹形式的土壤，二是在于它是以剔除"道"的方式来反"文以载道"，并未改变"文"与"道"的关系。所以我认为："文以载道"一方面突出的是文学对"道"的从属性，另一方面也没有突出"个体之道"对"群体之道"的穿越性，因此作为一种文学观，它体现的是中国文化对中国文学的要求和统摄。因此否定主义文艺学主张以"文以化道"和"文显个道"来穿越之。"文以化道"是指文学中可以有思想材料，但性质不在思想和观念，而是以文学性世界将之化成丰富的意味；所谓"文显个道"，是指文学家以文学的方式穿越了群体性的道，建立起个体化的道，这就使得文学世界中的意蕴具有独特性。所谓卡夫卡的丰富不等于曹雪芹的丰富是也。这是文学与道的双关含义，并在某种意义上可以概括古今中外之文学经典的基本特征。

11. 身在创造，家在和睦，国在强盛，天下在均衡，道不同，求亦不同

《礼记·大学》和《朱子文集》等均强调"修身"为治理家庭、

国家和天下之本，所谓"修齐治平"也。其思维方式是道德治己和推己及家、及国、及天下。否定主义哲学认为，在当代尊重个体的社会条件下，个人的价值判断、需要与行为方式，不能用来推及他人和要求社会，而只具有自己安身立命的意义。当然这里需要区分公共道德和个人道德：公共道德不属于个人"修"的范围，而只能遵守；而个人道德则属于价值观的多元化问题。关键是，个人，家庭，国家，天下，有不同的价值尺度和内在理路：个人的身体在于自我创造实现，家庭的性质在于稳定和睦，国家的性质则在于兴盛强大，天下的性质则在于力量均衡。将"平天下"作为个人修身养性的终极目的，一方面极可能与各种专制主义（中心主义，家天下，世界霸权）合谋，另一方面，个人的自我实现与创造，不一定就能带来家庭和睦；而个人的道德完善，也不一定能带来国家的发展与强大；而任何一种文化均有长短，只有不同而均衡，才能天下太平。将个人、家庭、国家、人类的不同性质的关系混为一谈，最后可能既没有了个人，也没有了国家。或者说国家个人化了，而个人则国家化了。

12. 道不同，不相为谋，但可互尊；小道不同，可并立，大道不同，可对话

孔子原话"道不同，不相为谋"。大意是指思想不同，不能相互商讨谋划，这是可理解的。在价值中心主义或思想专制时代，"不相为谋"极易导致对异己之道的排斥，思想流派也极易演化为思想帮派，并通向话语霸权。这在某种意义上依然是中国当代思想文化现实。否定主义哲学认为，在价值多元化的今天，道不同，虽然很难为谋，但可相互尊重。因为任何一种道均有长短，所以道之间很难是优越、相克的关系；因为在对话中可了解他人之道的长处和自己之道的短处，有利于更清醒地运用自己的道，也有利于发展自己的道。尊重与对话不是消除差异，恰恰相反，而是了解对方何以与自己不同。问题在于区分小道和大道。小道是在文化内部世界观与价值观的分歧，可以彼此尊重并立；大道是指文化之间世界观与价值观的差异，可以彼此理解对话。并立是不排斥，对话是了解对方何以然。

13. 天人分立而对等；天法自然，人法创造；自然随意而空虚，创造充实而艰难，各有利弊也；人可利用天，不可轻视天或合于天；人之内的天与人之外的天，同等视之

"天人合一"是儒学的主导思想。即便子产意识到"天道远人道迩"，荀子强调"明于天人之分"，但子产最后还是说"夫礼，天之经也，地之义也"，荀子最后还是说"天地生君子"，倡导人道以天道为皈依。西方建立在宗教基础上的"天人对立"，其好处在于意识到人与天的不同性质，鼓励人之创造，但其弊端在于"人优于天"和"人征服天"，不符合中国文化的和谐精神。因此否定主义哲学汲取西方人与天在性质上的不同的思想，但改"人优于天"为"人不同于天"，"人征服天"为"人尊重天而利用天"，突出人的创造性而不是侵略性。通过"创造不优于非创造"的哲学本体论建立人与天"不同而对等"的中国现代天人观，从而完成对"天人合一"与"天人对立"的双重穿越。所谓"天法自然"，意思在于"天道"是人不可能规定的，无论是"鸟往高处飞"还是"水往低处流"，都不等于"天道"和"自然"。真正的天道便是无规定的自然，便是除创造以外的什么都可能；而"人法创造"是对笼统的人为性、能动性、主观性、感性等范畴的价值限定，亦即后面这些范畴不能真正区分天性与人性。

14. 饮食，美味，色欲，人之文化性自然，以不妨害他人为界也

朱熹在《语类》中说"存天理，灭人欲"，"饮食者，天理也；要求美味，人欲也"，其轻视人的享乐欲求昭然若揭。此语一方面可以衔接孔子的"小人喻于利"的轻利思想，另一方面可以与老庄的"水往低处流"的尚贫精神合谋，并导致道德论与审美论对"色欲"的排斥。否定主义伦理学认为朱熹观念的危害在于：它合于天然的自然，但违背人所创造的文化性自然。即天然的和人所创造的均为人的生存现实和欲望现实，而人所创造的文化果实即蕴含享受之意。如此，吃饱了想吃好，吃好了想娱乐，均是欲望正常的延伸。正常既不伟大，也不渺小，但却是中国当代美学缺少的环节。传统伦理在人的欲望延伸上横扎一刀，这就违背了人的文化性自然，并使国人在"吃饱"与"吃不饱"之间循环，并使中国文学始终围绕生存问题而"呐喊"。只不过，欲望拓展会导致人相互间的利益冲突，因此人成之为人，应该设立其初衷和效果均不妨害他人的边界。这个边界可以有文化的与时代的差异。我们的问题在于如何设置中国当代尊重和不妨害他人的边界。这也意味着，食欲与色欲并不存在价值高低，它只是人欲望对象的不同，喜好对象的不同，而其性质都在欲望满足和身心享受。我们要警惕的只是一个人成天沉浸在欲望满足中而没有非欲望化的时空。

15. 忧无个人之天下，乐有天下之个人

范仲淹原文是"先天下之忧而忧，后天下之乐而乐"（《岳阳楼记》），意在凸显中国传统知识分子先社会后个人的价值观念与思维方式，是中国传统知识分子忧患意识的典型体现，并在传统社会中发挥过积极的作用。只是，这一价值观念对"什么天下"并无追问，也无反省，这就容易导致这样一个当代性问题：如果一种天下是无视个人的天下，或者是由"先天下后个人"的意识组成的天下，那么这个天下是谁的天下？便成了一个问题。而先于这个不清楚的天下去忧、后于这个不清楚的天下去乐，其忧患的价值同样是可疑的。就像出国不等于不爱国，爱国也不等于将"爱国"二字挂在嘴边一样，打着为天下的旗帜谋私利，或者为维护一个专制性的天下去忧患，今天同样疑问大存。另一方面，今天市场经济兴起，人们从过去的"大公无私"摇身变为"私字当头"，从而使得个人化、私人化泛滥，人类关怀与群体关怀逐日失去，个人由此成为没有责任感的个人，也不能不与过去的"轻个人"的天下观有关。因此，否定主义哲学主张忧虑无个人的天下，而倡导心中有天下的个人，是对范仲淹的这句名言的当代性改造。其基本原则是：为个人与为天下，是一个健康人格在不同时空下的不同需要，二者不应该是相克的。关键是：有的时候，为天下就是为个人，因为天下保不住，个人也就没有了（如抗洪救灾），有的时候，为个人就是为天下，因为没有个人幸福与发展，天下又如何真正富强（如按绩取酬）？

16. 拜物丧志，轻物损身；玩物而不寄于物，人之健康也

《尚书》云"玩物丧志"，意指人沉湎于玩赏某物便会丧失积极进

取的意志。这个观念传达出重精神轻物质的中国传统价值取向。"玩物丧志"确实可以涵盖人类历史越来越物化所带来的问题：随着人们物欲快感的膨胀，精神、理想、意志已逐渐远离我们。但我们没有想到，造成今天"玩物丧志"的原因，恰恰在于以往我们不健康地轻视了物，才会逆反性地导致沉湎于物。因为玩物或物欲是人的本能，它直接与人们的日常生活和舒适欲望相关。你约束了它，其实并没有消灭它——它存在的方式就是使人们对玩物和物欲更感兴趣，不是偷偷摸摸地满足，便是稍有可能即沉湎于它。因此否定主义哲学认为必须对这个观念进行如下改造：轻视物或物欲损害的是身体，因为身体、快感、玩物、物欲是相关的；沉湎于物和物欲的拜物主义损害的是意志，这在今天特别应该引起人们的警惕；只有玩物而不寄于物，对物欲采取若即若离的放松态度，才是健康的人生观念。玩物而不寄于物，是指既不排斥物，也不迷恋物，这就是否定主义哲学所认为的"健康人格"和"正常人格"。

17. 仕而学在仕，学而仕在学

《论语》原文是："子夏曰'仕而优则学，学而优则仕'"，意思是做官优秀或有余可研究学问，求学优秀或有余可做官。后者可引申为"读书做官"或"不仕"则"学无用"，学的终极目的在于"治天下"；前者引申意指做官做得好，必须从古人的言论中汲取经验、增长识见，所谓"半部《论语》治天下"。在学统与政统一体化、"学以致用"的中国，学与仕的上述关系是有意义的。问题在于：孔子读书的终极目的在于以"仁"治国，而儒学所讲的包括读书在内的修身，最后也是为了"平天下"，这就混淆了学术与政治的不同性质：学术可以也应该讲功用，但这功用是启迪民众、影响社会，而不是直接制约民众、改造社会——后者是政治的职责和功用。所以从先秦儒学到汉代官学，其学术已经发生了政治性的转换，而孔子的局限在于将学术当作政治来努力，所以他肯定碰壁，其"仁政"也从来没有真正实现过。20世纪中国知识分子在学与仕上是存在误区的，倡导西学的意义只在于启迪国人，而不应该将西方的体制和观念实施于中国，否则，其努力只能是悲剧性的。所以否定主义哲学认为：政治家研究学问，肯定是把学问作为工具来服务于政治，此学问不可能是纯学问；而学者可以做官，也可以关心政治，但目的并不是通过做官和关心政治来实施自己的学术，而是通过政治实践看自己的学术与思想的效应如何，其目的是在学术本质的影响功用——学者如果成为一个好的政治家，便不能再用学术的思维方式运行。分清学术与政治，学术与政治均会健康，否则学术会无用，而政治也会幼稚。

18. 温故而知新，文化同质；温故而不知新，文化异质

孔子原话"温故而知新，可以为师矣"，意指能从温习旧知中开出新知，就可以作老师了。此话虽然不错，问题是如何在温习旧知中开出新知，这一点可能是孔子的盲点。后人在使用中常常引申为总结历史、了解过去，便可以判断今天、推知未来。孔子的"述而不作"、"克己复礼"，均与这种尊重过去的回顾性思维有关，并在理论与实践上身体力行。后人所说的"论从史出"、"忘记过去便意味着背叛"，以及今人以思想史代替思想的治学倾向，以五四所倡导的人文精神或传统道德来评价市场经济新出现的社会现象等，均与这种对历史的遵从之思路相关。在"变器不变道"的中国文化内部，"温故而知新"确实可以解释诸多"变革"现象：如历代农民革命的循环性，汉末和明末的儒学危机的同构性，王国维放弃西学转攻经学与今天的知识分子放弃启蒙转攻考证的重复性，等等，其新出现的社会文化现象，在性质上与旧事物的性质是基本相同的。但否定主义哲学认为，相对于儒学而言，魏晋玄学兴起、唐代佛学兴起之"新"，与五四的西学引进之"新"，是不可同日而语的；相对于汉末、明末儒学危机造成的价值失范，五四的反传统和今天市场经济对传统价值系统的全面挑战，也是不同质的"新"。我们一般把这种"新"称之为文化的创造性转型——这是以往历史所没有出现过的现象，所以不可能"温故而知新"。这是因为：儒、道、释虽然是有区别的哲学，但性质上在某种意义上是相同的，即都强调人的依附性，不太讲人的创造性；而西方文化进入中国，是一种异于儒、道、释的新事物，其所造成的冲击和带来的变化，也是中国历史上未曾有过的。尤其是市场经济带来的变化，对中国传统文化和五四新文化运动，均具有全面的解构功能，也带来全面的建构机遇，以致发生"温故而不能知新"的当代文化特有的现象。这使得我们必须对

"新"有三解：传统文化内部变化之新，西方文化引进之新，中国当代文化的创造性期待之新。而对后者之新，中国当代知识分子恐怕没有人能为师。

19. 道是根，器是叶；器生于道，而非变器不变道、变道不变器或变器也变道也

道与器是中国哲学的一对范畴。虽然解释多样，但大都不外乎"形而上者谓之道，形而下者谓之器"、"道本器末"、"无其器则无其道"、"器体道用"、"变器不变道"或"变道不变器"等几种解说。其核心思想在于道是根本，是虚体，是不可见的，而器是表现，是实体，是可见的，两者相互依存，不可分离。由于中国哲学也讲发展变化，在实践中就导致"变器不变道"、"变道不变器"、"变器也变道"这三种基本类型。而在素有"万变不离其宗"的政治一统天下的中国，以前一种类型最为普遍。否定主义哲学认为：前两种类型虽然注意到"器"与"道"的相互依存，但将"器"与"道"的整一性质破坏了，从而直接导致"中体西用"或"西体中用"的文明破碎的现实，也导致中国当代文学探索中汲取西方文学创作方法、传达传统理性主义内容的艺术造作状况，暴露出中国学者和作家在创造自己的"道"方面的贫困性；后一种类型虽然注意到"器"与"道"的整一性，但无法解决新的"道"与"器"与旧的"道"与"器"之间的分裂和冲突关系，五四以降的"全盘西化"和"拿来主义"便有这个问题。其结果，还是和文明的碎片同构。因此，否定主义哲学认为：我们今天不光要明确"器"与"道"的相互依存，整一性，而且还要强调"道是根，器是叶，器生于道"的创造性、生成性思维，来纠正"变器不变道"的分裂性思维和"变传统的器也变传统的道"的移植性思维。这意味着，中国古代文学创作方法，是派生于中国古代哲学的，而西方现代文学创作方法，也是派生于西方现代哲学的，中国当代学术如果不产生自己的哲学（道），而仅依赖进口西方哲学或守护传统哲学，也便不会产生自己的道德观、文学观、美学观，更不会产生自己的方法与技术。其结果，将使我们既没有自己的"道"，也没有自己的"器"。

20. 负应负之重，忍可忍之辱

《三国志》说："国家所以屈诸君使相承望者，以仆有尺寸可称，能忍辱负重故也"，意指为国家承担重任，应可忍受任何屈辱。"忍辱负重"由此成为中国传统文化美德之一。而《史记》作者司马迁、谌容《人到中年》里的陆文婷、"四人帮"横行时期的张志新等，由此也被认为是中国知识分子忍辱负重的楷模。问题在于：多数人的忍辱负重与少数人的专横霸道，在中国文化中是一种二元对立的互补结构，忍辱负重尽管蕴含着中国人坚忍不拔的优秀品质，也夹杂着一定程度的奴性人格，并构成中国封建专制社会的基础。即"辱"分不可忍的人格之辱和可忍的非人格之辱。如所负之重是以人格之辱为代价的，那么其"重"或者是不包含对人的尊重的，或者其"重"是否是值得的，就成为一个问题。否定主义哲学认为：冷落、贫困、酷刑、疾病、嘲讽等，是可忍之辱，而诬蔑、羞耻、奴颜、顺受、强暴等，则属不可忍之辱。这不仅牵涉到中国现代人生存的底线与生命的质量，也牵涉到中国现代民族精神形象的重建，更牵涉到我们对以牺牲人格为代价所承担的"重"的价值拷问。作家张承志在他的《心灵史》中也提出过类似的问题。我虽然不赞同他对"哲合忍耶"的膜拜，但赞同他对汉儒文化"怯懦"一面的批判。由此，否定主义哲学提出"负什么重？忍什么辱"之问题，其解答是：负应负之重，忍可忍之辱。

21. 奉公而不大公，有私但不自私

"大公无私"是传统儒学思想的当代表达，是荀子的"公义胜私欲"、韩非的"去私行公"的当代延续。近人龚自珍虽然对此多有质疑，但并未对"公"与"私"进行更细致的思想剥离。"大公无私"在当代学界虽然被解释为意图在于纠正"徇私"和"损公肥私"、不拒绝个人的正当权利，然而什么是今天的"正当"，却可能是一个疑问。如"正当"是定位在不违法上，还是定位在不违背道德上？如果是不违背道德，那又应该是一个怎样的道德？正当是定位在拿工资吃饭，还是定位在挣钱享受？挣钱享受又如何与"无私"衔接？关键是："无私"即便没有排斥个人利益之意，在功能上也导致轻视个人利益和私

心之效。其结果，我们不仅无法从理论上解释"雷锋叔叔一个早上就都没了"，也难以解释今天为什么那么多的"见到金子两眼发光的老葛朗台"。因此否定主义哲学认为：助人于难与个人私欲，均是人性正常的内容之一，甚至在动物世界中均可以看到。而人为地提倡"大公无私"，就同样会逆反地导致"各人自扫门前雪"的自私。因此，无私和自私，大公和无公，都是人性之不健康的显现，是一种思维方式的结果。一个人在国家危难时挺身而出，那是人性之正常的显示。因为在生存利益上，国家保不住，个人利益与权益也难以保住；同样，一个人追求个人名利的满足，也是人性之正常，因为个人不富强而国家富强，这在历史上也同样是鲜见的。因此否定主义哲学提倡"奉公而不大公，有私但不自私"的健康人格，来造就一个同样健康的现代社会。

人文发现

论苏轼的"中国式独立品格"

一 问题的提出

近年来，随着在全球化语境中被强化出的"文化上独立的中国"、"走和平崛起道路的中国"等主张的提出，一个走向现代化的中国，如何在与西方和东亚各国的关系中体现自己东方式的独立品格，便成为中国理论界首当其冲的问题。

这样的问题首先构成对传统"依从性个体"观的挑战：以漠视"个体化思想"、"勃发的生命力"与"可突破任何规范的创造力"为前提的儒家哲学，在晚近以来西方的经济、文化侵略中被边缘化了，是一个基本事实。这个事实致使今天的中国不得不正视整个西方的资本主义而走以市场经济为基础的现代化道路，也使得中国知识分子不得不反思"中国传统个体"在思想理论上所存在的重大局限。一方面，中国传统文化对个体从属群体的要求，通过相当一部分知识分子的学术研究，在不知不觉中从属着西方的体制、观念乃至思维方式，过着"宗西方的经"① 的生活而不自觉。即便有"中华性"、"本土性"等概念

---

① 否定主义认为，20 世纪中国知识分子在"反传统"上的一个致命的局限，在于一边反传统一边在承接着使传统得以延续的思维方式——"宗经思维"——这种思维在 20 世纪，只不过是以西方的"经"来代替传统的"经"而已。"宗经思维"之所以是一种"非创造性思维"或"低程度创造思维"，就在于它满足对既定世界观因时代变化而产生的差异性理解或在现成的世界观之间做"或东或西"的选择，但却不会产生创造自己的世界观之努力。在阐释之差异的意义上，这种思维的创造性是"低程度的"，在世界观的意义上，这种思维是"非创造性"的。

的提出，也多停留在"审美愿望"的层面上，从而使中国知识分子呈现出"虽然焦虑而又不得不如此"的生存状况。这些状况均说明无论是"忽略个体独立的天下"还是"膜拜参照他者的个体"，都不可能承担"文化上独立的中国"之建立的使命。同样，"嵇康式的狂放"、"李白式的豪放"、"陶渊明式的恬淡"、"林语堂式的闲适"等总体上可被道家的"超脱"、"忘知"、"寡欲"哲学所解释的人格形象，通过"淡泊的境界"来违背自然界的"既可鸟往高处飞，也可水往低处流"的"丰富性"和"复杂性"，从而制造出符合道家哲学意愿的"类型化豁达淡泊"的人。所以从否定主义去看，道家不是"归自然"①的哲学，而是区别于儒家的另一种"人为哲学"。同时，道家文化倡导"游"为生存方式，一方面对中国知识分子现实失意时的生活方式影响很大，但也培养了中国知识分子回避现实问题和人生挫折的文化惰性，与现代性所提倡的创造性、批判性的面对世界的人格相佐。所以无论是狂放、豪放，还是恬淡、闲适，一旦有合适的介入现实的时机与土壤，中国文人就会重新成为儒家式忧患意识的实践者、拥戴者。这也就是郁达夫说周作人有点像"陶潜诗喜说荆轲"②，即便悠闲心里头也忘不了国家大事的缘故。而面对现实困境采取"独善其身"的超脱态度，一定程度上也默许了现实的合理性，所以道家式的独立，我认为并不具备影响和改变以儒家哲学为基础的意识形态现实的功能。

另一方面，以西方宗教精神为张力的"西方式独立"观，因为强调"个体权利至上"，"个人的尊严、自主、隐私、自我发展"的自由观，"个人与社会和理性的冲突"等"对抗性"的理念，又因为与中国传统文化的跨度过大而缺乏"如何转换"的理论论证，使得用西方"独立观"批判中国传统"从属观"的主张和实践，其"孤独

---

① 参见拙文《论"欲望健康"与"价值并立"——对"自然"的解释》，《江海学刊》2006 年第 6 期。

② 见郁达夫《〈中国新文学大系·散文二集〉导言》，上海良友图书印刷公司 1935 年至 1936 年版。

的抗争"① 中存在着"情感大于理性"的局限，因此中国传统文化在现代转换问题上，"怎么转换"、"转换成什么"等理论问题一直处在经验化状态。而且，中国现代知识分子受"启蒙的思想和观念渴求"之阈限，急于找到解决中国富强的"思想钥匙"的功利性太强，难以突破"寻找现成的真理"之模式，近百年来，中国知识分子一直是把西方"自由"与"独立"的理论作为"依附对象"而沉浸在西方不同知识的转换中乐此不疲，尚不觉得其中有什么问题。一旦这些西方理论在中国化运用中暴露出"文化错位"与"价值强求"之问题，不少学者也习惯于从中国传统文化观念中去"寻找出路"。从20世纪80年代的"启蒙热"到90年代的"国学热"，可以充分说明中国许多知识分子已经养成了"在中西方现成的观念中过选择性生活的习惯"，而从来不会去想在这些观念之外，从中国文化、中国文学的实践个案中去提取"难以被传统思想所说明"的内容，为理论的"中国现代创造"奠定新的基石。

所以我的方法是：在中国文化史上，由于艺术家的生命、情感和思想资质，常常可以松动理学、道学和西学的束缚，作家和艺术家独立自由的品格，可能就会比其他文人与士大夫更容易展示出来。尽管在现代中国理性建立的意义上，艺术化的"独立"与"自由"，很可能在内容上蕴含着需要予以现代中国学者理性改造的问题。但作为"中国式观念"生长的土壤，我认为古代作家苏轼，是在中国学术界已有丰富的研究，但尚没有从"原创角度"去思考的一个作家，其中隐含着"中国式独立品格"的内涵与方法，值得我们认真对待。

---

① 鲁迅在《野草》中所描绘的向所有点头微笑的人举起投枪的"这样的战士"，《药》中被人血蘸馒头治痨病的"夏瑜"，以及鲁迅自己在《随感录·五十九"圣武"》所说的"我们中国本不是发生新主义的地方，也没有容纳新主义的处所"，均可能揭示这样的问题："主义"如果是西方的，再好也可能在中国没有环境；而针对这环境中的问题如果中国现代知识分子能生产自己的"主义"，其结果，依然会是秋瑾和徐锡麟的悲剧吗？

二 苏轼的政治实践

所谓"中国式独立",在中国这样一个意识形态与文化、文学关系密切的国度,是首先表现在个人与政治的特殊关系上的。

熟悉苏轼的人都知道,从生存方式着眼,苏轼大部分时间都在凤翔、京都、杭州、湖州等地做官,也被流放过岭南,像韩剧《大长今》中的女主人公"长今"一样,身份、地位是不确定的。一个自称"吾上可陪玉皇大帝,下可以陪卑田院乞儿"的人,怎会在意"精英"还是"底层"、"在朝"还是"在野"的变异?而且将直接挑战"在朝身不由己"以及"在野才能保持独立性"的习见,并将独立的品格作为一种可突破身份、环境、地位之约束的"张力"来对待了。苏东坡在神宗熙宁四年一月起任告院权开封府推官,在任期内,他出了一道乡试考题《论独断》(全题是:晋武平吴以独断而克;苻坚伐晋以独断而亡,齐桓专任管仲而霸;燕哙专任子之而败。事同而功异,何也?),这激怒了王安石而立遭罢黜,苏轼对此连辩解的兴趣也没有,就携家眷前往杭州任太守去了。这种不屑辩解的言下之意是:苏轼上书神宗皇帝是为民辩解,而个人得失则无所谓辩解,知识分子的言论是面对世界的。一旦在朝的"为民辩解"始终在政治方案上受到阻挠,则"在不在朝"也就无所谓了。所以苏轼的政治生活是不会依附权力、地位并为此花费精力的政治。反过来,这也会推导出苏轼"能做什么就做好什么"的政治。苏轼在徐州任太守时,连续几十个昼夜不回家,奋战在抢救城池第一线,从而赢得了林语堂所说的"百姓之友"① 的声誉,这正是苏轼的"只把事情做好"的政治观的体现。陪玉皇大帝和陪田院乞儿,都只是"不同的事情","上书皇帝"与"抗洪救城"也只是"不同的事情",只把精力放在"事情"上,作为"文章"的"事情"和作为"抗洪"的"事情",就都会"做得漂亮",这就把以"权力关系"、"利害得失"为标志的政治轻松地"穿越"了,从而构成了苏轼的独立的政治性生存方式——这种生存方式不是"对抗政治权力"的,

---

① 林语堂:《苏东坡传》,陕西师范大学出版社 2006 年版,第 268 页。

而是"不在意政治权力"的。在日常生活中，也正因为苏轼"只面对事情本身"，苏轼才会不考虑说话对象是"君子"还是"小人"，一概直言率性相陈，从而被老婆数落为"不会看人"，苏轼一生的动荡坎坷，很大程度上也与这"不会看人"有关。所以具有独立品格的知识分子，是既不会安于现状、也不可能安于现状的。

也因为苏轼能够"穿越政治"，所以他虽然有与王安石不一样的政治主张，但从来没有通过"权力化行为"来对抗王安石所代表的"新党"，没有用政治家的手腕通过推翻王安石所代表的"新党"去贯彻他的上书神宗皇帝信的政治主张。因为如果苏轼真的在意自己的政治主张变成"政治现实"的话，王安石几乎可以说是最主要的障碍。苏轼没有这样做，这就具有孔子周游列国宣传自己的思想但处处碰壁的境况：独立的知识分子，在现实中注定是"碰壁也不计较"的，也是他的一肚皮不合时宜所致。这就突破了儒家"推己及人"、"修齐治平"所规定的最后抱负是"平天下"的知识分子之责任，将"学而优则仕"改造为"学而仕在学"——学术只是在用学术力量影响政治，而不是改变政治；政治家能否采纳学者的主张，那是政治家的事。所以读书可做官，但读书不是为了做官，学者可对社会启蒙，但学者不要对社会寄予"接受启蒙"的期望，从而才能保证"政治"与"学术"的区别。这一点，也同时区别于不看重学术对社会影响的"百无一用是书生"和今天过于专业化的"学术之独立"——"独立"不是与社会现实无关的"专业研究"，而是通过学术中的思想之魅力"影响"现实。"影响现实"就是"中国式独立"之"用"。也因为此，后来旧党当道，不喜欢依附帮派的苏轼依然是孑然一人，说明苏轼根本没有治理天下的意识和行为，当然也就不会被依附权力的"官员"们从"他是自家人"的意义上认同。苏轼虽然被林语堂归为"旧党"，但"旧党"作为一个政治群体的概念又怎能概括苏轼？独立的中国知识分子是"不拒绝团体但从不依赖团体"的一种人格。苏轼身上当然有"士当以天下为己任"的儒家传统影响，但是当苏轼把"己任"放在只是说"自己的政治观"上的时候，苏轼也就突破了儒家对"士"规定好的"己欲立而立人"的政治性要求，将言论限制在"影响天下"的范围内。这种无论是在政治生活上还是在日常生活上都不需要"依附什么",更不需要和世界保持"紧张关系"的"独立",是对以"紧张、冲突"为前提的二元对立思维的"穿越",区别于西方式独立的特性十分明显。

所以,苏轼这种以"事情"穿越"权力"、以"言论"穿越"体制"、以自己的政治观改造既定的政治观的做法,我理解为是"尊重政治又不限于政治"的"中国式独立品格"。

这种"尊重政治"的态度,首先是以"平和的态度"面对世界"任何事物"的,而不是"仅仅针对国家权力和意识形态"的,也只有"这样的态度",才能保证知识分子独特的思想性理解处在放松孕育的状态中,并在各种时空产生影响。这一点,突出表现在苏轼在黄州当农民时针对当地溺杀婴儿的风俗成立的"救儿会"。这是因为:一方面,意识形态在"文化整体化"的中国,从来不是孤立的存在,它们与文化观念、民间意识以及知识分子自己的生活是水乳交融的。"平和"不仅仅意味着只把"意识形态"当作世界的"一个有机部分"去看,也意味着要常常看到意识形态、国家权力以外中国人的集体无意识在积极左右着、参与着国家的运行机制,更要看到自己的生活很可能是自己要反对的现实的一部分:溺杀婴儿的习俗与草菅人命的政治,岂能没有文化上的关联?所以,即便是现代中国知识分子在文化启蒙的意义上提出"全盘西化"的主张,其实也是国家意识形态的一个部分——胡适的哲学实践和王明的政治行为,都是这种主张的"问题性说明"。所以"全盘西化"与"全盘国化",都是由"亲亲"思维导致的对"异己"和"落后"的"拒斥",它们是同一种现实的"逆反同构",所以这两种立场都很难显现中国知识分子真正的独立品格。另一方面,由于这种"逆反同构"在中国文化内部中依然是一个"整体",这样,中国知识分子其实很少有能外化出"儒、道、释结构"的个人原创性思想来支撑自己的"独立",这就使得很多言论激烈的"独立之声",还是在既定的思想世界中循环。魏晋文人脱离不了"道本儒末"的格局,20世纪中国知识分子脱离不了"中西互补"的格局,都是很强有力的说明。

为什么一个具有独立品格的中国知识分子,对整个世界(哪怕自己信奉和赞赏的事物)都应该采取平和的审视态度,而不是在蔑视、对抗中进入"膜拜另一种现实"之循环呢？因为"尊重之平和"对知识分子而言，是摆脱"思想打倒"与"观念膜拜"这样的"逆反同构的政治文化"的最好方式——当中国现代知识分子对自己信奉的西方民主观、个体观、自由观等也能采取"仅仅是尊重"的态度时，自己的思想便在由尊重而形成的"有距离的审视"中开始孕育和出场了，当一个知识分子不再轻易地宣扬他所选择的一种西方观念、思潮时，也不再通过所谓"反思"宣称他开始"告别"过去的学术理念和研究领域时，他就是在"仅仅尊重这个世界"，而自己的独立性就开始孕育了。因为，这个世界所有现成的理念、所有的政治和生活模式，尽管可能其中有很好的东西，但对一个独立的知识分子而言，却不一定是对解决"自己所认为的问题"有效的东西，所以它们全都是应该"审视的对象"。虽然现代中国知识分子谈"对抗现实"，某种程度摆脱了对道家文化和性情艺术的依赖，但由于"依赖本性"之承传，西方思想文化所构成的"观念现实"就成为现代中国知识分子"可以对抗中国传统文化"的价值依赖。西方文化和政治结构虽然有具体的内容和图景，但由于我们无法在理论上论证中国文化无论在思维方式、世界观还是现行政治经济体制上走"西化"道路的必然性、可行性，这就很容易在20世纪90年代使思想文化"回归传统"成为主潮。这种"或中或西"所产生的价值徘徊，已经以"思想破碎"的现实构成了20世纪至今的中国文化的基本景观。由于我们在"反传统"中缺乏对西方"以个体为单位"的民主政治以必要的"尊重之审视"，在"回归传统"中也同样缺乏对传统"以情感为单位"的伦理政治以"尊重而不限于"的"改造态度"，这就使得现代中国知识分子——无论是企图"西化"的，还是对传统审美眷念的——总体上对现实（传统现实、西方现实、当下现实）的"轻视"和"对抗"态度，均是十分明显的。这种"轻视"和"对抗"，是导致中国现代知识分子不是受传统文化所制约，就是受西方文化所制约并形成相互"敌对"、"对抗"态度的主要原因。这种相互"敌对"和"对抗"，正是受"对方"所制约而不具备独立品格的显现。

特别是，平和地面对所有世界，就意味着一个独立的知识分子，必须学会把"政治问题"与"观念问题"联系起来考察：如果一个人想改变政治现实，但又不具备改变支撑现有政治体制的观念的"意识"和"能力"——比如说我们如何在观念上解决"依附性强的中国人"与"个人权利至上的西方"组合后可能形成的冲突与矛盾——我想我们就不具备对中国政治现实进行以西方观念为坐标施以"批判"的权力。而政治问题、文化问题、观念问题彼此关联起来后，一个人就不可能选择"某一个对象和领域"进行对抗性思考，你的批判性改造就只能是"全方位"的。由于"尊重政治"是以承认各种对象的合理存在为前提的，而不受"颠覆世界"的目的之制约和驱使，这样，"不限于现实政治"就是"对现有政治观念改造并表达"的"思想启示力量"，而不是现实性的"打倒"和"颠覆"①的力量。苏轼建议恢复的"御史监察制度"，正是一种在现有体制下"可以说不"从而保证自由张力的政治观，而不是西方意义上的"个体权利至上"的民主政治观。这里的"观念改造"是指"理解"与"既定理解"的关系，而不是"理解"与"错误理解"、"落后理解"的关系。因为"错误"和"落后"很容易导致"轻视"、"拒绝"、"干预"的"知识分子优越态度"并自以为是。即便是中国过去的计划经济体制，对一个以"独特理解"为目标的中国知识分子而言，它首先也是一种"对世界的看法和认识"的产物，并很大程度上与民族精神与意识有契合的一面。因为这种契合，一种意识形态自然就会有它存在的合理性。如果我们只是看到一种体制对老百姓的制约，而没有看到依附性文化心理所形成的"人格和心理土壤"对体制的潜在配合，西方式的民主体制，很可能就会在这样的土壤中被"工具化"对待——这一点，早已被"以西方之名行中国之实"的20世纪中国文化现实所证实。由于是以尊重为前提，知识

---

① 否定主义哲学认为：学而仕在学，仕而学在仕。学术与政治虽然可以互为工具、彼此渗透，但两种不同的性质不可混淆。学人参政、议政是在了解政治，传播和扩大学术思想，但不可通过政治化的行为排斥异己，更不可越界成为当权者强行贯彻自己的政治和学术主张。一个学人从政，也必须将自己的"纯粹的学术思想"改造成为"可行的政治思想"，才能以政治家的身份出场和取得成功。这一点，不仅是苏轼与强行贯彻自己意志的王安石的区别，也是孔子和儒学官方化的董仲舒的区别，而王安石变法的失败也正在于将一己的学术观点化为专制性的政治行为。

分子自己的政治理念，就必须考虑与现有政治理念的亲和关系，以及由这样的亲和产生的"可操作、可转换"关系。所以当苏轼向神宗皇帝上万言书提出建立"不同意权"的"御史监察制度"时，那未必不是一个尊重保留现有政治体制但又可改变现有政治结构的"可操作"方案。

以此拓展和类推，中国的大学和科研机构作为知识精英的聚集地，其独立品格区别于西方大学和研究机构的地方，也是应该以尊重的态度面对国家意识形态，并将之与文化意识形态作为一个整体进行批判与创造结合的考察与审视，才可能为中国当代文化建设提供"知识生产"性的思想和学术成果。因为照搬西方大学与政治的"紧张"关系来进行中国实践，不仅可能意味着我们忽略了"紧张"是以西方"二元对立"的宗教文化为基础的，也意味着我们从来没有论证过在中国实行"紧张"、"对抗"文化的"方法论"从而使得"紧张"、"对抗"在中国更多具有审美抒情性质，而且，苏轼这样"穿越政治"的"中国式的独立品格"，作为一种珍贵的文化资源，就被一次又一次的中国现代思潮放逐了。

三　苏轼的伦理实践

从苏轼身上，我们还可以看出"中国式独立"的"亲世俗性"和"不纯粹性"，这对我们习常的以"拒绝世俗"的圣洁人格与"轻视世俗"的人文品格，显然是一种挑战。如果说王夫之倡导"凡诸声色臭味，皆理之所显"①，强调"理"应该贯穿于"欲"中，以区别佛学道教的"净人欲"②，问题的关键就开始显现：什么样的贯穿于"欲"的"理"，才是"中国式的独立与自由"之"理"，而不是宋明理学所讲的儒家之"天理"？但这样的"理"是"对抗""欲"的，还是渗透进"欲"的？

说到"世俗生活"，在我这里是以个人的本能、欲望、利益的不断

---

① 《雅述》上篇，《王廷相集》，中华书局1989年版，第851页。
② 《性辨》，《王廷相集》，中华书局1989年版，第609页。

满足从而获得快感的生活。世俗不仅是指人的温饱，而且也包括人的享乐，所以也与古人所说的"声色犬马"和今人所理解的"人欲即饮食男女"①的生活相似。以往我们在考察和衡量中国知识分子独立性的时候，更多是从意识形态的维度去看，而多少忽略了中国知识分子在世俗生活中所能展现的独立性，才是他在精神和知识领域显现其独立性的"根基"。也就是说，一个中国知识分子在日常世俗化生活中不能做出"怎样独立"的榜样，他在精神和专业领域的"独立"就是苍白的、不稳定的，他就很可能在日常生活、官场和其作品之间因不一致消解了自身的独立形象，或呈现以文化性面目达到个人利益目的的虚伪人格。我之所以举苏轼为例，除了他的作品使他在精神上显出独立性，还因为这样的独立是与他在日常生活中的"健康性"密切相关的。这种"健康"首先表现在：苏轼既能体现出对世俗欲望（尤其是性）的喜欢与欣赏，也能通过他的文学和艺术创造而"随时可以穿过后离开"之——我把这样的对世俗的态度称之为"亲和世俗又不在意世俗"，这是一种"穿越世俗"的品格而不是"轻视世俗"、"回避世俗"的品格。

说到苏轼的"亲世俗性"，那就不仅表现在苏轼如林语堂所说的是"百姓之友"②，也不仅表现在黄州时他就是一个"可以下到底层"的"快乐的农民"，更重要的是还表现在面对"声色和娱乐场所"他从不显示自己的清高与圣洁，从而与一般知识分子的"谈性色变"，"谈玩便以'玩物丧志'自律"的"过于用力"的人文品格区别开来。在杭州，他不仅与和尚和风尘女子都有过交往，而且也为歌妓写过"停杯且听琵琶语，细捻轻拢，醉脸春融，斜照江天一抹红"这样接近艳情的诗，并对"性"持一种诚实又诙谐的"难在去欲"③的看法。"难在去欲"的"欲"，在这里明显指的是"性欲"。但承认"性欲"、"私欲"是一种"去不掉的存在"，关键是要看苏轼用"怎样的理"去对待。这种不拒绝和尚，也不拒绝渔民和儿童并与他们做朋友的人，当然

① 见陈来《诠释与重建——王船山的哲学精神》，北京大学出版社2004年版，第157页。
② 林语堂：《苏东坡传》，陕西师范大学出版社2006年版，第268页。
③ 同上书，第135页。

也不会拒绝"歌妓"，我以为其中蕴含着传统伦理思考中的一个重要盲点：歌妓为什么是与和尚、渔民、儿童不平等的人呢？"性"与"美丽"的密切关系为什么我们的美学从来不正视呢？这两种关系如何才能既区别于淫靡性的艳情，又区别于"视歌妓为'肮脏、堕落的人'"的伦理态度呢？这个问题之所以在中国伦理建设和美学建设中没有被我们作为"道德健康"、"生命美丽"等课题去认真思考，是因为中国伦理学和美学缺乏用"尊重"和"平等"这两个关键词去看待世界，从而受"尊贵卑贱"的等级文化所约束。所谓"细捻、醉脸、江天一抹红"，当然谈不上是什么精彩词句，但却可以看出苏轼以平常心审美化处理"歌妓"、"性感"的一种方式——"歌妓"的"美丽"为什么不能做"夸张了的性感"来对待呢？了解这种方式首先要认可这样的事实：为什么孔雀在开屏时最美丽？花儿在盛开时最艳丽？少女在恋爱时最靓丽？那都是因为主要由"性欲"所造就。在生命世界里，"性欲"是天然地联袂着"江天一抹红"之美感的，那是男女双方在兴奋、激荡、沉醉的心情中忘我以后的天然感觉。虽然"性欲"、"性爱"和"爱情"是一些性质有差别的概念，但"性欲"有的时候会升华为"爱情"，却也是人类文化特有的审美现象，所以苏轼只不过是道出了一个"天然和人为并重"的事实而已。"性欲"与"淫欲"的区别就在于："性欲"只是生命世界的一部分，并且因为只是一部分，而成就了它的短暂与鲜艳。"性欲之美"、"爱情之美"以及"家庭伦理之美"，其实都是丰富的审美世界的"不同的美"，并因为这"不同"而导致"美的不同"。所以"性欲的激情之美"、"爱情的沉醉之美"、"家庭的和睦之美"，不应该是相互决定、相互取代的关系，而是因性质不同而彼此尊重的关系，并因为这彼此尊重而使得它们"各得其美"。审美专制主义不是将人的社会伦理之美凌驾于人的生命本能之美上，就是将人的本能之美建立在嘲笑和调侃社会伦理之美的基础上，其结果，就不再是用"世界的一部分"的眼光去看待世界，而是用"世界的中心"的眼光去看待世界。同样，"淫欲"之所以也是审美专制主义的组成部分，是因为"性欲"一旦成为一个人的"全部世界"而"乐此不疲"，"性的本然之美"就会在重复中产生"异化"——一个人就会在"只是这样的生活"中离开自然所要求的人的丰富性和可能性，因单一性和重复性而憔悴、衰老，并告别美丽和健康。所以"性的节制"在否定主义美学中不是"有所克制性欲"的意思，而是一个健康的人还有爱情生活之美、家庭和睦之美，乃至国家强大之美要去体验的意思。因为"克制性欲"，并不能告诉人的全部生活应该是怎样的——在伦理中心化的社会，倒常常会导致对人正常的、循环性的性欲生活的轻视或漠视。特别是：将"性欲"与"淫欲"混淆，也会造成把"世俗"与"世俗化"相混淆的文化现状，不去区别"亲和世俗"与"沉湎世俗"的质的区别，就很难解释"沉湎世俗"的人为什么曾经是"拒绝世俗"的人这一奇怪的文化逆反现象；更主要的是，我们已经没有思维空间在理论上思考为什么在中国"拒绝者"、"回避者"、"歧视者"并不一定是"独立者"、"自由者"这些重要的理论问题。因为无论是"圣洁化"还是"世俗化"，都是把本来应该是"世界的一部分"当作"世界的全部或世界的中心"去对待而导致的。所以，苏轼的"达观"和"随意"，在某种意义上就是告别"化"的生活而坚持"多元对等"的生活所导致。

　　所以，轻视世俗欲望、拒绝世俗欲望、回避世俗欲望，我认为都是"太在意世俗欲望"从而不能"穿越欲望"所致；所以面对苏轼对世俗生活的"亲和世俗"，传统道德和美学会显出其"尴尬"。这种情况，让我想起了印度哲学家奥修所说的"性是自然的，但是性意念是在反对性的教导下产生出来的"[①]，所以"性意识"是被性俘虏的人的意识，也是在性上面不具备独立品格的人的意识；什么时候你面对性，没有了紧张和恐惧，而只有愉悦和兴奋，你就开始在性上面具有了自由的品格。奥修说过这么一个有趣的现象："我每碰到妓女，她们从来不谈性，她们会问关于灵魂和神的事情。我也碰到过很多苦行僧和和尚……他们所问的问题没有别的，只有性。"[②] 我是这样理解奥修的话的：将性习以为常的人谈论神，性不正常的人通过讨论性获得同样不正常的抒发。所以引发开来就是，不是"拒绝世俗"而是"不惧怕世俗并将世俗生活习以为常的人"，才是真正独立与强大的人。所以，在对世俗生

---

① 　[印] 奥修：《达到真爱的旅程》，学林出版社 1996 年版，第 55 页。
② 　同上书，第 48 页。

活和自然欲望的看法上，我认为苏轼已经突破了中国传统道德对世俗快乐和性欲总体"轻视"的态度与看法，从而也脱离了从"轻视世俗、轻视欲望"到"沉湎世俗、沉湎欲望"之恶性的循环，为中国文化提供了一种新的独立和自由的形象。因为在根本上，世俗与欲望都属于世界的一个组成部分，对世界的尊重，自然包含着对欲望和世俗快乐的尊重。将世界划分为"高尚"和"低俗"，很容易让人将"独立"理解为它们之间的二元对立，从而也走不出传统思维所设定的"逆反循环之怪圈"。

需要强调的是，苏轼的"不在意世俗"，不能简单地用道家的"超脱"、"脱俗"、"旷达"来大而化之的概括。因为苏轼的"旷达"、"随意"是以"生命力之健康"、"创造力之勃发"的作品和现实行为为支撑的，而道家的"超脱"和"旷达"正好是回避人的这些内容，通过"淡化生命力、创造力"等人的现实活动能力来完成的——这使得"旷达"可以"风格化"但内在生命力和思想很孱弱。在苏轼身上，"直面现实的创造力"不仅是苏轼能成为苏轼的根本，而且也是苏轼区别欧阳修、陶渊明、沈从文、汪曾祺这些同一类型的作家的明显特征。落难黄州过着田园生活的苏轼，形态上虽然很类似"采菊东篱下的陶渊明"，但苏轼的"天涯何处无芳草"与陶渊明的"性本爱丘山"有着"质的不同"——苏轼是政治落难到黄州，不是自己的刻意选择，陶渊明则是几次拒绝为官，视官场为污浊世俗之地，视"方宅十余亩，草屋八九间，榆柳荫后檐，桃李满堂前"为自己理想的、真正的生活，这就形成了两人对充满世俗利益争夺的"官场"的不同理解：苏轼是"不怕官场"，陶渊明是"惧怕官场"。苏轼在官场虽然环境险恶，但依然坚持和实行自己的政治理念，所以没有绝望于官场；而陶渊明在《始作镇军参军经曲经阿曲伯》这首诗中写的"目倦山川异，心念山泽居"，则是他根深蒂固的情节，终于在自辞彭泽县令后不再为官，思维方式上是把官场看黑了。苏轼不在意官场从而"穿越了官场"，而陶渊明是太在意官场从而"回避于官场"。陶渊明更接近道家的"超脱"，而苏轼则是"超脱"很难概括的。超脱于官场的陶渊明，便只能安贫乐道于农耕生活本身，不会在农耕生活中去努力展现自己的独立人格并进行实践，而苏轼在黄州其实与他在宫廷任"翰林"并无二致：见溺杀婴儿事就挺身而出与他在朝廷见王安石新法祸国殃民挺身而出并无二致，所以苏轼无论在哪都会该怎样就怎样。反过来，官场中的功名利禄也应该区分这样两种：神宗皇帝和皇太后对苏轼的启用，是出于欣赏苏轼作品中展露的独特的思想才华，而王安石被重用，则是王安石的"新法"切合皇帝想有所创新的意念且钻了皇帝容易被蒙蔽的空子。苏轼的作品因为其独特魅力可以被历代天皇和皇后欣赏，而王安石的政策被证明失败后就会失去其价值。官场当然存在权力的争夺，但是当这权力掌握在作为"翰林"的苏轼手中，便可造福于民——这种造福，同样会影响到像陶渊明这样清贫的乡间生活；而权力一旦掌握在吕升卿这样的只会用权力整人的大臣手中，权力就是杀人的工具。所以无论在官场还是在乡间，"什么样的人"、"什么样的观念"，才是造福百姓或祸害百姓的关键。正是在这里，我认为苏轼显示出与陶渊明不一样的对"官场世俗"的态度和理解：苏轼可以将道家式的"游"作为"工具"，并且利用"知"、"思"、"欲"来完成属于自己的思想世界之创造，而道家的人生哲学是将"游"作为生存目的，以无所用心、无所追求来过一种远离"知"、"思"、"欲"的淡然、清净的生活——即便有诗歌创作，也是陶渊明式的不问世间事务的"平静"和"超然"。所以相对于苏轼本然的、几乎没有什么生存智慧的"我行我素"，道家的生存智慧，是体现在如何避免"知"、"思"、"欲"的干扰，将"回避现实矛盾"的"淡然"作为生存的最高境界；相对于苏轼的"四海为家"、不分官场与乡间，道家则更注重失望于现实秩序与道德的"隐士"或"贤者辟世，其次辟地"① 的"避仇、避难"等来获得生存之乐；同时，相对于苏轼以自己的平等之心打量世界，道家更主张用"心不在焉"来使周围的世界"视之不见"② 并由此将世界漠然化……所以，苏轼虽然也在雪墙上抄写过枚乘的"洞房清官，寒热之媒，皓齿蛾眉，伐性之斧"③ 这种道家式的"忘欲"短句，但他更有"凡物

---

① 见《论语·宪问篇第十四·三九》，参见钱穆《论语新解》，三联书店2002年版，第385页。

② 参见王博《庄子哲学》，北京大学出版社2004年版，第119页。

③ 转引自林语堂《苏东坡传》，陕西师范大学出版社2006年版，第188页。

皆有可观。苟有可观，皆有可乐"（《超然台记》）①的审美观突破之——其间的奥妙，正是"亲和道家又穿越道家"的"中国式自由之张力"潜在运行的结果。

所以，"不在意世俗"使苏轼既把"歌妓"作为生命世界的"一部分"去审美颂扬，转眼又去构筑"山色空蒙雨亦奇"的审美画卷；"不在意世俗"也体现为他绝不会为"官场利益"所累所怕，也不会为他喜欢的"田园农耕"所迷所恋——即便如苏轼最喜欢的杭州，也随时可以离开之。这是一种生命在流动"主体才能独"的意念。这种处理，就是"中国式独立与自由的品格"在面对声色世俗、官场世俗乃至个人日常生活世俗时所显现的"健康"形象。

四 苏轼的文学实践

"穿越现实"作为"尊重现实又不限于现实"，还应该理解为：任何一个知识分子其实都首先生活在"受观念现实限制的现实中"。即便现实是指生活或体制本身，你在描述和概括它们的时候，也离不开制约这种描述与概括的观念。20世纪中国知识分子，不是受西学制约，就是受中学制约，要不然就是或受中或受西制约的"徘徊者"、"反思者"②。以此为前提，大部分中国知识分子容易在现有知识、思想的"不断选择"中而心安理得，或者满足于"技术、方法的改造"而心安理得，这更反衬出苏轼作品中我称之为由"二元对等"的原创性思维对诗与词的传统进行突破之珍贵。

首先，从作家的全部文学和艺术创作生涯去看，我发现苏轼的作品一方面有符合儒、道家观念和诗词传统的作品，也有儒、道观念和诗词

① 见《苏轼文集》第二册，中华书局2004年版，第351—352页。
② 在中西思想之间矛盾徘徊者，以不同的思想拼凑成自己的思想，而不能用自己的核心思想观念范畴改造它们，根本上还是思想依附者的另一种显现方式。在这点上，王国维在叔本华哲学、佛家思想、西方认识论哲学之间的徘徊和融合的方式，可谓其典范。此点可参看朱兴和《境界说：徐复观与王国维的内在冲突》（载《中国文化的常与变》，华东师范大学出版社2006年版，第231页）。其他学者如朱光潜、李泽厚等美学思想的发展，也有相似问题。

传统很难概括的作品。这种"既有符合……又有不太符合"的创作结构，显然区别于西方像梵·高、毕加索、卡夫卡、博尔赫斯"完全对立于传统"所形成的"独特性"、"独立性"的，从而凸显出中国作家的"文化浑然性、复杂性"特征，并通过这样的特征告诉我们中国作家的独立不是在与"既定观念"的"完全对立"中完成的。把这个问题展开来看，鲁迅、张爱玲这些20世纪中国最具有独立品格的作家，在文化上也充分显示出与传统文化亲和的一面，这反衬出20世纪80年代"新潮文学"通过"纯粹形式"来与传统"载道"文学"对抗"所存在的"独立品格的非中国性"局限。在认同既定创作现实的意义上，"安于现实"相当于"写符合道家和常识规范的作品"，而"不安于现实"相当于"写不太符合道家与常识规范的作品"。苏轼写过"人皆养子望聪明，我被聪明误一生，惟愿我儿愚且鲁，无灾无难到公卿"这样的与"聪明反被聪明误"比较接近的"符合常识"的诗句，也在黄州写过充满道家超脱尘世纷争的《满庭芳·蜗角虚名》"蜗角虚名，蝇头微利，算来着甚干忙，事皆前定，谁弱又谁强"①，这与他同期写的"皓齿蛾眉，伐性之斧，甘脆肥浓，腐肠之药"这种脱离世俗享乐的自我告诫，是如出一辙的。这说明苏轼的独特是在相对于他自己的明显受道家制约的作品的"张力"中显现的。所以说苏轼的作品立意独特，不是说他每部作品都有突破儒、道思想的独创品格，而是相对于他一些立意一般的作品而言的——正是这样"既有一般……又有独创"的创作结构，形成了"中国式独立"在文学上"亲和现实又穿越现实"的张力。同样，在词之规范的意义上，虽然李清照批评苏轼词"句读不葺"②，是指苏轼"不规范的词"突破了晚唐五代以来一直到柳永所写的美女艳情淫靡风格的词之传统，开辟了"豪放词"的传统，但这并不意味着苏轼没有写过比较接近柳永的词。前文提到的"细捻轻拢，醉脸春融，斜照江天一抹红"与柳永的《夜半乐》中的"岸边两两三

---

① 在对苏轼《满庭芳》的评价上，我赞同叶嘉莹"从头至尾，都是平铺直叙"的批评。参见叶嘉莹《北宋名家词选讲》，北京大学出版社2007年版，第276页。

② 见李清照《词论》。

三，浣沙游女。避行客，含羞笑相语"就十分相似。苏轼的《大江东去》、《明月几时有》在"豪放"的风格上也比较接近辛弃疾的《水龙吟·过南剑双溪楼》，尽管其内涵有明显差异。正是这种接近与亲和，使得苏轼与传统"藕断丝连"，构成苏轼亲和传统与群体的一面。

　　但苏轼的文学独创，正是从"不满足于亲和现实"进而突破了"儒、道、释"制约的创作格局开始的，使他最优秀的作品的深层意味难以被"儒、道、释"所概括——这种"难以概括"的内容，是苏轼研究中至今也没有很好说清楚的内容，也是最值得去研究的"独立之内容"。中国文人受"儒道互补"模式的影响，常常在对抗"文以载道"时走向魏晋文人的"酒"、"自然山水"所呈现的"虽狂实弱"的逍遥生活，并使得"竹林七贤"的作品内容难免类型化；要不就是在"中西合璧"的渴望中走向《荷塘月色》的"审美意境之破碎"——当代作家王蒙的小说《布礼》、《蝴蝶》中那种理念内涵与意识流方法不和谐的状况，也正是这种"破碎"的表征。苏轼没有像魏晋文人那样在"反儒"中走向"玄学"，更没有隐居山林与书斋，其原因也在于他有"难以说清楚的哲学性理解"作为他创作人生的支撑。其中很能说明问题的是：他没有公开反对"文以载道"，但"文以载道"却解释不了他的"若言琴上有琴声，放在匣中何不鸣？若言声在指头上，何不于君指上听"（《琴诗》）这样的诗。《琴诗》在我看来之所以是苏轼最优秀的作品之一，其间奥妙，正在于苏轼"亲和道又突破道"的穿越张力所致，也就是说苏轼有自己的对"道"的理解，才会使得文学批评在面对《琴诗》这样的作品时用儒家的"天、人"思维去概括有为难之感。因为"指头"与"琴"的二元关系，被苏轼改造为既不是"人从属天"（如董仲舒的"天人感应"），也不是"人有时掌握天"（如刘禹锡的人与天互为主体的"天人交相胜"说），突破了历代儒家"以天为主导"的"合一"说或人为主导的"对立"说，以更接近今天的"主体间性"理论而给人一种"天人对等交往的关系本体论"的启示。如果说唐朝韦应物写的《听嘉陵江水声寄深上人》："凿岩泄奔湍，称古神禹迹。夜喧山门店，独宿不安席。水性自云静，石中本无声。如何两相激，雷转空山惊？贻之道门旧，了此物我情"，看似好像也是对水石之间关系的领悟，但这种领悟一是停留在自然界的事物本身，二是尚没有揭示出二者是"怎样的关系"。所以苏轼这样既不过分强调"琴"，也不过分强调"指"的关系，我理解为是一种"二元对等"的关系——这种关系是以人把"琴"也作为一个人格主体予以尊重为前提的，而不是简单的"指头拨动琴弦"的意思。这种关系是形成苏轼作品平和、从容、大气风格的重要原因，并以此区别于其他豪放性诗人与词人。对于他的代表作《念奴娇·大江东去》这首词，多数学者喜欢从历史感、气势感和"抒情、叙事、写景、咏等紧密结合"①的写作角度去读解之，这当然没有什么错。但问题在于：李白的"蜀道难，难于上青天"、"飞流直下三千尺，疑是银河落九天"也同样有气势，他们之间的区别在哪？如果说，李白的气势总脱不了个人情绪和视角的单一，那么我以为只有苏轼是用"世界"的眼光将自然、人类、政治、个人、古代、今天、情感、理性等用"对等"的关系建立起了一个从容平和为内涵的大气世界。因为是人与自然"对等"的思维，所以人类的喜怒哀乐、成败得失才不在话下，"浪淘尽千古风流人物"的"宿命"，才与现实的"风流人物指点江山"的"激昂"构成了截然"反差"，古人和今人、英雄和凡人，其实就跟人类与自然一样，在终极命运上都是一样的、对等的。所以，"抒情、叙事、写景、咏叹"紧密结合的"原因"，实在是因为苏轼认为"人类与自然"、"过去与今天"、"英雄与平民"、"男人与女人"，是在"对等的关系"中发出的动人的"琴声"而已。可惜的是，古代文学研究界常常看到的是苏轼作品中有儒、道、释之材料，进而把苏轼解释为"集儒、道、释之大成"，但却看不到苏轼是如何通过自己的思想把儒、道、释建成有自己"天人对等"意味的世界，从而区别于也受儒、道、释影响的陶渊明、辛弃疾等作家的。所以，显示作品独创性的"文学性研究"不是看作品中"有气势"、"有历史感"、"有儒的忧患"、"有道的超脱"，而是要看作家把"这些材料"如何通过自己对世界的独特理解组合成独一无二的、别人替代不了的世界的。因为"华发"、"纶巾"、"英雄"、"大江"、"千古"这些诗人们都可能用到的"材料"，只有在苏轼的"结构性改造"中，才成为《念奴娇·大江东去》的有机组成部分。

---

① 见《豪放词》，北京燕山出版社 2001 年版，第 58 页。

也因为此，在《念奴娇·大江东去》这首词中，我们就看见了一个在李后主和柳永的词中难以看见的以"对世界进行自己理解"为目的的"独立"形象。应该说，李后主的"林花谢了春红，太匆匆，无奈朝来寒雨晚来风。胭脂泪，相留醉，几时重？自是人生长恨水长东"也是词中佳作，但其中的抒情主人公始终脱离不了对人自身命运的感叹，"水长东"只不过是在衬托"人长恨"而已。这种以人自身为抒发对象的"借景抒情"，不可能将景物作为一个人格世界来尊重，也就难以发现人与自然界的性质之区别从而构成"对等"之格局，当然也就是孟子的"万物皆备于我"的以"自我"为立足点。在《念奴娇·大江东去》中，苏轼是把自然界的奥秘与人类的奥妙分别做了"浪淘尽，千古风流人物"和"江山如画，一时多少豪杰"的理解。人类不会因为"人生如梦"而不再出"豪杰"，自然也不会因为人类豪杰辈出而不改变"浪淘尽千古风流人物"的律令。这首词之所以公认为苏轼的"大气"之作，正在于这两种世界所构成的张力。而作为抒情和思考主人公的苏轼，不会仅仅是因为周郎赤壁这种典故感叹"人生如梦"，更是因为所有英雄和女人在自然和历史面前"灰飞烟灭"而感叹我"早生白发"。这首词既没有把重心放在自然和历史那一面让人感叹自身的渺小而悲伤，也没有刻意强化人的"雄姿英发"而让人产生超越历史的豪迈，而是让人在理解人类与自然的最终关系后平和放达为"一樽还酹江月"的未老白发翁。这种从容而不是悲伤的心态，非把人类与自然放在一种相互制约的"对等"关系中所不能，而作为抒情与理解并重的主人公，也非像苏轼这样把人类与自然、豪杰与历史的关系都进行"对象化思考"所不能。正是在这样的思考和感发中，苏轼既能融入历史体验又能外化出历史来看待历史本身的"独立之形象"，便很好地建立起来了。

在此基础上来理解为什么苏轼要"以诗入词"、"以豪放来改造词之缠绵传统"，一切便释然了。准确地说，一个"从容面对世界"并且能"对等"地理解这世界的一切的人，是不会视任何法则为天经地义不可改变的。无论这法则是文化的、政治的，还是文学的。苏轼既能发现王安石新法的问题，也与旧党阵营的司马光政见不合，说明这世界上没有任何观念是必须全盘遵守的。在苏轼之前，词属于交付乐工歌女去演唱的歌辞之词，而且大都是写美女、爱情、相思之情，柳永的《蝶恋花》"伫倚危楼风细细，望极春愁，黯黯生天际。草色烟光残照里，无言谁会凭栏意"，作为慢词的一种代表，又使得词之特点公认为有一种幽微蕴藉之美。这种美比较适合表现个人纤细的离愁别绪，既会赢得沉浸在个人世界中的读者共鸣，也会无形中阻碍读者走向更为博大深邃的世界中去。如此，根本不在意个人离愁别绪的苏轼，当然不会满足于这样的词之格律和韵律的束缚；而面对整个世界写作的态度，必然使他产生"明月几时有，把酒问青天，欲知天上宫阙，今昔是何年"的追问。所以以诗的直接抒发入词，以豪放风格来改造柳永词之狭小的格局，实在只是我们看见的"枝叶"，而"根源"则在于苏轼是在更大的世界中行走，并且把任何事物都看作对等而予以尊重的关系所致。然而，与学界常常抬高苏轼贬抑柳永的"豪苏腻柳"评价不同的是，苏轼从来没有表现出对柳永慢词的"轻视"，只是在写出《江城子·密州出猎》后给朋友的信中说自己的词"别有一种风格"，不同于柳永而已①，这样的一种态度，我认为就属于"尊重而不限于"的"穿越柳永所代表的词之现实"的态度。这种态度的含义是：不是柳永的词有时过于格局狭小情调淫靡而"不好"，而是这样的词无法展示苏轼自己的对世界大跨度的理解和感受而"不够"，所以词坛不能仅有柳永、李后主这样的缠绵之词。这就使得苏轼将自己的词放在与词之传统"不同而对等"的关系之中了，显示出既尊重传统又"不满足于"传统的"中国式独立与自由"的品格。同样，当我们在"豪放"风格意义上将苏轼与辛弃疾归为一类时，我们很可能也会忽略苏轼与辛弃疾对世界的理解之不同所构成的词的内涵与境界的不同，这种不同，才是"苏辛"作品"文学性"价值高低差异之所在。辛弃疾终身都在为收复故国故乡而战、而写，虽然热爱故土的感情具有积极的意义，但复仇性的对世界的理解有可能使愤慨之情遮蔽作品更丰富的意味，使他难以突破"红巾翠袖，拭英雄泪"的格局。所以，能否透过国恨家仇的情感走向更为博大的世界，能否以历史的眼光审视当下个人和时代的恩恩怨怨，

---

① 转引自叶嘉莹《北宋名家词选讲》，北京大学出版社 2007 年版，第 169 页。

就成为苏轼的作品与辛弃疾作品在词的境界、气魄、意蕴方面的差异所在。这种差异，其实就是文学价值的差异。

五　结语

从苏轼的政治实践、伦理实践再到文学实践，一个在文化的方方面面都能贯彻自己对世界与人生的基本理解，并且言论和行为高度一致的人格形象，就这样伫立在我们面前。苏轼让中国老百姓喜欢的地方，正在于苏轼对所有人（哪怕是曾经像王安石那样的排挤自己的人）都采取亲和尊重的态度，而不受儒家"亲亲"观念所约束，当然也不是西方式的包含个体尊严的"人人平等"。这一点，必然使得苏轼的作品大气而从容。而苏轼让中国知识分子敬佩的地方，同样又在于苏轼绝不会受影响他的儒、道、释的观念所制约，他在哪里都能保持自己的健康心态与本能化的现实关怀，也很难被"达则兼济天下，穷则独善其身"的儒学人生所能解释，更不能被笼统的"儒道互补"准确涵盖。所以，这种难以准确概括的地方，正是苏轼突破儒、道、释的独特思想内涵之所在。我想说的是：在当今全球化的文化格局下，在西学和中学对中国知识分子构成双重制约影响的状况下，我们能否从苏轼身上获得建立中国现代文化主体性和文学独立性的启示呢？

论黄永玉的"中国式独立品格"

一　问题的提出

应该说，自鸦片战争以来，从反抗被殖民地化的"主权的中国"，到十一届三中全会后以"四个现代化"为标志的"经济强盛的中国"，以及近年在全球化语境中被强化出的"文化上独立的中国"、"走和平崛起道路的中国"等主张的提出，均昭示出一个走向现代化的中国，如何在与西方和东亚各国的关系中体现自己独立品格的问题。

这样的问题首先构成对传统中国"大同式天下"观和"依从性个体"观的挑战。以漠视"个体权利"、"勃发的生命力"与"可突破任何规范和常识的创造力"为前提的儒家哲学，其所讲的"修齐治平"的"天下仁爱"，在晚近以来西方经济、文化文武兼施的侵略中被边缘化了，是一个基本事实。这个事实致使今天的中国不得不正视西方的资本主义而走市场经济为基础的现代化道路，也使得中国知识分子不得不反思忽略这"三种力"的"天人合一"文化哲学所存在着的局限。一方面，中国传统文化对个体从属群体的要求，与其自身在全球化格局中作为"国家个体"、"文化个体"，也通过相当一部分知识分子的学术研究，在不知不觉中从属着西方的体制、观念乃至思维方式，在文化上依然过着"宗西方的经"① 的生活而不自觉。即便有"中华性"、"本土

---

① 否定主义认为，20世纪中国知识分子在"反传统"上的一个致命的局限，在于一边反传统一边在承接着使传统得以延续的思维方式——"宗经思维"——这种思维在20世纪，只不过是以西方的"经"来代替传统的"经"而已。"宗经

性"等概念的提出，也多停留在"审美愿望"的层面上，从而使中国知识分子呈现出"虽然焦虑而又不得不如此"的生存状况，等等。这些状况均说明无论是"忽略个体独立的天下"还是"膜拜参照他者的个体"，都不可能承担"文化上独立的中国"之建立的使命。另一方面，以西方宗教精神为张力的"西方式独立"观，因为强调"个体权利至上"、"个人与社会和理性的冲突"等"对抗性"的理念，又因为与中国传统文化的"跨度过大"而缺乏如何转换的理论论证，这使得用西方"独立观"批判中国传统"从属观"的主张和实践，虽然在百年的中国文化现代化中常常被美化为"孤独的抗争"①，但是因其情感成分大于理性品格的局限，还是使这种努力越来越受到学界的怀疑。尤其当这样的怀疑与"中国能否走西方式的征服世界的道路"之质疑同步后，问题就转化为一个在独立问题上有没有理论原创性研究的提问。

我还想说明的是，因为中国现代知识分子受"启蒙的思想和观念渴求"之阈限，急于找到实现中国富强的"思想钥匙"的功利性太强，难以突破"寻找现成的真理"之模式，所以近百年来，中国知识分子一直是把西方"自由"与"独立"的理论作为"依附对象"而沉浸在西方不同知识的转换中乐此不疲，尚不觉得其中有什么问题。一旦这些西方理论在中国化运用中暴露出"文化错位"与"价值强

思维"之所以是一种"非创造性思维"或"低程度创造思维"，就在于它满足对既定世界观因时代变化而产生的差异性理解或在现成的世界观之间做"或东或西"的选择，但却不会产生创造自己的世界观之努力。在阐释之差异的意义上，这种思维的创造性是"低程度的"，在世界观的意义上，这种思维是"非创造性"的。

① 鲁迅在《野草》中所描绘的向所有点头微笑的人举起投枪的"这样的战士"，《药》中被人血蘸馒头治痨病的"夏瑜"，以及鲁迅自己在《随感录·五十九"圣武"》所说的"我们中国本不是发生新主义的地方，也没有容纳新主义的处所"，均可能揭示这样的问题："主义"如果是西方的，再好也可能在中国没有环境；而针对这环境中的问题如果中国现代知识分子能生产自己的"主义"，其结果，依然会是秋瑾和徐锡麟的悲剧吗？

求"① 之问题，不少学者就习惯于从中国传统文化观念中去"寻找出路"。从 20 世纪 80 年代的"启蒙热"到 90 年代的"国学热"，可以充分说明中国许多知识分子已经养成了"在中西方现成的观念中过选择性生活的习惯"，而从来不会去想在这些观念之外，中国传统文化中有没有可供我们进行现代提炼的独立性的人格与事例，更没有想到从中国文化、中国文学的实践个案中去提取"难以被传统思想所说明"的内容，为理论的"中国现代创造"奠定新的基石。如果说，这种"从一种观念、知识到另一种观念、知识"的研究状况，在有纯粹思辨和批判能力的西方，可以形而上化而不影响他们的"纯粹概念之创造"的话，那么，在缺乏理论推演、思辨和批判能力的中国学者中，在很容易把西方形而上概念作为工具服务于我们现实目的的文化启蒙中，这就不仅很容易造成中国学者"知识堆积"但"问题如山"的尴尬而茫然无措，而且会复活中国知识分子根深蒂固的道家情结——理论就是与现实问题无关的"知识之游"。由于知识转换的"兴奋感"远远优于知识能否面对"中国问题"的"焦虑感"，这就必然会出现中国学界的从"理论的实践性无力"到"理论的知识化自娱"之恶性循环。不少学者之所以不愿意深思造成这样状况的原因，正在于我们满足于"知识之游"而不具备"从知识之外的现实中创造出来"的理论意识和冲动。

所以我的方法是：在中国文化史上，由于艺术家的生命、情感和思想资质，常常可以松动理学、道学和西学的束缚，作家和艺术家独立自由的品格，可能就会比其他文人与士大夫更容易展示出来。尽管在现代中国理性建立的意义上，艺术化的"独立"与"自由"，很可能在内容上蕴含着需要予以现代中国学者理性改造的问题，但作为"中国式观念"生长的土壤，我认为当代画家黄永玉，是中国学术界已有研究，

---

① "价值强求"问题突出体现在以西方的宗教精神为支撑的"崇高"、"超越"、"自由"等观念在中国文化语境中进行文化批判。这种批判的结果除了对中国人成为西方人失去信心、产生绝望外，更为关键的是难以论证中国人如何才能培养出西方式的宗教精神的品格与情怀，也难以论证中国现代学者如何才能具备西方式的以主客体对立为前提的认识世界的思维方式与把握能力。

但并没有从"原创角度"去思考的一个作家，其中隐含着"中国式独立"的内涵与方法，值得我们认真对待。

二 穿越政治和权力靠的是什么

所谓"中国式独立"，在中国这样一个意识形态与文化、文学关系密切的国度，是首先表现为个人与政治的"尊重而不限于"的特殊关系的。这种关系既非西方式的"二元""对抗论"，也非中国传统"独善其身"、"安于学问"的"无关论"，而是一方面以他的"真的人的交往原则"来穿越现有的"等级化的权力政治"，另一方面则以独特的对政治的"艺术性理解"来保持"亲和性解构"的张力。

如果你读过黄永玉的作品，又了解其人其事，你就会深切感觉到：这是一个做的、说的、写的难得一致的人，而贯穿做、说、写的准则，就是黄永玉似的"自由"。也因为这"自由"，黄永玉经常说自己过得很"快乐"——这就和20世纪中国知识分子一旦涉及"独立"与"自由"就离不开"痛苦"与"挣扎"的状况构成明显的区别；而不理解黄永玉这种"自由"与"快乐"的"中国式独立品格"的人，便只能在"天性"上称黄永玉为"老顽童"，从而把黄永玉简单化了。

在黄永玉的很多轶事中，有一个生活细节很能说明黄永玉对权力、权贵的政治性态度。据说黄永玉曾经拒绝过某省长的"拜见"，但又与北京某国家领导人保持很好的朋友关系，说明黄永玉是以对人的感觉突破"依附政治权力"、"对抗政治权力"、"回避政治权力"这些传统文人处理与政治的方式的——合自己的意，官大官小都可，反之就都不可，这样他就建立起一种只在自己身上存在的、类似哈维尔为之努力的一种"良心政治"，从而把现实的等级化政治穿越了。他告别的不是"权力"、"权贵"和"体制"本身，而是没有"真正的人支撑的权力、权贵和体制"。如果中国的官员在人的品格和素质上能成为"对人负责而不是对权力负责的人"，"良心政治"和"等级政治"就构不成"对立"了。这种"构不成对立"可以做两方面理解：一方面，在现行体制下，由于现实生活中的政治集中地体现在人与权力的关系上，所以如果看着顺眼的就是朋友，不顺眼的无论什么来头都可以不在意，这是很容易得罪一些"不是朋友的权贵"的，当然同样也会得到"是朋友的权贵"的默认，所以反而可以造成一种"权力性平衡"。这种"权力性平衡"会使一个人心平气和，而不是愤世嫉俗，并且会使知识分子与政治家的交往变得正常：既不是唯政治家之是从，也不是唯政治家之回避，从而构成一种"不在意是不是政治家或官员"的现实。另一方面，如果黄永玉的这种"个体化的政治"和哈维尔所倡导的"人的政治"难以成为一种普遍化的现实，这种"可以不见权贵"的权利，就是黄永玉对"独立"和"自由"的实践，而"不见你你也不会生气"，就是黄永玉对"政治民主"的基本理解。"可以不见"的权利是"不在意权力"，而不是"在意权力"而形成的"对抗权力"、"逃避权力"或"热衷权力"。而对"不在意权力的人"也不会生气，说明一个政治家也没有把自己的权力看作比人更重要。这就形成了一种黄永玉所理解和倡导的健康的政治性生活。黄永玉的创作世界既缺乏重大主题和事件的展现，也没有"忧患"常见的沉重感，他只是以"对日常生活发表独特而轻松的看法"来表明一个作家对世界的一种"启发性责任"，更可以说明黄永玉感兴趣的只是一个艺术家必须感兴趣的"具体而生动的世界"。只有每个"活生生的个人"，才是社会政治生活中"具体而生动的世界"。所以，"省长拜见"、"市长拜见"、"校长或院长拜见"，都不是以"具体而生动的世界"出现在他面前的。因为"拜见"本身，就是以身份和地位这些政治性的权力来丈量人与人的交往关系的。所以既不接受"拜见"也不会"拜见"任何权力性人物，就把黄永玉与一般中国人文知识分子的"政治性生活"明显地区别开来。

黄永玉经常被人议论为是一个性格"古怪"的人，但很多人却不明白这"古怪"正是黄永玉最具独立品格的地方。2001年到2006年间，黄永玉多次捐款给母校"文昌阁小学"。据说2005年捐100万元给小学建礼堂后，有人提出要给黄永玉举办个剪彩典礼，却被黄老一句"不搞那些"的话给封住了。你从此会以为黄老是一个"不喜欢剪彩"的人，会对黄永玉在北京开画展又请人剪彩的事很困惑。黄永玉说他请的这个朋友，是在自己最困难、最危险的时候陪伴过自己的人。因为

"文化大革命"中黄永玉被打成"反革命",唯独这个人来给他送花。黄永玉说:"我是反革命,要影响你。"这个人说:"我不怕的……"黄永玉后来找这个"我不怕的"人,找了两三年才找到他。黄永玉不请著名艺术家,也不请领导和显赫人物来给自己剪彩,唯独请这个"我不怕的"人给自己的画展剪彩,是因为只有这个人才"最配"给自己剪彩。这个"配"的含义是:只有突破地位、身份、名誉、境遇对一个人的喜爱和尊敬,才是最值得珍视的,也只有具有这样的品性和素质的人,才能成为黄永玉真正的朋友。给自己的画剪彩,绝不是给笼罩在自己作品之上的与地位、名誉脱不开干系的"著名艺术家"剪彩,而是给自己这棵最困难的环境下生长的"生命之树"剪彩。因为没有这样的处在劣境下生长的"生命之树",便不可能有后来只能被人欣赏的"艺术之花"。所以,"中国式的独立"在此就表现为:按照自己的理解及意愿穿越政治抵达最具体本真的人。这种只在意人的投缘,最不在意人的权力、身份、地位的非政治性交往原则,是儒家的"差等之爱"和"忠信之仁"、道家的"无为"之超脱、墨家过于理想化的"兼爱",以及西方的"对抗政治和权力"的知识分子独立观,均难以概括的。这种难以被概括的独立之内容,既与中国文化中的"真性情"内容保持某种亲和关系,又剥离掉"真"的"去欲去情"等道家"反人为化"的内容,从而形成否定主义意义上的"尊重儒道又不限于儒道"的穿越张力。黄永玉平生最讨厌"落井下石"和"背叛"的人,并因此和一些他认为存在这样的问题的著名艺术家绝交,是因为"背叛"正是被现实地位、权力所左右而放弃"本真的人"的结果。"背叛"之所以不等于儒家"亲善疾恶"中的"恶",是因为"背叛"从国家意识形态角度又可以解释为"听组织的话"的"善",所以黄永玉所说的"背叛"本身不受儒家以"天下为仁"这一最终关怀的"善与恶"思维所阈限。这一点,是这个对很多事都可以"闭一只眼",但唯独对人的品格底线有自己理解因而始终"睁一只眼"的"猫头鹰"最为可贵的政治性素质。

有的人可能会说,黄永玉是名家,有雄厚的实力可以不在意"大大小小的权贵",而一般的知识分子和普通老百姓如果这样去做,还能像黄永玉这样潇洒吗?这就牵涉到一个人以"什么实力"来"穿越意识形态"的问题。如果说"只与真朋友亲密交往"的关系来穿越意识形态，只是黄永玉式独立的一个方面，那么这个方面与黄永玉在其作品中传达的对政治和现实的"艺术性理解"所显示的力量是分不开的。在中国，虽然"艺术家的意识形态性理解"和"现实的意识形态力量"是不对等的，但这种不对等，正好把"独立"在中国特有的性质体现出来：这不是一种像西方那样的可以"对抗"、"干预"意识形态的"独立的现实性力量"，而是一种以理解和启发为性质的"缓解"、"松动"现实意识形态的力量；后者虽然构不成现实性力量，但却可以给自己独立的"支点"增加力量。否定主义理论之所以认为一个人应该通过"创造性地理解世界"来建立自己的人生支点，是因为唯独通过这样的支点，一个人才可以让人"放松地对待权力和欲望世界"。"放松"在这里的意思是："理解性的生活"并不构成对现实世界的"干预"和"改变"，因为"理解"是以承认现实世界的"合理性"为前提的，因为"理解"并不一定被要求设计新的政治制度；"理解"既然只是一种看法，它充其量只能影响别人的看法，因此不受"颠覆和改变世界"的目的驱使。尤其是艺术化的理解，更因为形象性和隐喻性的缘故避免了"可观念化"的"理解"直接对立于意识形态的可能。黄永玉在记写沈从文"文化大革命"中挨批斗时说到一件趣事，很可以说明艺术化的理解所产生的功能："斗争会完了，他揭下那张'打倒反动文人沈从文'的标语一看，说：'那书法太不象话了，在我的背上贴这么蹩脚的书法，真难为情。"① 这一句"真难为情"不仅道出了沈从文的幽默，而且也道出了黄永玉对这种幽默的理解所产生的艺术性的独立力量：真正的艺术家只能被真正的艺术"整垮"，却不会被艺术形式所传达的意识形态内容"整垮"；如果一个艺术家能被标语中的意识形态内容"整垮"，说明这艺术家在意的只能是"非艺术性的意识形态内容"，因此也不是真正的艺术家。书法的观念性内容在沈从文的背上是无关紧要的，重要的是一个艺术家能否从艺术角度"穿越观念"从而产生属于自己的"快乐"和"自在"。所以黄永玉说"专注的人失去

① 转引自李辉《黄永玉：走在这个世界上》，大象出版社 2000 年版，第 49页。

周围的一切；长远的说，他得到一生最重要的那一点"①。真正的艺术作品之所以本身就有"模糊意识形态"而不是"对抗意识形态"的功能，是因为"模糊"靠的是"艺术本身"，而"对抗"靠的是"观念本身"。由于后现代理论家伊格尔顿过于关注艺术中的"观念性内容"，所以他只看到任何艺术中的观念都有意识形态性质，这样就看不到优秀的艺术具有"模糊、消解观念本身"的性质——这种性质在根本上不是"意识形态功能"，而是"缓解意识形态"的功能。

所以，如果要问黄永玉的"本真的人与生活"是指什么？那么你可以从像《永玉六记》这样的漫画集中去寻找最具体的答案。在这部作品中，黄永玉比较集中地传达了自己对政治性生活的穿越性理解。比如，"人只会泄气，不存在倒霉"，在个人与时代、个人与政治的关系理解上别具一格，也有利于纠正知识分子容易怪罪环境和时代的思维方式，将批判对象放在对自己素质的拷问上；但什么是"泄气"？如何才能"不泄气"？作者没有给你正面解答。"别太相信权威，他也靠裤子遮羞"，对很多只看到"权威"的"权力"的人，不只是一记当头棒，而且也有利于建立所有的人"都靠裤子遮羞"的最为基本也最为重要的"人的平等"观念，这是一种区别于西方"人的权力"的平等观念；但"靠裤子遮羞"是艺术性解答，其哲学内涵只能等待哲学家去提炼。又比如"成熟不是煮熟"，这对以儒家为代表的"做人"之教化和政治对人的"思想工作"，具有意味深长的反思意义，而如何是真正的成熟以及成熟的方法，由此便成为一个道家的"顺自然"也不一定能解答好的问题，其空白处可从黄永玉自己的人生实践中去发现答案。再比如"幻想的自由不是自由，自由的幻想才是自由"，十分突出地体现出黄永玉对"自由"的具有哲学意味的理解：没有任何时代和制度可以阻止人在"幻想"中所体现的自由，最要不得的是把自由作为一种理想图景和生活去渴盼。而后者，正是中国人容易产生的对"自由"的过于世俗化的误解，于是"自由"在今天世俗化的快乐中似乎就"可有可无"了。这种"幻想"本身就是自由，可以与萨特的"不选择也是一种选择"的存在主义自由观构成某种区别，具有中国文化"尊重现

① 见《永玉六记》（4—6），三联书店 1997 年版，第 182 页。

实"或"无奈于现实"的特点，"幻想什么"由此成为一个"反自由"的问题。如果说艺术化的对政治的理解可以消解大多数人的理解，但又不一定给人提供清晰的正面观念，那么它在给人以"理解的启示"的同时，更多的是具有模糊既定的意识形态的功能——不仅对中国传统哲学观念，而且对西方哲学观念都如此。正是在这"双重模糊"的功能下，黄永玉区别于中国大多数作家依赖常识（中西方的基本哲学观念）写作的"理解世界的独特性"便显示出来。这一独特性，我认为正是黄永玉人生"最重要的支点"，也是他可以"不在意权贵"的实力或力量之所在。

三　钻进红尘又能钻出来

从黄永玉身上，我们还可以看出中国式独立的"亲世俗性"和"不纯粹性"，这对我们习常的以"拒绝世俗"的圣洁人格与"轻视世俗"的人文品格，显然是一种挑战。如果说王夫之倡导"凡诸声色臭味，皆理之所显"①，强调"理"应该贯穿于"欲"中，以区别佛学道教的"净人欲"②，问题的关键就开始显现：什么样的贯穿于"欲"的"理"，才是"中国式的独立与自由"之"理"，而不是宋明理学所讲的儒家等级化之"天理"？

说到"世俗生活"，在我这里是以个人的欲望、利益的不断满足以获得快感的生活。世俗不仅是指人的温饱，而且也包括人的享乐，所以也与古人所说的"声色犬马"和今人所理解的"人欲即饮食男女"③的生活相似。以往我们在考察和衡量中国知识分子独立性的时候，更多是从意识形态维度去看，而多少忽略了中国知识分子在世俗生活中所能展现的独立性，才是他在精神和知识领域显现其独立性的"根基"。也就是说，一个中国知识分子在日常生活中不能做出"怎样独立"的榜

---

① 《雅述》上篇，《王廷相集》，中华书局 1989 年版，第 851 页。

② 《性辨》，《王廷相集》，中华书局 1989 年版，第 609 页。

③ 见陈来《诠释与重建——王船山的哲学精神》，北京大学出版社 2004 年版，第 157 页。

样，他在精神和专业领域的"独立"就是苍白的，也是不稳定的，他就很可能在日常生活、官场和其作品之间因不一致消解了自身的独立形象，或呈现以文化性面目达到个人利益目的的虚伪人格。我之所以举黄永玉为例，除了他的作品使他在精神上显出独立性，还因为这样的独立是与他在日常生活中的"健康性"密切相关的。这种"健康"就表现在：他既能体现出对世俗欲望（尤其是性）的喜欢与欣赏，也能通过他的文学和艺术创造的生活"随时可以穿过、离开"之——我把这样的对世俗的态度称之为"亲和世俗又不在意世俗"。

综观黄永玉的作品，我发觉他与中国其他优秀作家的一个明显区别，是不仅在他的作品中不乏对世俗化生活的欣赏，而且在他的作品中也有大量"不登大雅之堂"的内容。首先，黄永玉有句名言，叫"人家跳出红尘，我要往红尘里钻"①，就很可以说明他与屈原、沈从文为代表的中国圣性和纯净人格的区别——这种区别说得好听叫"野性"，说得不好听叫"匪性"。其中"钻进"这个字眼可以突出说明它与"跳出"的区别："钻进去"是也可能再"钻出来"的，但前提必须是"钻进去"。所以"往红尘里钻"的品格是我所说的"穿越现实"的品格而不是屈原式的"超脱现实"的"圣洁"品格。而"跳出"则往往与"沉溺"相辅相成：要不然就居住在世俗里，要不然就远离世俗，这都不是面对红尘的健康状态。所以我认为，"钻红尘"的品格说明：在"远离世俗"和"沉溺世俗"之外，中国还有一种"不怕世俗与污浊"的独立人格存在。这种存在由什么样的"主体性"所构成，在中西方哲学中是找不到确切答案的，只能由今天的理论通过原创来完成。其次，"世俗"和"红尘"在黄永玉作品中不仅表现为他常以日常生活说事，诸如"我笑过秃子，所以我也秃了"、"离婚是从一个弹坑跳到另一个弹坑"、"天真的女人一老，令朋友十分麻烦"这类日常生活漫画②，而且他以大量的动物漫画短句、器皿雕刻和彩绘作为作品的主体，并且从不遮掩对"生殖器"和"性"的着意表现和欣赏，这使得

---

① 黄永玉：《火里凤凰》第一插图，文汇出版社 2002 年版。

② 《永玉六记·斗宝的散步》，江苏人民出版社 2005 年版，第 57、140、148 页。

他的作品几乎不与"宏大叙事"发生什么关系，在一些文学评论家眼里，这肯定属于不入流的"世俗化写作"了。然而，就"写什么"进行文学判断最不可靠的地方在于：它无法区别"钻进红尘"与"沉溺红尘"的不同性质。这是因为："性"和昆德拉意义上的"政治"一样，只是黄永玉"钻"的对象。害怕世俗的人"钻进去"可能出不来，不害怕的人是可能"钻进去又出来"的人，黄永玉显然属于后者。这种"钻"在黄永玉这里，就是赋予日常事物和性符号以他自己的"个体化理解"，并靠读者从这种理解所获得"独特的启示"从而看到作家"又钻出来"了。当你看黄永玉《罐斋杂记》中那幅"不管有时我多么严肃，人还是叫我猴子"的猴子漫画时，你在忍俊不禁作者的幽默之余，一定会去咀嚼人类的习见常常构成对习见对象生命状态的无视和伤害这样的现象，也一定会找到人类为什么会常常自我伤害的根本原因，那就是：我们从来不认为生命是平等的，才会说出"猴子毕竟是猴子"这类话。你甚至可以从他的"记者：你道德高尚，从不拈花惹草。答：我阳痿"① 获得这样的深思：一个生命力健康旺盛的人，能否做到从不拈花惹草？而一些所谓以不拈花惹草来显示道德高尚的人，生命力是否已有被文化异化而萎缩的疾病？这一点，在古代作家苏轼的"亲世俗性"上表现得十分明显：那就是苏轼不仅如林语堂先生所说的是"百姓之友"②，更重要的是还表现在声色和娱乐场所他从不显示自己的清高与圣洁，从而与一般知识分子的"谈性色变"区别开来。在杭州，他不仅与和尚和风尘女子都有过交往，而且对性持一种诚实又诙谐的"难在去欲"③ 的看法。"难在去欲"的"欲"，在这里明显指的是"性欲"。但承认"性欲"这种"私欲"的"愉悦性存在"，关键是要看苏轼用"怎样的理"去对待。这种不拒绝和尚，也不拒绝和渔民和儿童做朋友的人，当然也不会拒绝"性欲"的态度，我以为其中蕴含着传统伦理思考中的一个重要盲点：歌妓为什么是与和尚、渔民、儿童不平等的人呢？性与美丽的密切关系为什么我们的美学从来不正视？这两种

---

① 转引自李辉《黄永玉：走在这个世界上》，大象出版社2000年版，第72页。
② 林语堂：《苏东坡传》，陕西师范大学出版社2006年版，第268页。
③ 同上书，第135页。

关系如何才能既区别于淫靡艳情，又区别于"视歌妓为'肮脏、堕落'"的伦理态度？这个问题之所以在中国伦理建设和美学建设中没有被我们作为"道德健康"、"生命美丽"等课题去认真思考，是因为中国伦理化美学缺乏"尊重"和"平等"这两个关键词去看待世界，也不去区别"亲和世俗"与"沉湎世俗"的质的区别，也就很难解释"沉湎世俗"的人为什么曾经是"拒绝世俗"的人这一奇怪的逆反现象。更主要的是，我们已经没有思维空间在理论上思考为什么在中国"拒绝者"、"回避者"、"歧视者"并不一定是"独立者"、"自由者"这些重要的理论问题。

在黄永玉的人生经历中，我还发现了一个奇特的现象，就是他的生活方式是"游走"的。我在这里所说的"游走"，放在黄永玉身上，呈现的是与"保卫自己的独立性"十分密切的一种"中国式的存在方式"。如果说古代作家苏轼的"迁移"与政治的贬抑和调动有关，那么黄永玉离开故乡湘西以及把自己的家安置在北京、凤凰、香港和欧洲，就是他主动的抉择了。2004年10月22日黄永玉在接受《南方都市报》记者采访时说："我的一生是不停地走动"，"走动是为了工作"。"走动"不是因为这块地方不好、不美丽，也不是因为这块地方活得不痛快，更不是因为这块地方不能出人头地，而是因为"一块地方"无法实现他少年就有的一种可做更大、更有意义的事情的梦。而当他在外面的世界逐渐通过画笔与这种"更大的事情"关联的时候，"游走"就成为他要建立自己的"大世界"的一种方法。黄永玉的作品之所以在文化上和思想上能达到"穿越中西"的境界，与他的这种文化性的"游走"是密不可分的。这一点，如果与鲁迅的人生"游走"关联起来，再结合西方一些大作家、思想家的游走性人生经历，就可以得到更加的确认：受某一地域文化域限的作家和学者，不可能在创造性领域达到辉煌的境界，也必然为其地域文化所束缚——他会把某一地域当作全部世界来对待，或者受地域文化所形成的习惯去"看待世界"，其作品，也顶多只能有风俗特征，而不可能有面对大世界的原创品格。所以，这里的"不限于某种文化生活环境"，就与"穿越多种文化环境"的独立性人格所具有的文化丰富性联系起来。如此，一个知识分子才能将自己的独创称之为具有丰富含义的"世界"，他才可以说：我建立起"自己的世界"。

　　需要甄别的是,黄永玉的"不在意红尘"和"文化游走",不能简单地用道家的"超脱"、"脱俗"、"回避"来大而化之地概括。黄永玉之所以在我看来有"穿越道家"的独立品格,最重要的是他是以"生命力之健康"、"创造力之勃发"、"思想之独特"为支撑点的,而道家的"超脱"和"旷达"正好是回避这些的。因为"旷达"可以风格化但内在生命力和思想很孱弱,不可能产生黄永玉式的哲思和他或笔下蓬勃的生命力;所以同样是"超旷",古代作家苏轼,就比欧阳修、陶渊明多了一份有自己世界观和生命力支撑的"坚实",而黄永玉也比沈从文和汪曾祺多了一份有自己思想支撑的生命力量。缺乏独立思想和生命力的"旷达",往往只是在人生失意时显现的一种将自己的思想与生命力均放逐的"忘之状态",而具备独立思想品格的"旷达",不仅失意时是"平和与从容"的,得意时也是"平和与从容"的,所以"旷达"有性质上的差异。其原因我认为就在于:"中国式的独立与自由"可以将道家式的"游"作为"工具",并且利用"知"、"思"、"欲"来完成属于自己的思想和生命世界之创造,而道家、禅宗的人生哲学是将"游"作为生存目的,以无所用心、无所追求、无所创作来过一种远离"知"、"思"、"欲"的淡然、清净的生活,其自我完成是不问世间事务的平静和超然。具体说来就是:相对于黄永玉以自己的哲思来穿越人的裸体和日常事物,道家式的生活是"不思之无忧"并回避裸体直接展现;相对于黄永玉为他的更丰富的自我创造工作而"四海为家",道家更主张失望于现实秩序与道德的"隐士"或"贤者辟世,其次辟地"①的"避仇、避难"等来获得生存之乐。相对于道家在如何避免"知"、"思"、"欲"的干扰、将"游于各种生存困难的缝隙"产生的"机智"作为人生快乐的境界,在生存智慧上,黄永玉是本然的、能以快乐化解忧虑的"我行我素",等等。其间的奥妙,正是"亲和道家又穿越道家"的"中国式独立"潜在运行的结果。

---

　　① 见《论语·宪问篇第十四·三九》,参见钱穆《论语新解》,三联书店2002年版,第385页。

四 受大家影响而不是大家

"穿越现实"作为"尊重现实又不限于现实",还应该理解为:任何一个知识分子其实都首先生活在"受观念现实限制的现实中"。即便现实是指生活或体制本身,你在描述和概括它们的时候,也离不开制约这种描述与概括的观念。20 世纪的中国知识分子,不是受西学制约,就是受中学制约,要不然就是或受中学或受西学制约的"徘徊者"、"反思者"。以此为前提,大部分中国知识分子容易在现有知识、思想的选择中心安理得,或者满足于"技术、方法的改造"而心安理得,这更反衬出黄永玉我称之为"结构改造"的原创品格之珍贵。

从作家的全部文学和艺术创作生涯来看,黄永玉的作品一方面既有符合既定观念和规范的作品,也有不符合既定观念和规范的作品。这种"既有符合……又有不符合"的创作结构,显然是区别于西方像梵·高、毕加索、卡夫卡、博尔赫斯"完全对立于传统"所形成的创作特色的"纯粹性"、"单一性"的,从而凸显出中国作家的"文化浑然性"特征,也凸现出中国作家的"独立"与使之独立的世界的复杂联系,并通过这样的联系告诉我们中国作家的独立不是在与"规范性的整体"的"对立"中完成的——这反衬出 20 世纪 80 年代"新潮文学"通过"纯粹形式"来与传统"载道"文学"对抗"所存在的"非中国性"局限。在认同既定创作现实的意义上,"安于现实"相当于"写符合规范的作品",而"不安于现实"相当于"写不太符合规范的作品"。黄永玉画过所有的美术学院的学生都训练有素的画,像版画《葫芦信》、白描《水仙图卷》、国画《红梅图》、油画《凤凰三月》[①] 等,都是比较符合"规范"的作品,但他最杰出的作品,都是不太符合常识、规范的,用他自己的话说叫"不太讲道理"的作品,这可以看作是一种"尊重规范又不限于规范"的张力性创作生活。如果说,在词之规范的意义上,当年连李清照也要批评苏轼词"句读不葺"[②] 的话,那么

① 见《黄永玉年谱》,上海大学出版社 2006 年版,第 76、98、106、183 页。
② 见李清照《词论》。

我认为这正好把真正的独创可以突破文体限制这一点突出出来。所以，黄永玉曾经自责自己也相信"一亩田可以长几万斤粮食"，说明黄永玉很多时候是和群众一样的天真，但是当你看黄永玉那组《水浒人物》、看他读解苏东坡的《明月几时有》等时，你就会对他的那些既不像中，也不像西的雕塑、国画、水墨画的难以读解若有所思：因为黄永玉有他对世界的"松动常识"的哲学性理解，才会"生长"出他的那些奇特的艺术结构和材料运用——这才是艺术界有人觉得他"不符合规范"的真正原因。也正是这样的"不符合规范"，才使得黄永玉通过作品完成了他对现实结构和内容的"原创性改造"。黄永玉既有和大家一样的地方，也有和大家完全不一样的地方，后者对前者的关系，我就称之为"亲和艺术现实又穿越了艺术现实"，"亲和大家都认同的艺术又穿越了大家都认同的艺术"。

首先，在对世界的基本理解上，黄永玉突破了中国作家、艺术家普遍受"儒、道、释"制约的循环性创作格局，也突破了受制于这种循环的中国正统艺术法则，从而使他最优秀的作品的深层意味难以被"儒、道、释"所概括而进入自由的境界——这种"难以概括"的内容，是黄永玉研究中至今也没有很好说清楚的内容，也是最值得去研究的"独立之内容"。中国文人受"儒道互补"模式的影响，常常在对抗"文以载道"时走向魏晋文人的"酒"、"自然山水"所呈现的"虽狂实弱"的逍遥生活，要不就是在"中西合璧"的渴望中走向《荷塘月色》的"审美意境之破碎"和王蒙的《布礼》、《蝴蝶》那种理念与方法不和谐的"造作"——从而失去其"有机性之美"。黄永玉的那些看上去既不是西洋画，也不是中国画的绘画，曾经在美术界引起争议。如果你说黄永玉是"中西杂糅"，但"杂糅"有成功的，也有失败的，有有意味的，也有不知所云的，所以"杂糅"揭示不出其内在结构的区别。看黄永玉的画，你不会去琢磨这是中国画还是西洋画，也感受不到沈从文的纯净、柔弱、恬淡等道家文化可以把握的内容，因为黄永玉用自己对世界的"自由"之看法，通过色彩的近乎任意的涂抹，将西方式的印象与中国画的意境，把儒家的"义"和道家的"游"都"材料化"了，从而传达出艺术评论界至今还没有说清楚的"独特"——那是一种情不自禁可以触动你、启发你并且给你复杂感动和撼人力量的

"独特"。

在黄永玉的《永玉六记》中，我们可以看到作家用最口语化甚至世俗化的大白话来改造各种常识所形成的"黄永玉哲理"。这些哲理，其实就是黄永玉那些"不太讲道理"的画给人启示和震撼感的"根"。比如"失恋是一种美极了的美感，可惜当事人从不细细享受"，"人其实靠代沟来交流"，"猫从五楼掉下来无损，是因为它真的放松"，就完全打破了我们习常的"失恋——痛苦"、"代沟——无法交流"的思维模式，而猫为什么掉下来没事，则几乎从不在我们的考虑之内——不用说猫也有骨头，即便是一堆肉扔下，又怎能丝毫无损呢？仔细想想，没有代沟的存在，又怎么需要去交流呢？那只能是相互安慰；而失恋的时候，不正是我们对爱的体验最深的时候吗？仅就这种"深"而言，它当然就是最美的时候。你如果看重恋爱中的得与失，当然就会忽略这样的一种审美体验。黄永玉以自己的对生活的体验转化为对习语的质疑，将潜藏在质疑中的思想通过重组表达出来所完成的创造，就可谓尊重现实的材料又穿越现实思想的微小例证。因为在观念上我们知道"失去的与得到的一样多"，但经验上我们却很难用这样的观念的思维，愿望上也总是希望"得到的"比"失去的"要多得多。黄永玉看世界，正是从大家都看到"失去"的地方看到"得到"，在大家看到"得到"的地方看到"失去"。如果大家容易看到的东西构成了"常识"，那么黄永玉就看到了"常识的反面和后面"其实也是一种"被遮蔽的常识"，而只有看到后者才能使我们对一般习语常识保持审视的张力。知识和学术上如此，人生价值也如此。人如果真能像猫那样对生活中的什么事情都采取"放松"的态度，他就不可能受伤。这当然不是说要像老子说的那样对任何事情均"无所用心"，但至少在生活中很多无关我们自我价值实现的事情上能有所"放松"，一个人就会减少他所自认为的倒霉和灾难。黄永玉特别憎恨"背叛者"和"小人"，反过来也同样说明了一个"得到和失去一样多"的道理：一个人只有对很多无关紧要的事情像猫那样"放松"，才能在一些人生基本原则上不让步，并由此形成了黄永玉的人格张力。

非常值得一说的是与规范最相关的国画。黄永玉在国画中最喜用"暗红、紫蓝、杂白、褚黑"四色为主色调，从而形成一种"反差较大"的浓郁色彩语言。这种浓郁所形成的色彩冲突，无疑对传统国画和现代国画总体上的和谐、淡雅、单一的色调是一种改造。如果说黄永玉 60 年代的版画更多展示的是本真的湘西农村生活的气息而还没有将自己的特性充分显示出来的话，那么 70 年代以后他的国画和雕塑，则越来越与一个现代中国知识分子在由灾难、苦难、困难和磨难共同构筑的令人窒息的文化环境下"如何存在"的问题相关，是一种既深厚又恣肆，既复杂又秉直的现代中国人生命意志的显现，与张大千、钱松岩等国画大师有明显不同的观念、意境。比如，在生命理念上，黄永玉已突破了张大千《云破月来花弄影》（国画）由传统伦理所支配的柔弱的生命意象和钱松岩《红岩》（国画）中受意识形态支配的英雄性生命理念，而赋予生命以自在的原生化内容。这种"原生化"内容不仅通过他的"红荷"、"白荷"、"墨荷"、"秋荷"、"雏荷"乃至"无言之荷"等各种"荷"来展现其多姿多彩、无拘无束的生命形态，而且他笔下的荷花也越来越像豆角般的粗粝梗直，从张大千"侍儿扶起娇无力"和"出污泥而不染"的柔弱纯洁意象，转为一种虽沧桑而执拗、"出污泥虽有染而不变其质"的生命品格的写照。黄永玉的《秋荷似枯藤》和《起舞弄清影》最能说明这一点。这种转折，不仅是中国绘画现代化应强化"生命独立性"思考的题中之意，而且也可以和自梵·高以来的西方现代艺术中的生命意象打通。又比如，在绘画语言上，黄永玉最常用水墨式的褚黑色的荷叶背景来衬托暗红色的荷花（国画《花好叶茂》、油画《荷花》），或者用随意杂乱的紫蓝、青蓝色的背景来衬托杂白色的荷花与水仙（国画《荷花无言》、《水仙》），不仅在色调上有所改造莫奈的印象式模糊着色，梵·高的整体青黄色基调以及康定斯基、雷阿诺的五颜六色构图，以整体色调的强烈反差突显了他的"二元张力"中的生命独立意念。但暗红与褚黑、紫蓝与杂白之所以又不是"对抗色"，则在于黄永玉的审美观和价值观中有一种"出污泥虽有染而不变其质"的新型独立意念。就"暗红与褚黑"而言，"暗红"可以理解为在黑色中浸泡过久使生命力如发酵的老酒般遒劲有力而不张扬，这对张艺谋电影中那种宣泄性的"大红"是一种深厚有力的改造，且特别有益于中国现代文化独立形象从"张扬而内虚的大红"向"蕴藉而深厚的暗红"转变。而大面积的"褚黑"，无论是作"荷叶"解还是"荷花生长的环境"解，在作者的考虑中，它都首先是一种文化沧桑、苍老而压抑意念的综合体现。这种意念不仅可以隐喻中国文化本身，而且可以辐射包括西方文化在内的文化本身在今天的命运。这种意念，同样是对中国艺术家容易将独立品格放在"四人帮"专制的意识形态"纯黑"语境中去考察的"穿越性改造"。这种"穿越性改造"，是黄永玉在绘画艺术上显得既不像西方绘画，又不像传统绘画，同时又在绘画观念和方法上明显区别于同时代艺术大师从而显得"独孤"（国画）之重要原因。

在对艺术的理解上，黄永玉同样穿越了艺术界和学术界的习见，并通过这种穿越将学术界和艺术界的习见和规范都"架空"了。黄永玉在《我画水浒》的一次演讲中有这样两句话，我以为是准确地把握住了艺术的真髓和奥妙的。一句话是："衡量艺术从来就有个标准，那就是'好'，没有第二个标准。"[①] 也就是说，关于文学和艺术的全部理论，只在于去研究"什么是好作品"才是最重要的，这对于我们只在那里讨论"内在"还是"外在"、"中心"还是"边缘"、"真实"还是"虚假"、"大众"还是"精英"这些与"好文学"没有关系的文艺理论，不只是当头一棒，而且还使我们获得这样的警醒：中国的文艺理论之所以在很多作家那里不当回事，可能就是在于文艺理论讨论的多是一些与"好作品"无关的问题——比如把作品拆散为各种"零件"来分析其"现代性"和"文化功能"，又比如过于看重"文体"的作用，而不太愿意去看同样文体作品的"文学性差异"。当然，在对"什么是好作品"的理解上肯定会有歧义，但正是不同意见的讨论，才可以将"文学性"、"艺术性"意义上的"好作品"与受现代观念、先进思想、道德规范及艺术法则支配的"先进的作品"、"成熟的作品"、"功底厚实"的作品之区别说清楚。在被问到"您是否受西方绘画的影响"以及"承传了哪种文化观念和理念"的时候，黄永玉还有一句话是："受大家的影响"，"我没有正式地学过画，所以我才这么自由"[②]，又说"好诗人从来没有老师"。在我看来，黄永玉虽然没有在理论上说清楚

① 见《黄永玉自述》，大象出版社 2004 年版，第 258 页。
② 同上书，第 259 页。

"什么是好作品"，但是上面这话一定程度上却回答了创作"好作品"的方式。那就是：一个优秀的作家决不是只受他喜爱的作家影响的作家，而是看不出他受谁影响因而是吸纳古今中外很多作家精华的作家，一个优秀的作家也不是没有学过画的作家，但肯定不会因为"正式地受训练"就能成为优秀的作家。因为优秀的文学在根本上就是突破各种规范化的文学写作，优秀的作家就是因为其原创性而突破了老师的教导成为可能的。因此好的文学，肯定会让"正式的文学训练"感到尴尬，而学院里难以培养出真正的艺术大师，其原因概在于此。

所以我的结论是，关注"何以成为好文学"，就是在文学意义上关注"中国文学的独立性"问题，而关注"中国文学的独立性"问题，某种程度上也就是从文艺理论角度回答"中国式独立"的本体论、价值论和方法论问题。

浙商:"穿越现实"的中国式
现代性自由实践

一 关于自由的"中国问题"

众所周知,海外新儒学倡导"内圣外王",试图将西方的政治民主、科学技术与儒家的心性之学分离并存,从而产生了一种文明有机体破碎的"东方现代问题"。这表现在:将西方民主制度与传统儒家心性之学硬性结合,由于儒学不是以尊重个体自主、创造力和自我实现这些现代元素的方式介入、影响现实政治的,所以只是在转变为一种现代竞争社会调节心性的手段后被边缘化,很大程度上已不可能促使经济制度与政治制度得到文化能动性的创造性发展,其政治和经济制度也不会有自主的文化创新能力而只能依托外来文化,形成经济生活富裕但不能在文化思想上影响世界未来的"东方世俗性现代化"。近年来,随着中国经济飞速发展产生的影响力,海内外就有学者提出"中国模式"之命题,这同样是建立在"经济可分离于文化"的思维方式上,其共同点均在于忽略了政治、经济、文化的有机整体性。这种有机整体性不仅由中国古代文化政治、经济统一于儒、道、释文化从而对世界产生影响力所证明,同样也由西方现代政治、经济建立在个体主义文化之上从而对世界产生有机影响所证明。虽然受过中国传统文化影响的日本与韩国建立起现代西方式民主制度,但日本与韩国之所以谈不上在现代文化上对世界的影响力,也同样在于日本、韩国和东亚地区的现代政治没有东方式的现代文化哲学支撑。

近百年来,由于中国现代自由主义运动更多是围绕哈耶克所说的"在法律保护下免受任何专制压迫(arbitrary coercion)意义上的个人自由"展开的①，更多是在反对封建专制的意义上突出西方自由主义思想的普适性，这就使得包括殷海光在内的中国知识分子，更多是在政治层面上讨论"自由主义"问题，强调"现代自由必须落实为一套严密有效的宪政法治制度安排"，现代"自由主义将自由确认为'免于……'(free from) 的自由，而不是'能够做……'(free to do) 的自由"②，或者就是像张东荪那样幻想文化上的西方自由主义与政治保守主义可以并立而行，这就使得我们在理论上和实践上忽略了这样的"中国问题"：一是，即便中国学者都能由制度保障自由地说话，由于观念和思想的依附、选择思维的惯性，我们也是容易停留在现有知识话语中说一些大同小异的话③，即便中国知识分子"能够做什么"，也是做一些相似性、低程度创新的、对既定理论进行新阐释的工作，而在理论和观念原创上则既无其真心也无其实力。对现代中国知识分子而言，就是指我们只能在中西方现成的"自由"观中进行"选择"与"认同"，但却缺乏"自由观念的批判与创造"这一最根本的"自由之意识"和"自由之能力"。如此下去，中国人虽然可以过一种"自由选择"的生活，但实际上却是"大同小异的选择"大于"独立的选择"、"不选择而创造自己的观念"的生活。这样一个问题，有可能消解西方赛亚·伯林提出的"积极自由"和"消极自由"在中国的实际意义——即使得"积极自由"和"消极自由"的结果在中国具有惊人的相似性。二是，如果我们仅仅强调思想、言论制度层面上的自由，而不对"自由"的创造性张力进行面对东方世俗性现代化的问题进行理论追问，就很容易把"自由"中最重要的内容——创造性冲动实践对现实的穿越性——遮蔽了。如果东方的现代个体自由只能呈现为"模仿性自由"、"选择

---

① 见哈耶克：《自由主义》，邓正来译，http://www.ias.fudan.edu.cn/news/messageInfo.asp? ID=219，2008，12，7.

② 见任剑涛《中国现代思想脉络中的自由主义》，北京大学出版社 2004 年版，第 10 页。

③ 否定主义理论认为：一个真正的学者必须有在基本观念和原理上建立自己的理解的紧迫感和焦虑感，否则难以保持学术独立的品格。而满足于依附和寻找中西方现成的基本观念，是中国学术和理论界在传统与西方面前有深层自卑感并且不能建立自己的理论主体性的根本原因。

性自由"、"阐释性自由",东方国家和地区的未来在思想文化上就只能是西方文化的附庸,而不太可能在现代思想文化上影响世界的进程。这意思是说:西方宗教性的"彼岸"优于、对立于"此岸"的自由观和创造观虽然不一定适合注重和谐性、现实性与可操作性的东方中国,但中国的现代化确实存在一个突破传统观念、突破世俗幸福、突破依附性选择的"中国现代自由文化的建构问题"。如何在与西方自由文化所讲的"创造性"、"超越性"打通的前提下又具备东方文化的"整体性"、"和谐性",就成为中国当代个体和自由文化建构的核心内容。

在此方面,我以为较少受儒家依附性文化束缚的浙商经验,不仅与浙江文化传统中以王充、鲁迅、苏轼这些以边缘挑战主流意识形态的个体独立经验可以打通,而且在浙江现代文化建构中还提供了一种既有西方自由主义"自主性"特征,又有中国文化整体性与通透性特征的内容。我将这样的内容初步概括为由"穿越现实"的自由张力所构成的"中国式的现代自由文化"。这种文化不仅可以为中国当代人文社会科学确立自己的理论主体性提供新的启示,还可以为东方现代文化突破世俗现代化提供"穿越世俗"的启示。

二 亲和群体但不依附群体的"隐性个体自立"

在否定主义哲学中,"穿越现实"是"亲和现实又内在改造现实、从而使表层现实内容与深层现实内容构成差异"① 的个体创造性实践,具有中国文化的整体性、通透性和独特性有机结合的特性。"亲和群体但不依附群体"是"穿越现实"的意味拓展。其中"亲和群体"意味着中国人的家庭式单位结构以及群体性相互依存的生存方式,是不应该被中国独立的个体所"轻视"、"无视"、"打倒"的现实对象,但同时也不是儒家的"亲亲"观念所制约"亲疏远近"关系和"尊尊"所制约的等级秩序对独立人格的统摄。

可能首先需要提及英国史蒂文·卢克斯的"行为是自主的"、"不

---

① 见吴炫《论中国式当代文学性观》,《文学评论》2010 年第 1 期。

受干涉和妨碍"、"自己决定自己的生活道路与潜能"① 这样的西方式自由定义。按照这样的定义，我们可以认为中国人注重群体性存在的个体还存在着"不像西方人那样自由"的问题，甚或我们可以认为中国人基本上没有真正独立于群体和社会的"自由"、"个体"或"主体"——这样的"认为"，基本上也是 20 世纪中国新文化运动中国知识分子对中国传统文化采取激烈批判的原因。但如果依据中国文化由《易经》的八卦所构成的整体性世界为中国文化的命脉与源泉，我们也同样可以认为依赖他人并与他人构成一个整体的"人人关系"、"家族关系"、"乡亲关系"，使得中国个体潜意识中并不具备完全不依赖他人与社会那种西方文化意义上的"自主要求"。这种自主要求的"不具备"，在哈耶克强调的"自我成长、组织"和"由内形成"的"自发秩序"（spontaneous order）② 的理论中，是可以得到认同性的解释。哈耶克是用这种解释与西方从外部规定的"人为民主"（artificial order）相区别的，并在这样的区别中强调"去理性化"的"自发秩序"对"自由"的重要意义。在这一点上，我们以西方最为代表性的、人为设定的自由观来谈中国文化中存在的"无自由"或"不是真正的自由"之问题，或许就是不太合理的。这种"不太合理"，会推导出中国式现代自由观不可能简单建立在西方卢克斯意义上的自由观念上的结论，也会推导出以西方二元对立意义上的、紧张的、冲突的"自由"观，以及基于这样的自由形成的"崇高"美学来批判中国文化的"伪崇高"，也都可能是问题大存的。其中"尊重、亲和群体存在"，应该理解为"不拒绝群体的生活、生活方式与生活观念"并通过这种不拒绝保持存在论意义上的对世界所有存在物的温和态度，并以这样的温和态度构成个体与世界的整体性。所以在中国要谈个体的独立性和个体的自由，不破坏这样的亲和关系和整体关系才可能形成"中国式的现代自由"观，也才能进一步形成中国式的不以二元对立为前提的"中国式现代个体"观。这种区别，应该是中国现代文化自由观、主体观、个体观建构用以

---

① ［英］史蒂文·卢克斯：《个人主义》，江苏人民出版社 2001 年版，第 117—119 页。

② 参见邓正来《哈耶克社会理论》，复旦大学出版社 2009 年版。

区别西方自由观、主体观、个体观的重要原则。

浙商尤其是温州、宁波商人的一个最突出的特点，就是其个体奋斗、个体拓展、个体经营所形成的自主性特点，在中国地方商业群体中是特别引人注目的。这种个体性与自主性，在初期创业时不依赖政府，也不依赖外资上表现得很充分，从而与其他地区商人构成明显的区别，这也是老浙商的"草根性"联袂着"自主性"的原因——即靠自己的艰苦奋斗、不依赖外在条件不仅应该在"自主性"上去理解，而且应该在中国现代自由文化的"非对立性个体自立"的意义上去理解。这种"自立性"，同样也会体现在浙商看上去有所依赖的家族和乡里关系上。那就是：浙商的抱团现象、连锁性的家族企业、乡里企业，实际上是浙商不依赖政府和外资后的唯一群体性生存方式，也是中国文化整体性、非对立性的必然渗透使然。这使得抱团的浙商在与政府和外资的关系上，就是一种独立性的显现。毕竟中国没有个体完全独立的生存空间，所以个体必须凭借一种群体性的生存形式才可以谈得上自我拓展。而注重家族和乡里其实就成为浙商个体要借助某种群体来自我实现的唯一方式。如果仅看浙商的家族企业之外在，你可能分辨不出浙商与其他地区商人究竟有多大区别，仅仅看"抱团"现象，也很容易与传统的商帮混为一谈。而其深层的问题在于浙商是以家族、商帮、商会为本还是以家族、商帮、商会为个体自我实现的方式，从而是否构成一种"隐性个体自立"的存在形式。

也就是说，浙商的家族性、乡里性、抱团性是和中国其他地区商人一样的共性，但这样的共性在浙商的主体或个体文化结构中处于什么样的位置，这样的位置使得浙商是依附群体还是借助群体从而区别其他地区的商人，则是关乎中国现代商人是否提供了一种独特的自由经验之问题。我之所以用"亲和"这个概念与"依附"构成关联性区别，是因为这样的关联和区别正是浙商的个体自由具有独特人文超越张力的原因。我们在现实生活中常常会用"亲和力"来把握一个人缘关系很好、大家都愿意接近的人，但绝对不会把这个概念与那种依附权势、家族、朋友、集体而丧失个体独立性的人格与社会结构相混同，也不会与依赖家族致富、集体致富然后才有个人致富的传统致富理念和个体幸福理念相混淆。这就使得"亲和"并不与"自立"相冲突，反而成为后者的表现形式。作为一种文化整体性和独立性兼而有之的处世原则、态度与实践，浙江商人与苏轼的作品中有儒家的忧患、道家的超脱但又突破之从而有自己的哲学理念有着内在的文化联系①，可以解释为中国个体的"自由"与"独立"在其显在内容上与传统和群体的依存关系，而在深层又具有一定疏离关系，从而将自己的"个体立场"处于隐性状态。即浙商对群体性存在的"依存"之所以不是"依附"，在于浙商个体与苏轼一样，是将群体的共同性内容进行媒介化处理的"依存"，或者说是将群体性内容可以作为工具性处理的"依存"。其"依存"体现为浙商以家族、血缘、亲缘结为经商共同体，是可以相互借力、给力自我拓展从而使其家族组织不断泛化的合作组织。既然是借力和给力，群体组织当然就不能代替个体的"出力"，也不能代替个体的"筹划"，更不能代替个体的"自立"。这很有些像"师傅领进门，修行在个人"的关系。所以浙商借助家族和血缘关系起家，但却可以形成"山东现代国际物流港"这样的现代联合性大型企业和遍布世界各地的"温州街"，而不是满足于在家门口种自留地；也表现在传化集团起源于家族但早已经超越了家族而成为引领中国物流行业的主舵手。同时，浙商与中国传统"坐山吃山"的商业传统不同的是：不依附于本土资源依然使得浙江有许多全国最大的包括皮革、服装、小商品在内的"批发市场"，这就与日本商人从不依赖本土资源而只是靠自己的技术创新和商业智慧做强做大的"商业主体"异曲同工了。

所以，浙商个体经营纳入联合经营，只是个体经营相互依存的一种方式，但却代替不了"商业个体"依靠自己的思想、意志、智慧才能做强做大的"独立立场"和"自我追求"。这种立场和追求应该就是浙商作为现代主体初步确立的萌芽。这是"亲和群体"、"尊重群体"、"借助群体"而在根本上要靠个体奋斗的组织形式，而不是儒家讲血缘等级的"亲亲"所建立的家族式集体等级结构，不是由人格和思想依附所造就的河南南街村依靠集体致富那样的社会结构。"亲和群体"、"尊重群体"之所以不同于"亲亲群体"、"依附群体"，是因为"亲

①　参见吴炫《论苏轼的"中国式独立品格"》，《文艺理论研究》2008 年第 4 期。

和"是为"有所突破群体"或"将群体形式化"做准备的，而"亲亲"则是为"不能游离群体或生怕游离于群体"提供理论依据的。"亲亲群体"是儒家"亲近——疏远"、"膜拜——轻视"的"亲疏远近"的文化使然，从而因为倡导个体对群体的依附使得个体自由实现的程度相对较低；而"亲和群体"、"尊重群体"则意味着个体是以"不会结党"、"不会拉帮"、"不会投靠"、"不会拒斥"的方式在融洽的氛围下可以从容平静地主宰自己的人生的社会化结构，所以不受"亲疏远近"所限。因此，浙商可以远离乡土遍布世界各地经商，像苏轼那样可以流动各地从创作中来自我实现，其实就是以流动性和可扩张性来体现浙商与乡土、家族、血缘的"可疏离性"关系，其性质是一种可借助各种群体性存在实现个体致富奋斗——这才是浙商可以做强做大的根本的文化性原因，也是浙商在个体自主性方面比其他地区的商人显得更加突出的原因。

这样的一种在根本上是个体自立的经商性质，必然产生浙商"敢为天下先"的"冒险性"，而这样的"冒险性"也使得浙商是最容易走向创造性自由的。"敢为天下先"是被浙商研究早已注意到的现象，但"天下先"蕴含着何种传统人文所没有的现代自由精神，却未必得到学界的充分重视和研究。"天下先"既是一种可能建立新的天下的意思，也是一种原来的天下被创造性突破的意思。突破可以是指在中国引进西方的东西与中国文化和社会现实构成冲突关系，造成"中国天下先"的格局，也可以是指做一件中西方都没有做过的事情造成"世界天下先"的格局。温州第一家引进男性饰品专卖店，就是温州商人"中国天下先"的冒险尝试。这种突破"饰品是女性专利"的观念的尝试毫无疑问在中国是有很大风险的：如果得不到社会消费的支持可能就意味着失败，反过来也就意味着可能开辟新的市场。开辟可能会失败的新市场在文化上固然有追奇猎新的倾向，但是不怕亏损和失败的胆略却又昭示着任何创新者和创造性必须具备的心理素质和责任承担。而对"世界天下先"而言，夏梦集团的陈孝祥说："我追求工艺，追求最好的质量……希望有朝一日能够成为全球最好的西装厂商"①，则是一种要靠

---

① 杨宏建：《温州人想的和你不一样》，时事出版社 2007 年版，第 92 页。

技术和理论的原创才能完成的领先于世界的艰巨的目标。虽然这种努力目前还没有能转化为现实，但从"中国天下先"到"世界天下先"，则体现为一种个体自立可能达到的较高自由境界的意志。这种意志某种程度上也是对个体自立之境界的责任承担。当爱因斯坦提出的相对论不能被科学试验证明的时候，爱因斯坦就在承担这样的责任风险；而当戴震提出以理性观照欲望的"理出于欲"①的时候，他也必须承担不被学术界理解和接受的责任风险。一个创造者的创新冒险可能在有生之年能得到社会的承认（如爱因斯坦、毕加索），也可能在有生之年得不到社会的承认（如尼采、孔子），但都不能放弃这种冒险精神或可能失败的责任承担，一个国家和民族才有了可能为世界贡献独特的理论、产品的文化基础。所以这样的冒险性必然联袂着创造性，这对在中国现代自由文化建设上过于看重学术积累、功底、博学的中国学术界，对过于依附西方理论做中国阐释并以此作为创新理解的中国现代知识分子，启发是自不待言的。那就是：敢于突破中国传统观念，也敢于突破西方理论的"冒险"，是产生世界最好的作品和成果的重要的自由文化精神之前提，否则，中国的现代文化软实力，就不可能构成"世界天下先"的受全世界尊敬的格局。

三 亲和经验但不依附经验的"潜在个体理解"

这种"亲和"、"借助群体"但不依附群体的个体奋斗和自立，在中国现代理性文化建设上还提供了一种"中国式的个体化理解"的可能，从而区别于西方以二元对立思维为前提的、可以展开逻辑分析与论证的"理性个体"。"潜在"意味着"浙商"在"自主奋斗"中还没有显示出西方那种有鲜明理性思维的主体特征，从而还不能在理性品格上体现出个体的自主性，始终没有脱离由"草根"、"自发"所带来的以

① 戴震用"自然"、"必然"范畴来说明理欲关系："有血气之自然，而审察之以知其必然，是之谓理义。""实体实事，罔非自然，而归于必然，天地、人物、事为之理得矣。"见戴震《孟子字义疏证·理》，《戴震全书》卷六，黄山书社1995年版，第156—172页。

感觉、经验和意志为基础的判断能力。但由于这种能力是中国式主体自我实现的基础，也是中国《论语》、《道德经》阐明经验性道理而不论证道理何以然的文化哲学传统所支撑的基础，所以在理性认知世界这一点上虽然表现为一种非逻辑性、非分析性地对世界的理解，但却具有一种"不破坏感觉经验，但同时也保持对感觉经验的审视力"的认知特性。

首先，所谓"不破坏感觉、经验"，是指浙商对世界的理解具有总体上依赖现实感受和经验的特点，但常常又可以突破这样的感受和经验传达浙商独特的经商理念与认知，所以在感性和理性之间可以定位在"知性"上。依赖现实感受和经验，是包括中国知识分子在内的中国人把握世界的方式，诸如中国现代化问题，中国知识分子就没有突破以西方经验和理论为基础进行中国化实践的框架，而鲜有出于中国现代化问题的特殊性对传统文化和西方文化同时采取理论批判的实践进而创造性提出中国自己的现代化问题，以及应对这样的问题的理论之实践。所以，新浙商对老浙商依赖商帮的反思开始走向现代型企业，从产业结构到管理模式的转变，就是在浙商发展遇见瓶颈问题时对经营理念的一种与时俱进的反思与调整，而还不是新浙商出于建立中国独特的经营理念的自觉行为。浙商会像中国当代知识分子一样处在"不断反思"之状态，可能会不断证伪自己的知性理解从而不能在严格的意义上成为有稳定经商信念与原则的"理性主体"。从负面性上说，这样的一种不稳定的特性，使得浙商没有能成为像日本商人那样的即便不赚钱也不会改变自己的商业原则——那种经过理性认知所确认的维护商业与社会的和谐之责任的——商业主体，但从正面性上来说，"赚观念比赚钱更重要"①的理解却体现出浙商突破经验和感觉的理性化倾向，也体现出对群体化的"赚钱为经商之本"等观念的疏离性和批判性，预示着摆脱单纯营利目的的经商文化的可能。其"重观念"、"重理解"的倾向已明显区别传统商人和近现代商人民间商帮依附政治权力伦理、血缘伦理、江湖义气的经营方式，从而为建立理性化的中国现代商业主体打下了坚实的

---

① http://cn.china.cn/article/d455614，73f526，d2098_7467.html，2011 - 6 - 20.

基础。即浙商作为"潜在个体",重点在于表达个体对世界的理解,但不会去充分论证这种理解的"何以然",这在理性主体的意义上是一种不足,但在"潜在个体"意义上也可以转化为一种"不以分析破坏整体亲和性"的优势。特别是,尽管浙商的自我反思常常是随着时代变化提出的新问题展开的,而不是主体自觉超越时代引领时代提出的,但老一代浙商是依托经验并且满足于用经验面对世界的变化,逐渐在市场竞争和发展中隐退,而新一代浙商则依托从"经验"向"理性"过渡而逐渐成为自觉、自为的现在商业主体。所以"新浙商"一代在经营理念、经营目标、经营方法上,均与"老浙商"形成差异。这种差异,蕴含着浙商从"从众的经验性主体"向"独特的知性化主体"生成的可能。所以,江南春"无聊时才有广告"① 这一新的广告理念之创意,就是对经验性理解世界突破的结果,也是对西方广告理念突破的结果,这是一种有鲜明的个体问题意识、个体理念发现的对广告的独特理解。老浙商与新浙商在经商理念与行为上的分化,使得浙商不再是一种统一的经商理念制约下的商业群体,而是内在结构已经开始分化的商业群体。这种分化,便是"依附性的经验化商帮"与"潜在的知性个体"并立的结构,而这样的结构,正是"穿越现实"的自由品格所致。

其次,"通过个体化理解建立新的商业伦理",则是指个体经由自己对世界独特的价值性理解展开的实践,构成对群体性、传统性、他者性理解与实践的结构性改变,使得个体的自由实践具有明显的独创性,改变了商业和消费的传统关系。由于经验性的对世界的理解很大程度上只能解释过去,难以解释创造性的、从未有过的事物之出现,所以突破经验性的对世界的理解,就构成我在《浙商经验后面的人文原创品格》② 一文中归纳的"尊重而不是轻视人的日常生活需要"的浙商人文关怀理念。浙商的这种经营理念与实践,虽然与现代商业的企业化、规模化对世界的理解要求还有可圈可点之处,但如果我们不是将现代企业和商业的价值坐标放在西方的企业和商业模式与理念上,这种"可圈

---

① 江南春:《教育创新才能开创思维创新》,http://www.hurun.net/shownews 5408.aspx,2008 年 12 月 24 日。

② 见《社会科学战线》2009 年第 11 期。

可点"之中也许正蕴含了中国文化的整体特性与现代独立特性有机融合的某种可能。就"立足于人的日常生活需要"之经商理念而言,浙商的创新之处可理解为:一是西方现代企业包括日本现代企业在产品研发的"高、精、尖"上已占领世界市场,这种占领自然体现出技术与原理的原创性品格,从而衬托出中国经济和商业与世界的距离。但且不说技术的"高、精、尖"是否是中国技术创新追求的目标是一个可以讨论的"中国现代化"问题,中国的浙商以"日常需要"和"价廉物美"入手,在"高、精、尖"视角下可能是一个缺陷,但却有可能填补处于经济危机状况下世界消费市场的一个空缺,引导人类生活向着俭朴和低碳方向发展,从而有别于过去高消耗,高增长,追求规模的GDP 中心论发展模式。所以这不能简单地理解为"中国制造"的"低程度创新",而应该在"奢侈需要"与"日常需要"之间来理解现代人的健康生活究竟应该怎样更好这样一个文化走向问题。二是浙商从小商品和日常生活用品入手的"日常需要",作为经商理念虽然具有可持续发展的意义,但更体现为"满足人的日常需要是企业的社会责任的"的伦理意义,并与企业的赢利至上的利益原则区别开来,与不顾老百姓的日常需要过于追求与世界接轨的"面子工程"的中国"国际化大都市"的城市建设理念区别开来,从而体现出中国式现代生活的文化特性的积极意义。浙商亲和日常需要的理解可以打通中国《汉书·郦食其传》中的"民以食为天"并对其做了创造性的理解。日常需要不仅是"食"的需要,也是日常的消费、娱乐、健康、发展等多种需要的综合。现代中国人不能满足在"有饭吃但常常连温饱都可能成为问题"的相对贫困状态,也不能停留在吃饱饭就考虑怎么进行奢侈消费的层次,而应该在日常需要的丰富性对温饱性的生活观念革命、对暴富阶层的奢华需要构成潜在的批判张力层次上来理解,这样一来就可改变"贫困——奢侈"的逆反性文化生活结构。浙商的这种经验提供了一种能将"百姓的日常需要是赢利的手段"转化为"百姓的日常需要是赢利的目的"的商业理念的可能,不仅可以纠正儒家轻视人的日常需要的圣性教化之人文理念,而且对建立"尊重赢利又不限于赢利"的"穿越利益"的新型中国现代人文精神理念也具有重要意义。

关键是,以突破经验与常识的"个体理解"为自由取向的浙商,对传统依附于儒家文化的"阐释多样"、"表达多样"、"情感抒发"的个性化自由，已构成突破的态势，赋予自由以一种中国现代理性建设其关键在于"观念原创"的品格。这种理性化的观念原创品格突出体现在浙商的所做、所为、所言，很大程度上已突破了儒家经典的基本思想，突破了儒家只允许对儒家经典进行"多样阐释"的理解性格局，而赋予个体实践以传统哲学很难概括的独特内容。"人无我有，人有我优，人优我转"，在根本上是中国儒家文化中所没有的"独创"、"独在"意识，即必须与所有人不一样才是现代人的立身之本。引申开去就是，中国现代文化理念如果与西方理论或中国传统思想一样，也就没有了中国现代人的文化立身之本；而浙商遍布世界各地，早已突破了儒家"父母在，不远游"的训诫，将中国的家庭结构拓展为世界或天下为单位，真正实现了"天下为家"的人生目标；"义利并重"虽然在"何者为现代中国之义"上还有待于进一步拷问，但"并重"的思维则突破了儒家"重义轻利"、"重利轻义"的"轻重"思维，也突破了"义就是利"的"混同"思维，对中国现代文化建设与"富裕生活"不同的"精神生活"之并立具有很大的启发意义，也为中国当代人文社会科学建立区别于传统伦理的现代中国伦理学奠定了坚实的理性基础。在根本上，"自由"如果因此具有一种理性化与创造性结合的性质，那么很大程度上也就可以面对中国文化现代化的"平面化自由"的"低程度创新之自由"的问题，并且间接地能够回答中国当代人文社会科学和自然科学在"理论自主性"建构中所存在的问题。这样的问题，很大程度上将消解西方后现代哲学对理性质疑在中国的近十年的影响，迫使我们将"中国问题"与西方后现代问题对经验和生命的重视所面对的问题区别开来。这种区别，也将迫使我们将中国学术问题从西方理性主义的话语制约中挣脱出来，对西方分析和逻辑理性以及基于二元对立的"主客体思维"采取审视批判的态度。

四 "穿越现实"对中国当代自由文化实践的启发

显然，个体自主奋斗但不破坏群体性结构，潜在知性个体但不颠覆传统经验，构成了浙商现代自由精神的两个最重要的中国性内容：和谐性与独立性的兼容。实际上，20 世纪中西方文化冲突的核心问题，就是如何解决中国文化的整体性、和谐性与西方文化的独立性、冲突性之关系。而以儒家文化所讲的个体人格、观念、思维方式、行为对群体伦理的依附性，又不可能解决与西方个体本位与自由主义的根本冲突。这就必然造成中国现代人感受到传统文化压抑性的时候对西方文化的青睐，而一旦独立面对世界无所依靠时又觉得传统文化的温情这样文化分裂性的尴尬。这样的尴尬，本质上属于中国现代人没有创造自己的现代生活时的生存挣扎，而不是能以"文化—经济—政治"有机结合的生活去重新影响世界的现代进程。因为"和谐性与独立性兼容"的问题，是一个既能诊治西方二元对立文化产生的主体与群体、个体与世界的不对等之冲突的问题，也是一个能诊治中国"天人合一"的文化不提倡对个体的独立性、自主性尊敬的问题。所以这既是一个中国式的现代化问题，也是一个中国式的现代化能否承担与面对以西方文化为主导的现代化造成的文化生态与自然生态双重失衡的问题。

首先，浙商"穿越现实"的自由品格启发中国现代知识分子对中国传统文化和西方文化中的各种思想和理论均采取"既尊重又改造"的"本体性否定"态度。[1] 当中国现代知识分子对自己信奉的西方民主观、个体观、自由观等也能采取"仅仅是尊重"的态度时，自己的思想便在由尊重而形成的"非膜拜的、可审视的"状态中孕育出场了；当中国现代知识分子同样对中国传统儒、道自由思想也采取"尊重"的态度时，20 世纪的新文化运动"反叛传统"和"宏扬传统"之误区也将因为都不符合"尊重而审视"的态度而得到纠正。因为所有现成的政治、经济、文化自由的理念，无论是中国的还是西方的，尽管其中可能有很好的能让我们赞赏和认同的内容，但对一个具有"穿越现实"品格的中国现代知识分子而言，它们都不一定是对解决"中国当代独特的自由问题"真正有效的思想内容，"中国当代独特的自由问题"就成为一个不是以西方观念和理论进行实践，也不是传统思想的宏扬和坚守就能解决的理论面向。比如，既有中国文化的整体和谐性，又不失西

---

① 参见拙著《本体性否定》，浙江工商大学出版社 2008 年修订版，原版由贵州人民出版社 1994 年出版。

方文化的个体独立性"整体性自由世界",就是一个中国式现代化必须面对并解决的观念创造问题,这显然是中国传统思想和西方理论都不可能解决的"理论原创性的中国问题"。由于谈独立性、创造性不可能造就"天人合一"式的和谐,而西方的"天人对立"又不符合中国文化的整体和谐特性,所以中国当代天人关系的理论实践,就是一个对两者均需要进行创造性改造的理论原创工作。这个工作本身在文化之本的观念层面上就是"最高的自由实践"。基于这样的最高自由之期待我们就应该意识到:一种既定的思想和理论能让我们有所启发是一回事,但它们能否解决中国自己的现代特殊的文化问题则又是另一回事。由于我们在"反传统"中缺乏对西方"以个体为单位"的民主政治以必要的"尊重之审视",在"回归传统"中也同样缺乏对传统"以情感为单位"的伦理政治以"尊重而不限于"的"改造态度",这就使得现代中国知识分子——无论是企图"西化"的还是坚持"中化"的——总体上是处在观念的依附和选择状态而成为思想和理论上的"不自由之身"。中国当代知识分子虽然呼吁理论原创,但却在实践中鲜有对中西方思想同时进行批判和创造性改造的努力;虽然赞赏理论的自主性,但学术研究上还是自觉地依附既定的中西方理论并满足于对其进行当代阐释而不是理论性批判,其实就是这种"不自由之身"的种种体现。这意味着,"穿越现实"的中国现代知识分子,必须学会把"政治体制现代化问题"与"自由观念的中国现代创造问题"联系起来思考,才能在根本上突破20世纪以降的中国知识分子在中西方思想之间矛盾和徘徊状态,改变基于这种状态而呈现的"情感大于理智"、"抒情大于理性"、"阐释大于原创"的现象——这样的状态和现象,说明中国现代知识分子依然没有突破传统文人被规定好的观念依附性造成的廉价自由状态,当然也就难以突破这样的状态去重新发现浙商在"草根性"中隐含的独特的自由内容。

其次,中国现代知识分子在20世纪新文化启蒙中所倡导的"自由"观,是否是受传统世俗功利和享乐原则支配,是一个未被基于上述最高自由而追问的理论问题。杜威当年在指责"旧个人主义"的弊端时认为:"旧个人主义的全部意义已经萎缩为一种金钱尺度与手段"、"那些被认为属于倔强的个人主义的美德可以高声赞美,但无须什么远见卓识便能一眼看清，真正受重视的是在谋利的商业中有利于成功的活动相关的东西"①，这未免会让人想到中国在"反传统"、"反封建"中展示的人文自由理想图景，是否本身就受制于中国人"温饱、享乐"这些世俗化的生活图景？这里面有一个关键的理论问题是：反传统之"反"本身所体现的对传统的"批判性精神状态"，不能等同于"反之结果"中依然会包含这样的批判性精神状态。从20世纪80年代文化启蒙热到90年代市场经济状况下知识分子对文化启蒙热情的消退，从中国学术界抨击世俗到沉湎于今天以量化科研追求为手段的世俗化利益，就可以看出中国知识分子其实是把西方式的超现实的自由精神"工具化"，用来服务于"世俗化享受生活图景"的，这使得中国知识分子百年来在自由问题上的愤世嫉俗，一定程度上其实是与这种理想图景的难以实现相关。中国当代知识分子因为市场经济给自己带来的"相对舒适生活"失去了价值追求的"超世俗方位"，就更加凸显出这样的问题：除了物质生活富裕等世俗性幸福，中国现代人在现代文化上究竟还需要什么，这种需要与世俗性幸福应该是怎样的区别性关系，已经成为让中国人文社会科学工作者集体失语、无法面对的问题。由于20世纪90年代中国的人文精神大讨论没有区别"轻视日常"、"尊重日常"、"沉湎日常"的不同性质，且在价值取向上具有"轻视日常"的西方超越现实的人文精神的倾向，这就不利于中国学术界在理论和思想层面上，在"重义轻利"与"重利轻义"之外建立起"尊重利益而不限于利益"的中国式现代穿越世俗利益现实的新观念。

也就是说，"穿越现实"以"深层的个体性理解"与"表层的群体性理解"的张力则提供了这样一种实践的可能：追求世俗享乐属于"表层的既定群体性理解"，而不满足于世俗功名利禄则属于"深层的未定个体性理解"，这两种理解形成的张力即体现为一种中国现代自由精神。一方面，"不满足于世俗幸福"是一种通过个体不同的对世俗生活的"理解"体现出来的，苏轼对个人欲望的"难在去欲"②的平常

① 见《新旧个人主义——杜威文选》，孙有中、蓝克林、裴雯译，上海社会科学院出版社1997年版，第91页。

② 林语堂：《苏东坡传》，陕西师范大学出版社2006年版，第135页。

心理解就是一例。这是一种理性的自由而区别中国传统意义上个人欲望不能满足的抒情性怨言，体现为一种与西方"个体自主性"可以接轨的现代性。所以，从众性地追求世俗性幸福是"可得到尊重"的，但从众性地理解这种追求则是"不自由"的或"弱自由"的。由于理解是可表达也可不表达的，所以这种自由就成为一种相对于世俗化从众行为的或潜在或显在的精神性自由。这样不同的对世俗幸福的理解性自由一定程度上可以制约和消解从众性的富裕和享乐追求造成的"单质化"、"趋同性"社会风尚，从而为中国现代文化形成"超越世俗性幸福"的文化奠定坚实的基础。另一方面，如果中国现代自由文化鼓励理解的个体化形成的观念的多元化，并将此与自我的最高实现联系起来，那么，文化作为个人和单位利益追求的工具的状况就会得以改变，文化就会以不是利益追求为目的而使得自身就是现代人的目的之一。对这种目的的理解是：诚如浙商的冒险性得到中国商人的敬佩、苏轼作品的启示性得到古今中国读者的喜爱一样，以理解世界为方式的个体文化性自我实现，是一种不同于利益满足的快乐之充实。利益满足之世界是以"获得"为性质，而文化理解上的自我实现是以"贡献"为性质的。前者以快乐和郁闷为其正负功能，后者则以充盈和空虚为其正负功能。对郁闷的焦虑，会在利益满足时得到缓解，而对空虚的填补，则只能是个体通过贡献给世界的独特理解启示社会而完成。因为世俗利益世界必须得到尊重，而心灵充实世界又与人的真正幸福相关，所以快乐与幸福就成为不同而对等的人生结构，也成为社会风尚的对等性文化结构——其间的张力，便可谓中国当代人生的自由结构。这样的结构，将改变今天中国无论是国家利益、地区利益、单位利益还是个人利益的中心化结构，也将同时改变中国传统文化视修身、成圣为本从而轻视人的享乐追求的中心化结构，而成为一种二元对等的文化结构。在这样的新型自由文化结构中，政府将不再单纯以急功近利的经济效益为评估单位和个人工作的尺度，而是同时会提倡个体的观念独创、理解的个人化给世界带来的启示并将这样的启示视为自由的最高文化境界。对学术界而言，大同小异的学术研究、共识化的学术观念只是被安排在受尊重的位置，而观念的独创、理解的个人化带来的可争议化局面，将会成为中国现代文化创造不可或缺的基础得到尊敬和鼓励。这样的文化结构，必然会改变

今天中国人无论是知识分子还是老百姓的思维从众化、欲望世俗化、文化传统化的文化心理结构，形成一种功利性快乐和影响性幸福并存、对等的新型现代东方文化生活。

五　结语

如果说，日本自明治维新后通过消化西方元素和中国传统文化元素，已逐渐形成其外在尚礼、内在强力、荣誉至上的现代文化结构的话，那么因为理解世界的同质性文化，终于还是使得日本人的创造力过于集中显现在技术和产品领域，而在哲学上和理论上还没有出现影响世界现代进程的哲学家和理论家。而对曾经出现过影响世界的哲学家（如孔子、老子）的文化中国，建立不同于日本和其他东亚国家、地区那种"文化—经济—政治"有机性的现代东方文化结构，就是我们基于"穿越现实"的经验应该抓住的契机。抓住这样的契机，也将使一向讲究天下责任关怀的中国可为日本、韩国、新加坡和中国台湾、香港地区等东亚现代化做出整体性的文化示范。那就是：因文化性的自由观念的中国创造，可能会形成中国不同于西方的民主自由体制——这可以避免中国台湾那样的如林毓生教授所说的民粹主义式的"民主"① 之困境，也将会形成区别于东亚国家和地区那种过于世俗化的现代化——这可以避免如新加坡和中国台湾学术界不再关心通过观念和理论上的原创来影响西方世界的"弱东方形象"。与此同时，"穿越现实"由于八卦的对称经验讲究穿越后的世界与穿越前的世界的"内在对等"，这就可以建立起不同于西方那种人类中心、主体性、个人至上所形成的冲突性的二元对立的文化结构，从而可以为当今文化冲突的世界发出不同于亨廷顿的"文化冲突论"和美国的强权政治的现代文化自主性和理论自

---

① 林毓生认为："甚么是民粹主义？它利用民主的形式的建立、扩张、与运作来提供反民主的根据。它的基本运作方式是政治化约主义——把复杂的、奠基于宪政民主的自由的民主，化约为无需民主基本条件支撑的选举。这种政治化约主义直接导致民主的异化。"参见林毓生《论台湾民主发展的形式、实质与前景》，《二十一世纪》网络版 2003 年 1 月号总第 10 期 2003 年 1 月 30 日。

主性的声音。这一天的到来，其中一个重要的方面，就是有待于我们对包括浙商在内的中国各种现代实践经验进行去传统观念概括，也去西方观念概括的原创性的发现、分析和理解。

后　记

　　收在这本集子里的文章，是我近年比较集中谈论理论、理论原创方法以及理论实践的文章，也收入了部分重新发现中国文化原创性资源的论文。我的想法是，能将理论与理论实践统一起来，能将理论构想与文化资源的重新发现统一起来，可能是中国文化整体性与通透性的基本要求，也是中国式学术应该区别西方学术过于专业化分工的标志之一。因此，这本集子的体例，我是有意打破纯粹的理论研究或纯粹的实践性研究著作的边界的。

　　书中的文章均在国内重要的刊物上发表过，因此可能更适合以论文的形式阅读。由于近期的研究内容、表达方式和选择的材料比较集中，这些论文之间难免会有一些相近的表述和阐发。这提醒我下一步需要有更深入的理论研究和更多的材料发现工作去做，也昭示着今后的理论原创性努力可能会更加困难。另外，由于中国文化对学术传统的重视，对个人化理论探索往往持比较慎重的态度，这使得本书对理论原创方法的探索和中国文化资源的重新解释，难免带有个人化探索的倾向。但我之所以坚持这样的探索，也同样来自中西方思想史上重大的理论创新是由个人化开始的事实。甚至孔子周游列国时期对自己学术主张的宣传，也依然是一种个人化哲学的存在。加上道、法、墨诸子学说的相互争论，或许更能说明思想原创的一般境遇。

　　从1986年我在华东师范大学写"批评即苛求"一文开始，这条建立自己的理论的道路已经走了快30年了。未来的道路可能怎样走下去，与时代和环境当然有重要的关系，但是至少在我自己而言，是不会犹豫与放弃的。仍然是那句老话，我感谢文、史、哲各界朋友和同仁的支持，感谢关心理论原创问题的读者的关注，哪怕这样的支持和关注是以商榷和批评的状态出现。本书获浙江省文艺学重点学科经费支持，在此致谢。